dtv

★★★ **VINCE EBERT** ★★★★★★

BROADWAY
STATT JAKOBSWEG

dtv

INHALT

Prolog: New York ist nicht der Odenwald	7
Broadway statt Jakobsweg	13
The Biggest Apple in the World	20
German Gründlichkeit	33
Von Greta zu Corona	43
American Dream? We Don't Do It Anymore!	55
Welcome to Fear City	65
Back to the Roots	77
Where's the Toilet, Oida?	93
No Rush. But Hurry Up!	105
All You Can Eat	113
Vom Tellerwäscher zum Geschirrspüler	124
Proud to Be American	135
Ami, Go Home?	145
Money, Money, Money	155
Praise the Lord	170
Von Bakterien und anderen Kulturen	182

Are We on a Date?	194
We Are Prude, Bitch!	207
PC hat nichts mit Computern zu tun	219
Born to Be Wild	233
Joy of Driving	250
No Child Left Behind?	260
Black and White	273
We Are the Children	291
Don't Be Evil	304
We Are Going to Build a Wall …	319
Glücklich sein macht keinen Spaß	332
Flucht aus New York	342
What's Next?	351

PROLOG:
NEW YORK IST NICHT DER ODENWALD

Das erste Mal besuchte ich New York im Jahr 2009. Genauer gesagt war es damals sogar das erste Mal überhaupt, dass ich den amerikanischen Kontinent betrat. Meine frischgebackene Ehefrau Valerie fand es eine gute Idee, unsere gesamten Flitterwochen in Manhattan zu verbringen. Sechzehn Tage in der Stadt, die niemals schläft. Ganz im Gegensatz zu mir, denn ich habe nach unserer Ankunft erst einmal sechzehn Stunden durchgepennt.

Ich gestehe, zu diesem Zeitpunkt war ich mit meinen einundvierzig Jahren noch nicht besonders weit in der Welt herumgekommen. Als Kind fuhr ich mit meinen Eltern im Auto ohne Klimaanlage nach Rimini oder an den Klopeiner See in Kärnten. Das absolute Highlight waren zwei Wochen Mallorca in einem Hotel, in dem ausschließlich deutsch gesprochen wurde.

Ich bin in Amorbach aufgewachsen, einem kleinen idyllischen Städtchen im bayerischen Odenwald. Ein aufregender Landstrich – wenn man auf Forstwirtschaft steht. Der Odenwälder Ureinwohner kommt üblicherweise mit fremden Kulturen nur durch vereinzelte Ausflüge ins hessische

Michelstadt oder ins baden-württembergische Walldürn in Kontakt. »Interrail« bedeutete für mich, den Schienenbus von Amorbach nach Miltenberg zu nehmen. Einmal sogar – ganz verrückt – ohne Rückfahrtticket.

Später dann im Studium war ich ebenfalls nicht sonderlich reiselustig. Auf die Idee, ein oder zwei Semester im Ausland zu absolvieren, wäre ich damals erst recht nicht gekommen. Immerhin studierte ich ja schon in einem internationalen Hotspot: in der Megalopolis Würzburg. Für ein Landei wie mich war eine Stadt, die Straßenbahnen, eine Fußgängerzone und sechsstellige Telefonnummern hatte, lange Zeit das kosmopolitische Nonplusultra. Mit ein wenig Fantasie ist der fränggischee Zungenschlag des Wörzburchers sogar fast mit einer Fremdsprache gleichzusetzen. Aber mit einem Bocksbeutel Frankenwein im Schädel spricht man sie praktisch fließend.

Noch in meinem ersten Buch *Denken Sie selbst, sonst tun es andere für Sie* habe ich über das Reisen geschrieben:

Albert Einstein wies in der allgemeinen Relativitätstheorie nach, dass die fundamentalen Wahrheiten der Natur von jedem Standpunkt aus vollkommen identisch sind. Das bedeutet, dass in einer zehn Milliarden Lichtjahre entfernten Galaxie die absolut gleichen physikalischen Gesetze gelten wie im Taunus. Und genau deswegen fahre ich auch so ungern weg. Weil Einstein gezeigt hat: Woanders ist es auch nicht anders.

PROLOG: NEW YORK IST NICHT DER ODENWALD

Obwohl ich mich lange Zeit nie groß getraut habe, meine Heimat zu verlassen, brannte in mir schon immer ein unerklärliches Fernweh. Als ich fünf Jahre alt war, wurde ein paar Straßen von unserem Wohnhaus entfernt eine Fliegerbombe gefunden. Ein richtig großes Teil. Für die Räumungsaktion musste fast das gesamte Kaff evakuiert werden. Als ich in den Bus stieg, blickte mich ein Mitarbeiter des Technischen Hilfswerks an und sagte: »Falls beim Entschärfen irgendetwas schiefgeht, könnt ihr wahrscheinlich nie wieder zurück.« Und da habe ich zum ersten Mal in meinem Leben so etwas wie Hoffnung gespürt. Die schönsten Erinnerungen meiner Kindheit waren die vierteljährlichen Einkaufstouren mit meinen Eltern nach Aschaffenburg. Für mich damals die deutsche Version der *city that never sleeps.* Zumindest waren die Geschäfte über Mittag offen.

Das absolute Highlight meiner Jugend erlebte ich mit zarten siebzehn Jahren. Ich nahm all meinen Mut zusammen und fuhr mit zwei Kumpels heimlich nach Frankfurt. Totaler Kulturschock! Wir gingen durch einen Park, als mir plötzlich unzählige gebrauchte Spritzen auffielen, die dort herumlagen. Ich weiß noch genau, wie ich bestürzt dachte: die armen Diabetiker ... Im Bahnhofsviertel trauten wir uns dann sogar in einen Stripclub. Ich saß mit großen Augen in der ersten Reihe, nuckelte an meiner Cola für zehn Mark und fragte mich, ob sich wohl auf der Südhalbkugel die Stripperinnen an der Stange andersherum drehen als hier. Ich bin mir ziemlich sicher, dass dieses prägende Erlebnis letztendlich der Grund war, weshalb ich Physik studiert habe.

Meine Frau Valerie ist komplett anders sozialisiert: österreichisches Bildungsbürgertum mit Sommerhaus am See und einem Abo bei den Salzburger Festspielen. Angeblich hat sogar Kaiserin Maria Theresia die Familie in den (zugegeben niedrigsten) Adelsstand erhoben. Gäbe es in Österreich noch die Monarchie, dürfte sich meine Frau »Edle von Kronstädt« nennen und wäre vermutlich befugt, den umliegenden Bauern allmonatlich den Zehnt abzupressen. Da diese Art der Einnahmequelle absurderweise aus der Mode kam, mussten die Familienmitglieder meiner Frau wohl oder übel anderen Erwerbstätigkeiten nachgehen. Ein Onkel von Valerie wanderte nach Amerika aus und wurde Ökonomie-Professor in Stanford, ihr zweiter Onkel leitete fast dreißig Jahre eine Zementfirma in Pennsylvania. Nach der Matura ging Valerie für ein Jahr als Au-pair nach New York und verbrachte seitdem immer wieder längere Aufenthalte in den Staaten.

»Du wirst die USA lieben«, sagte sie mir schon bald, nachdem wir im Jahr 2005 zusammenkamen. Und so fand ich mich also vier Jahre später, übermüdet und leicht nervös, mit ihr in einem der berühmten Yellow Cabs wieder, das uns vom JFK-Airport in unser Hotel unweit des Flat-Iron-Buildings in Midtown bringen sollte. Die vierzigminütige Taxifahrt dorthin führt durch Queens, den flächenmäßig größten Bezirk von New York City. Zum Vergleich: Queens hat die gleiche Ausdehnung wie Münster und besitzt in etwa auch den gleichen Glamourfaktor. Wenn Sie auf eine monotone Reihenhaus-Siedlung von zweihundertachtzig Quadratkilometer Größe stehen, dann ist Queens genau Ihr Ding.

»Hab ein wenig Geduld«, beruhigte mich meine Frau. Nach etwa acht Meilen auf der Interstate 495 fährt man eine leichte Anhöhe hinauf, und plötzlich – wie aus dem Nichts – taucht die Skyline von Manhattan auf. Diesen Moment werde ich wohl nie vergessen. Mit offenem Mund blickte ich vollkommen paralysiert auf diese Stadt. Ich wusste natürlich, dass New York groß ist. Aber so un-*fucking*-fassbar groß!!! Man stellt sich ja gern bestimmte Dinge in der Fantasie großartig vor, muss dann aber erkennen, dass sie in der Realität viel kleiner sind. Die Akropolis zum Beispiel. Oder die Liebe. Bei New York ist es genau umgekehrt. Aus zahllosen Filmen und Serien meint man diese Stadt zu kennen. Man glaubt, man wisse, wie groß die Dimensionen dort sind. Doch die Realität schlägt alles um Längen. Diese sechzehn Tage im Jahr 2009 haben buchstäblich meine Perspektive verändert. In vielerlei Hinsicht. Seitdem haben mich New York und Amerika in ihren Bann gezogen. Das Odenwälder Landei hatte Blut geleckt. Im Laufe der letzten zehn Jahre haben wir viel Zeit in den USA verbracht. Unsere Urlaube dort waren inspirierend und im wörtlichen Sinne bewusstseinserweiternd. Mehr und mehr wuchs in mir der Wunsch, dieses Land noch besser kennenzulernen.

Im Juli 2019 schließlich zogen wir nach New York. Geplant war ein ganzes Jahr. Aufgrund von Corona wurden es dann leider nur neun Monate. Von dieser Zeit handelt das Buch. Ich wünsche Ihnen viel Spaß beim Lesen.

BROADWAY
STATT JAKOBSWEG

Etwa ein Jahr vor unserem Abenteuer fuhr ich zu meinen Eltern in den Odenwald und erzählte ihnen von unserem Vorhaben, eine Zeit lang in New York zu leben. Fassungslos starrten sie mich an.

»Was willsch'n do?«, fragte mein Vater schließlich.

»Papa«, sagte ich, »weißt du, was Hundertjährige antworten, wenn man sie fragt, was sie im Rückblick am meisten bedauern? Fast alle sagen: Ich hätte in meinem Leben mehr riskieren sollen.«

Darauf er nur: »Wenn se mehr riskiert hätte, wär'n se aach net Hundert geworre …«

Meine ursprüngliche Motivation war, ein Jahr wegzugehen, um ein Sabbatical zu machen. Ich wollte einfach einmal raus aus dem ganzen Trott. Nach so vielen Jahren auf deutschen Bühnen wird selbst der aufregendste Job zur Routine. Pausenlos auf Tour, immer wieder dieselben Spielorte in denselben Theatern, hundertfünfzig bis zweihundert Tage im Jahr. Mittags losfahren, im Stau stehen, Ankunft auf den letzten Drücker, Soundcheck, kurz was essen, auf die Bühne, Show, Zugabe, Small Talk mit Fans, danach Einchecken im Hotel, noch ein wenig fernsehen, schlecht schlafen, gerädert aufwachen, ein wenig joggen, Mails checken, etwas essen und dann schon wieder los in den nächsten Stau. *Sex, Drugs and Rock'n'Roll.* Nur halt ohne Drogen, ohne Groupies und mit sehr wenig Musik.

2018 wurde ich fünfzig. Ein Lebensabschnitt, in dem man eine erste Bilanz zieht. Das Leben war gut zu mir gewesen, keine Frage. Vom Diplom-Physiker nach einem Zwischenstopp als Unternehmensberater auf die Comedy-Bühne. Als Wissenschafts-Kabarettist kann ich glücklicherweise alle Erfahrungen und erworbenen Fähigkeiten miteinander verknüpfen und letztendlich das tun, was mir am meisten Spaß macht: auf einer Bühne stehen, die Leute unterhalten und zum Nachdenken bewegen. Die Idee war, meinem Publikum wissenschaftliche Grundlagen mit den Gesetzen des Humors zu vermitteln, und das hat geklappt. Im Olympiastadion aufzutreten war nie mein Ziel, aber eine ausverkaufte Jahrhunderthalle in Frankfurt zur Premiere meines letzten Programms war ein tolles Gefühl. Seit 2012 moderiere ich das ARD-Format *Wissen vor acht – Werkstatt*, und es macht große Freude, sich mit Leib und Seele jeder noch so skurrilen naturwissenschaftlichen Frage zu stellen. Ich bin seit fünfzehn Jahren in einer glücklichen Beziehung, habe bewusst keine Kinder und wohnte bis zu meiner Abreise in einem schönen Haus in Frankfurt-Sachsenhausen. Alles in allem ein gutes und erfolgreiches Leben. Aber da muss doch noch was kommen …?

Klar, so denken viele Männer in meinem Alter. Unzählige Studien zeigen: In der Mitte des Lebens sinkt die Lebenszufriedenheit. Die üblichen Strategien zur Bewältigung einer männlichen Midlife-Crisis sind bekannt: Die einen lassen sich scheiden und fangen mit der achtundzwanzigjährigen Assistentin der Geschäftsleitung noch mal ganz von vorne an. »Hach, mit der Jennifer fühle ich mich zum ersten Mal richtig glücklich. Sie hat genau das, was mir die Irene nie geben konnte ...«

Andere Männer bleiben bei ihrer Irene, beginnen aber, wie verrückt für einen Marathon zu trainieren. Oder noch schlimmer: für den Ironman. Ich habe die letzten fünfzehn Jahre in direkter Nähe der Laufstrecke des Frankfurter *Ironman Germany* gelebt. Und glauben Sie mir: Es ist definitiv nicht schön anzusehen, wie sich Männer meines Alters bei Gluthitze am Main entlangschleppen, um sich durch ein vierzehnstündiges Nahtoderlebnis endlich wieder lebendig zu fühlen.

Die dritte Gruppe der Fünfzigjährigen träumt von Entschleunigung. Ein weit gefasster Begriff, der von einem Meditationswochenende im Allgäu bis zum Beantragen der Frührente reicht. Der Wunsch nach weniger Hektik und einer besseren Work-Life-Balance ist groß. Im Frankfurter Westend legen sich gestresste Investmentbanker »Wohlfühlparkett« in ihre Penthouse-Wohnung, um zu Hause barfuß die Hektik auszuschließen. Rechtsanwälte in Hamburg-Eppendorf tragen am Wochenende Freizeitschuhe mit *Masai Barefoot Technology*. Ein Treter, dessen Sohle einer untergeschnallten Salatschüssel ähnelt und dazu führt, dass man sich schwappend durch die Gegend bewegt. Ein jämmerliches

Bild, bei dem sich jeder stolze Massai-Krieger augenblicklich den Speer ins Herz stoßen würde.

Offenbar existiert bei vielen ein tiefes Bedürfnis, sich in einer effizienzgetriebenen Welt mit anstrengenden Sinnlosigkeiten zu beschäftigen. Nun, nach mehreren Wochen Shutdown und dem Legen eines Zwölftausend-Teile-Puzzles des ultramarinblauen Bildes von Yves Klein, haben wir eine grobe Vorstellung davon, wie sich das anfühlt.

In den letzten Jahren sprossen Bücher über Achtsamkeit, Downshifting, Slow Food und Stressreduktion aus dem Boden wie Pilze. Der Klassiker zum Thema ist zweifellos Hape Kerkelings Kriegstagebuch *Ich bin dann mal weg*. Ich habe es gelesen und muss zugeben: Ich war entsetzt. Die Vorstellung, mit tausend anderen mittelalten Mitteleuropäern in Multifunktionsjacken und Nordic-Walking-Stöcken durch Nordspanien zu latschen, um sich selbst zu finden, verursachte in mir Panikattacken. Oder wie Wolfgang Joop einmal meinte: »Selbstfindung ist Quatsch. Viele Menschen würden staunen, wie wenig da ist, wenn sie sich gefunden haben.«

Nach längerem Hin und Her kam ich zu der banalen Erkenntnis: Bei aller Routine und bei allem Stress der letzten zwanzig Jahre macht mir mein Job ja nach wie vor Spaß – großen Spaß sogar. Alles, was ich suchte, war ein wenig Abwechslung. Ich brauchte kein Sabbatical, sondern eine neue Herausforderung.

Und wo ist die Herausforderung als Comedian am größten? Wo muss man schneller, besser und smarter sein als alle anderen? Genau, in New York City – dem Mekka der Comedy-Szene. Raus aus der Komfortzone. Rein in den Trubel. Nach reiflicher Überlegung lautete mein Fazit mit fünfzig also nicht »Herunterfahren«, sondern »Beschleunigen«. Broadway statt Jakobsweg!

Zu meiner großen Freude war Valerie von der Idee begeistert. Wie es der Zufall wollte, las sie zu diesem Zeitpunkt gerade das Buch *Magic Cleaning*, ein Bestseller, geschrieben von der Japanerin Marie Kondo. Ihre Grundphilosophie lautet: Nehme jeden Gegenstand, den du besitzt, in die Hand, einen nach dem anderen, und frage dich bei jedem: Macht mich diese Bleikristallvase, dieser Suppenlöffel oder diese Puderquaste wirklich glücklich? Und wenn die Antwort »Nein« lautet: Weg damit! Als meine Frau das las, dachte sie kurz nach und sagte dann: »Lass uns unser Haus niederbrennen.«

Wir starteten unser New-York-Abenteuer tatsächlich nur mit zwei größeren Taschen. Keine Möbel, kein Übergepäck, kein unnötiger Firlefanz. Unser Haus in Frankfurt und fast unseren gesamten Hausstand haben wir vorher verkauft. Und – so viel sei schon mal verraten – wir haben während unserer gesamten Zeit in den USA nie auch nur ein einziges Stück vermisst.

Auch mein Management war von meinen Plänen angetan. »Da musst du auf jeden Fall ein Buch drüber schreiben!«, sagte meine Managerin.

»Waas?«, erwiderte ich etwas genervt. »Ich will doch nur mal ein bisschen New York genießen!«

»Aber du sagst doch gerade selbst, dass du keine Lust auf Entschleunigung hast. Broadway statt Jakobsweg und so ... Übrigens: Das könnte ein guter Titel sein ...«

Mit großem Aufwand und noch größerer Euphorie zogen wir nach New York. Aus einem anfangs angedachten Sabbatical entwickelte sich zunächst überraschend eine neue Chance. Vor Ort bekam ich die Gelegenheit, in Stand-up-Clubs zu spielen, zeitweise deutete sich sogar eine amerikanische Karriere an. Valerie und ich lebten uns in der Stadt ein, knüpften Netzwerke und Freundschaften, und genau in der Phase, in der unser amerikanisches Leben in vielversprechenden Bahnen lief, in der sich eine echte Perspektive abzeichnete, zerstörte das Virus unseren American Dream. Mitte März entschlossen wir uns, vorzeitig abzureisen. Mit wehenden Fahnen packten wir unsere Siebensachen und flogen kurz vor dem kompletten Shutdown zurück.

Ich wollte kein Sabbatical. Dann kam Corona und entschleunigte nicht nur mich, sondern die ganze Welt.

PLEASE

DON'T THROW YOUR CIGARETTE ENDS ON THE FLOOR

THE COCKROACHES ARE GETTING CANCER

THE BIGGEST APPLE IN THE WORLD

Wir kamen am 10. Juli 2019 in New York an. Mitten im Sommer bei fünfundneunzig Grad Fahrenheit (was in etwa fünfunddreißig Grad Celsius entspricht) und unerträglichen neunzig Prozent Luftfeuchtigkeit. Ein paar Prozent mehr, und wir wären ertrunken – sozusagen die abgeschwächte Form von Waterboarding. Kein Wunder, dass New Yorker, die es sich leisten können, während der Sommermonate die Stadt verlassen. Die monatelange höllische Hitze und die damit verbundenen Gerüche einer Achtmillionenstadt machen das tägliche Leben dort zu einer echten Tortur. In der Subway ist es noch schwüler. Die einzigen Bewohner, die sich in diesem Chaos aus Lärm, Dreck, Gestank und Hitze wohlfühlen, sind vermutlich die Kakerlaken.

Wir stiegen am JFK-Airport in den J Train Richtung Manhattan ein und machten schon kurze Zeit später eine dieser typischen New-York-Erfahrungen: An der Station Alabama Avenue stieg ein Typ mit einer blau gefärbten Ratte auf seiner Schulter ein. Er schaute mich an, nahm das Tier in die Hand und schob es sich seelenruhig mit dem Kopf zuerst in den Mund. Nach etwa zehn Sekunden zog er die Ratte wieder heraus und setzte sie zurück auf seine Schulter. Dann nahm er sein Handy und begann – als wäre nichts gewesen –, ein Spiel zu daddeln. Während meine Frau und ich diese Szene wie paralysiert beobachteten, schien keiner der restlichen Fahrgäste auch nur Notiz davon zu nehmen. Jeder sah zwar, was da gerade vor sich ging, aber es schien, als ob alle dachten: Ach ja, da ist wieder der Typ, der sich sein blau gefärbtes Haustier in den Mund schiebt …

In der New Yorker Subway toleriert man fast jeden Irrsinn. Aber eben nur fast. Ein glatt rasierter Schimpanse mit einer Windel, der im Express Train nach Queens einen Platz beansprucht? Kein Problem. Ein glatt rasierter Schimpanse mit einer Windel, der sich im Express Train so hinsetzt, dass er dabei ZWEI Plätze beansprucht? No way. Dieser Affe würde von den Fahrgästen sofort verbal zurechtgewiesen werden. Denn in der New Yorker Subway gilt die unumstößliche Regel: nur einen Sitz pro Primat.

Wer in dieser Stadt einigermaßen schnell vorankommen möchte, kommt an der Subway nicht vorbei. Mit dreihundertachtzig Streckenkilometern und vierhundertzweiundsiebzig Stationen gehört sie zu den längsten und komplexesten Streckennetzen der Welt. Fast sechs Millionen Menschen benutzen sie täglich. Und zwar unabhängig von Einkommen, sozialer Schicht oder geistiger Gesundheit. Bei einer einzigen Fahrt bekommen Sie mehr Freaks zu Gesicht als in einem Jahr U-Bahn-Fahren in Frankfurt.

Für die ersten drei Wochen hatten wir über Airbnb ein

kleines Apartment auf der Lower East Side gemietet. Wir stiegen an der Station Essex Street aus, schleppten uns ein paar Blocks weiter in die Pitt Street, holten den deponierten Wohnungsschlüssel in einem Grocery Store ab und bezogen schweißgebadet und übermüdet unser neues Reich. Die Wohnung war zu unserer großen Erleichterung sauber, komfortabel und ruhig. In der minikleinen Küche gab es sogar ein Fenster, was wir nach zwei Wochen herausfanden, als wir einen Blick hinter den Kühlschrank warfen. Dafür waren die Wände unglaublich dünn. Man konnte buchstäblich alles hören, was unsere Nachbarn so trieben. Das galt natürlich auch umgekehrt. Deswegen legten wir uns an unserem ersten Abend mucksmäuschenstill ins Bett, warteten, bis unsere Nachbarn ihr Apartment verließen, und bestellten ihnen dann drei Bücher über ihre Alexa.

In den nächsten Tagen erkundeten wir die Umgebung. Noch vor fünfzehn Jahren war die Lower East Side ein hochgefährliches Pflaster. Im Laufe der letzten Jahre entwickelte sie sich zu einer der lebenswertesten Ecken in Manhattan. Mit coolen Bars, hippen Barbershops, bezahlbaren Restaurants und den angesagtesten Tattoo-Läden der Stadt. Wer in der Lower East Side wohnt und *nicht* tätowiert ist, gilt als echter Freak. Tatsächlich habe ich kurz überlegt, mir die Heisenbergsche Unschärferelation auf den Oberarm stechen zu lassen. Aber das Risiko, dass der Tätowierer einen Fehler einbaut, war mir einfach zu hoch.

Überhaupt: In New York interessiert es keinen, wie, wann und mit was Sie auf der Straße herumlaufen. Meine

Frau hat das sehr schnell verstanden. Bereits nach zwei, drei Tagen ist sie mit einer grässlichen neonfarbenen Trainingshose zum Einkaufen gegangen. »Du, das ist irrsinnig newyorkisch«, erklärte sie mir. »Die ganzen Stars von der Upper East Side tragen das gerade auch.« Klar, dachte ich, aber nur jene, die gerade vom Drogenentzug kommen. Wenn du auf Cold Turkey bist, brauchst du halt was Legeres. Doch sie hatte recht. Modetechnisch gesehen ist diese Stadt tatsächlich lässig drauf. Wenn Sie frühmorgens einen verwahrlosten Bartträger vor dem Apple Store herumliegen sehen, dann wissen Sie nicht: Ist das ein Obdachloser aus der Bronx oder ein Hipster aus Brooklyn, der auf das neueste iPhone wartet?

Mich hat das am Anfang etwas überfordert. Besonders bei offiziellen Anlässen. Da ich in den letzten Jahren neben meinen Bühnentätigkeiten sehr viel als Vortragsredner für Universitäten, Verbände und Konzerne gebucht wurde, hatte ich mir bereits in Deutschland ein gutes amerikanisches Netzwerk aufgebaut. Aus diesen Kontakten ergaben sich immer wieder ein paar hochkarätige Einladungen. Gleich zu Beginn unserer Zeit in New York erhielten wir von der Deutsch-Amerikanischen Handelskammer eine Einladung zu einem Charity-Ball. Dresscode »Festliche Abendgarderobe«. Jeder weiß, was das in Frankfurt, Wien, London oder Paris bedeutet: Smoking für den Herrn, Abendkleid für die Dame. In New York bedeutet es, dass man nicht im Jogginganzug erscheinen. Alles andere knapp darüber ist okay. Auch auf Förmlichkeiten und Titel gibt man nichts. In Österreich ist man ja automatisch »die Frau Doktor«, wenn der Mann einen Doktortitel hat. Ich glaube, insgeheim nimmt es mir Valerie übel, dass ich nicht promoviert habe.

In den USA herrschen allgemein lockerere Umgangsformen. Auf einer New Yorker Party kann es Ihnen passieren, dass Sie von einem Typen in Jeans und Turnschuhen mit »Hi, I'm Phil« angesprochen werden – und später stellt sich heraus, dass »Phil« der Hausmeister, der Gastgeber oder der Gouverneur von New Jersey ist. Für Europäer ist das verwirrend.

Einmal war ich bei einer Museumseröffnung auf Long Island für eine Rede gebucht. Ich mietete ein Auto, und als ich am Veranstaltungsort vorfuhr, warf ich dem älteren Herrn, der dort im Eingangsbereich herumlungerte, lässig meine Schlüssel zu. Ich dachte, es wäre der *valet parking guy*, denn in den USA ist es durchaus üblich, dass man bei solchen Anlässen sein Auto parken lässt. Später stellte sich heraus, dass es sich bei dem älteren Herrn um den Presseattaché der US-Streitkräfte handelte. Und er parkte tatsächlich meinen Wagen! Wahrscheinlich dachte er, bei uns Deutschen sei das Übergeben der Autoschlüssel eine offizielle Kapitulationserklärung.

Unter Amerikanern haben die New Yorker nicht den besten Ruf. Sie gelten als hochnäsig und unfreundlich. Ich denke, das stimmt nicht. New Yorker scheren sich einfach um niemanden. Jeder lässt den anderen so sein, wie er ist. Das wird ihnen oft als Ignoranz ausgelegt. Doch in einer Stadt, in der so viele Menschen auf dichtestem Raum zusammenleben, ist Ignoranz nicht die schlechteste Strategie.

Gleichzeitig haben New Yorker ein sehr ausgeprägtes Gespür für Fairness und Gerechtigkeit. Versuchen Sie einfach mal, sich bei Dunkin' Donuts an der Schlange vorbeizuschmuggeln … Wer sich in dieser Stadt wie ein Idiot aufführt, bekommt die verbale Härte der New Yorker gnadenlos zu spüren. In der Warteschlange sind alle gleich.

Viele Promis schätzen diesen Lifestyle. Während ihnen in Los Angeles ständig die Paparazzi an den Hacken kleben, können sie sich in Manhattan vollkommen unbehelligt bewegen. Unter New Yorkern gilt es nämlich als absolut uncool, vor Ekstase auszurasten, nur weil der Typ, der vor einem auf seinen Kaffee wartet, zufälligerweise zwei Oscars gewonnen hat. Auch das war anfangs eine neue Erfahrung. Als mir zum ersten Mal Uma Thurman in einem Bagel-Laden die Tür aufgehalten hat, habe ich sie noch wie ein verstörtes Reh im Lichtkegel angeschaut und mir wie ein naiver Teenager den Sabber vom Mund gewischt. Ein paar Wochen später traf ich bei einem Besuch in der Frick Collection, einem kleinen Museum in der Upper East Side, auf Paul McCartney und benahm mich schon etwas entspannter. Genauer gesagt, täuschte ich einen Hustenanfall vor, um mir den Sabber vom Mund zu wischen. Als ich kurz darauf im Central Park abermals Uma Thurman begegnete, schaute ich schon – ganz new-yorkisch – desinteressiert zur Seite. Kurz hatte ich sogar den Verdacht, dass sie *mich* stalkt.

Unser kleines Airbnb-Apartment war nur bis Ende Juli gemietet. Ab August brauchten wir folglich eine richtige Wohnung. Das erwies sich komplizierter als gedacht. Gute Wohnungen gibt es in dieser Stadt oft nur mit Beziehungen. Zwar hängen überall an den Häusern Schilder mit »Apartments for Rent«, aber wenn Sie dort anrufen, verlangen die Vermieter bis zu neun Empfehlungsschreiben. Zu diesem Zeitpunkt kannten wir in der Stadt noch nicht einmal neun Leute.

Um in Manhattan zu wohnen, brauchen Sie in erster Linie Geld. Viel Geld. Im Grunde gibt es drei große soziale Schichten: wohlhabend, reich und superreich. Wenn Sie ein vierzig Quadratmeter großes Wohnklo in Midtown kaufen wollen, brauchen Sie unter einer Million gar nicht erst anzufangen. Und wenn Sie Pech haben, dann meint der Makler vierzig *square feet*, was in etwa der Grundfläche eines Doppelbettes entspricht. Mit dem metrischen System stehen die Amerikaner ja bekanntlich auf Kriegsfuß.

Eine Million Dollar für vierzig Quadratmeter – dafür kriegen Sie im Odenwald ein ganzes Dorf. Oder in Zürich einen sehr schönen Tiefgaragenplatz. Die Mietpreise in New York sind genauso absurd. Wir spielten mit dem Gedanken, nichts zu mieten und stattdessen alle vier Wochen eine Monatskarte für die Subway zu kaufen, um das Jahr komplett im öffentlichen Nahverkehr zu verbringen. So traurig das ist, aber genau das tun tatsächlich viele Menschen. Weil die Mietpreise und Lebenshaltungskosten in dieser Stadt so absurd hoch sind, fallen viele durch das soziale Raster. Die Obdachlosenquote ist dramatisch. Bereits vor Corona lag die offizielle (und wahrscheinlich deutlich zu niedrig angesetzte) Zahl bei etwa achtzigtausend Menschen. Die sogenannte *Stay-at-home*-Order klingt für sie wie blanker Hohn. Viele obdachlose Menschen liegen zusammengekauert in den U-Bahnhöfen. Besonders in der Lower East Side – einem Stadtteil, der von den Touristenströmen verschont wird – ist das trotz der hippen Bars und coolen Barbershops an allen Ecken sichtbar.

Das war dort immer schon so. Als vor rund einhundertfünfzig Jahren die erste große Einwanderungswelle begann, wurden in der Lower East Side schnell primitive Wohnhäuser, sogenannte *tenements*, für die armen und einfachen Menschen gebaut. Die Neuankömmlinge wurden zu sechst in ein Zimmer gepfercht. Um 1900 lebten zwei Drittel der Einwohner in diesen Unterkünften. Es war dreckig und laut, und die Leute versuchten alles, um möglichst schnell von dort wegzukommen. Sie arbeiteten hart und zogen schließlich in etwas bessere Wohnungen in die Bronx. Aber auch dort war es immer noch dreckig und laut, sodass die Kinder und Kindeskinder der Einwanderer noch härter arbeiteten, um schließlich in die Vororte zu ziehen. Dort konnten ihre Kinder in einer sauberen und ruhigen Gegend aufwachsen. Doch die wiederum hassten die sterile Langeweile der Vororte. Und so zogen die Ur- und Ururenkel der ersten Einwanderer wieder zurück in die dreckige und laute Lower East Side, um sich dort zu sechst eine überteuerte Mietwohnung zu teilen.

Wie auch immer: Wir hatten großes Glück und fanden schließlich tatsächlich eine Wohnung, wenn auch nicht ganz ohne Beziehungen. Unsere Airbnb-Vermieterin Maria legte bei einem befreundeten Hausbesitzer ein gutes Wort für uns ein. Und so stellten wir uns, bewaffnet mit einem Blumenstrauß und einer Schachtel Pralinen, an einem Sonntagmorgen bei ihm vor. Etwas nervös versuchte ich mich im Small Talk und setzte voll auf die Komiker-Karte: »Wissen Sie, ich bin Deutscher, und meine Frau ist Österreicherin. Das ist sozusagen das genaue Gegenteil von Adolf Hitler und Eva Braun ... verstehen Sie? Da war ja *sie* die Deutsche und *er* ...«

»Halt den Mund!«, zischte mir Valerie zu und stieß mir kräftig in die Rippen. Auch der Vermieter, Mr Moishe Glickstein, fand meinen Vergleich nicht ganz so originell. Lange musterte er mich und sagte dann mit Grabesstimme: »Ich kann Ihnen für dreitausend Dollar im Monat meine fensterlose Kellerwohnung anbieten. Gerade Ihre Frau müsste sich als Österreicherin dort sehr wohlfühlen ...« Betreten schauten Valerie und ich zu Boden. Worauf er plötzlich in schallendes Lachen ausbrach. »Nur ein Witz! Ihr könnt gerne die Wohnung im vierten Stock haben. Hier sind die Schlüssel ...«

Wahrscheinlich gibt es wenige Orte auf der Welt, die ähnlich herausfordernd sind wie New York City. Der Lärm, der Geruch, die hohen Kosten, die extremen Temperaturen, das ständige Aufeinandertreffen der unterschiedlichsten Kulturen und sozialen Schichten, der Touristen-Irrsinn am Times Square, die Präsenz von Verrückten aller Art, von armen Teufeln, die emotional zerstört und schreiend an jeder fünften Straßenecke stehen – all das ist körperlich und seelisch extrem kräftezehrend.

Ich kann verstehen, dass dieser tägliche Irrsinn für viele nicht infrage kommt. Der Druck ist so unglaublich hoch, dass nicht wenige der Stadt den Rücken kehren. Seit einigen Jahren hat New York die höchste Nettoabwanderungsrate von allen amerikanischen Metropolregionen. Zwischen 2013 und 2017 hat die Stadt vierzigtausend Millennials verloren. Besonders junge Familien mit Kindern hatten in den letzten Jahren immer mehr Probleme, finanziell über die Runden zu kommen. Sie zogen vermehrt in den Sonnengürtel nach Texas, Florida oder Arizona: Bundesstaaten mit besserem Wetter, niedrigeren Steuern und deutlich weniger Hektik. Und das, obwohl zu diesem Zeitpunkt die Chance, in New York Geld zu verdienen, sogar noch richtig gut war. Die Arbeitslosenzahlen lagen vor der Pandemie auf einem historischen Tief, und die Konjunktur brummte.

Auch ich muss zugeben: Es gab immer wieder Tage, an denen wir in unserer kleinen Wohnung erschöpft auf dem Bett lagen und uns fragten, ob es das alles wirklich wert war. Doch dann rissen wir uns zusammen, gingen raus und waren augenblicklich von der Stadt gefangen. Immer wieder ließen wir uns von ihr aufs Neue verführen und faszinieren.

Barcelona, Paris oder Lissabon sind wunderschön. Aber keine dieser Städte hat auch nur halb so viel Energie wie New York an seinem langweiligsten Tag im Jahr. Du willst einen Oscarpreisträger auf der Theaterbühne sehen? Dann auf zum Broadway! Du sehnst dich nach einem romantischen Waldspaziergang? Der Central Park ist nur vier Stationen entfernt. Oder ein Tag am Strand? Nimm den F Train nach Coney Island. Vielleicht möchtest du nachts um drei noch ein Wiener Schnitzel? Drei Querstraßen weiter, und der Tisch ist gedeckt.

Ironischerweise ist New York durch die Eroberung der Briten nach einem der ödesten Orte Großbritanniens benannt: York, ein stinklangweiliges Kaff im Nordosten von England. Ursprünglich hieß New York »New Amsterdam«, was dem Ganzen schon näher kam. Damals wie heute ist Amsterdam eine der aufregendsten Städte Europas. Im Bundesstaat New York gibt es übrigens auch heute noch eine Stadt namens Amsterdam, ein stinklangweiliges Kaff circa hundertfünfzig Meilen nördlich von New York City. Vom Glamourfaktor müsste Amsterdam / NY daher eigentlich New York heißen, und New York City hätte den Namen New Amsterdam behalten müssen.

Als im Jahre 1626 niederländische Seefahrer den ansässigen Indianern dieses Stück Land für gerade mal sechzig Gulden abgekauft haben, war alles andere als klar, dass auf diesem Grund einmal eine der schillerndsten Metropolen der Welt entstehen sollte. Was allerdings damals klar war: Städte haben die Menschen schon immer magisch angezogen. Seit jeher waren sie Orte der Hoffnung und der kulturellen Vielfalt. Die Moderne hatte dort ihren Anfang. Sie waren die Wiege der Demokratie, der Philosophie und der

Industriellen Revolution. Je städtischer eine Gesellschaft wurde, desto mehr verdrängten soziale Aufsteiger mit neuen Ideen und Tatkraft die alten feudalen Eliten. Plötzlich entstanden Konkurrenz, Unternehmergeist, Risiko und Wettbewerb. Die Schichten mischten sich untereinander. Mit Handel und Handwerk brachten sich die Menschen freiwillig in Abhängigkeiten, und das wiederum förderte Kreativität, Wissenstransfer, Toleranz und Innovation. Und nicht zuletzt: Rücksichtnahme. Das französische Wort »politesse« bedeutet »Höflichkeit« und kommt ursprünglich von dem griechischen Wort für Stadt: »polis«. Stadtbewohner zeichneten sich also durch Höflichkeit aus. Was man von heutigen Politessen nicht behaupten kann.

Die Dynamik von Städten beruhte schon immer auf ihrer Vielfalt. Und auf der Zahl der positiv Verrückten, die in der Stadt leben. »Stadtluft macht frei«, hieß es bereits im Mittelalter. Das Wahrzeichen New Yorks, die Statue of Liberty, gilt, wie kein anderes Bauwerk, als Symbol für Freiheit, Unabhängigkeit und den *American Way of Life*. Vielleicht war es genau diese Symbolik, die mich so gefangen nahm. Der Drang nach Selbstbestimmung, der Antrieb, Neues kennenzulernen, waren bei mir schon immer stärker als mein Bedürfnis nach Sicherheit und die Angst vor Unbekanntem. Mein Vater hat über die Hälfte seines Arbeitslebens einen Job gemacht, den er insgeheim hasste. Und das nur, weil er sich davor fürchtete, eine Stelle anzunehmen, die ihm viel besser gefiel, für die er allerdings in die nächste Stadt hätte fahren müssen. So ein Leben wollte ich nie führen.

GERMAN
GRÜNDLICHKEIT

So aufregend das Leben in einer Stadt wie New York ist, manche Dinge können einen dort zum Wahnsinn treiben. Jeder Deutsche, der eine Zeit lang drüben gelebt hat, vermisst nicht unbedingt deutsches Schwarzbrot – er vermisst die deutsche Ingenieurskunst. Es ist schon unglaublich. Diese Nation ist zum Mond geflogen. Amerikaner haben die Wasserstoffbombe, den Herzschrittmacher und die Glühlampe erfunden – aber die Mischbatterie bei Badarmaturen ist an diesem Land vollkommen vorübergegangen. Wenn Sie sich in einem amerikanischen Badezimmer die Hände waschen wollen, können Sie wählen zwischen Verbrühen oder Schockfrosten.

Als wir in unsere neue Wohnung eingezogen sind, habe ich Mr Glickstein etwas irritiert gefragt, ob es denn keinen Regler an der Heizung gäbe, um im Winter die Raumtemperatur einzustellen. »Of course«, meinte er fröhlich, »we call it *window*!« Jedes Mal, wenn wir unseren Gasherd aufdrehen wollten, brauchten wir das Fingerspitzengefühl eines Uhrmachers. Noch schlimmer war unsere Dusche. Denn »Wasserdruck« ist ein Wort, das im Amerikanischen anscheinend nicht existiert.

Auch mit elektrischem Strom geht der Amerikaner sehr unbedarft um. Zum Beispiel verlegt man die Leitungen konsequent über Putz. Wobei »verlegen« eigentlich zu viel gesagt ist. Man tackert oder klebt die Kabel lieblos an die Wand. Das Drahtende wird meist nicht mit einer Lüsterklemme abgesichert, weil es anscheinend auch dafür kein englisches Wort gibt. Das wiederum hat zur Folge, dass an vielen Häusern die Stromkabel zwanglos und völlig unisoliert aus der Wand ragen. Daher war unser Badezimmer auch mit dickem Teppich verlegt, damit der regelmäßige Stromschlag, den man sich beim Rasieren oder Föhnen holte, wenigstens nicht tödlich verlief.

All das stört Amerikaner nicht besonders. Warum auch? Sie kennen es ja nicht anders. Ich jedoch habe bereits nach wenigen Wochen gemerkt, wie »deutsch« ich in dieser Hinsicht bin. In grenzenloser Naivität ging ich davon aus, dass das stufenlose Regulieren der Wassertemperatur kein massives Problem für die größte Militärmacht der Welt darstellen sollte. Ich sollte mich irren.

Was die Erfindung und Entwicklung von technologischen Dingen angeht, sind wir Deutschen zwar nicht ganz so wagemutig wie die Amerikaner, doch unser Bestreben, Fehler zu vermeiden und stattdessen alle Probleme im Voraus zu durchdenken, hat eben auch positive Aspekte. Nicht umsonst hat uns die typisch deutsche Gründlichkeit zu Weltmarktführern in Küchenmaschinen, Duscharmaturen und Zylinderkopfdichtungen gemacht. Und wer es noch nicht wusste: Es waren deutsche Maschinenbauer, die die

Spaßbremse entwickelt haben. Und sie funktioniert immer noch fehlerfrei.

In den USA sind diese deutschen Tugenden hoch angesehen. Immer wieder kam es vor, dass mich Amerikaner auf meinen Landsmann Dirk Nowitzki angesprochen haben. Nowitzki wurde durch deutsche Gründlichkeit zum amerikanischen Helden. 1998 ging der Würzburger Basketballer als totaler Nobody zu den Dallas Mavericks und spielte dort bis zu seinem Karriereende im Jahr 2019. Und das, obwohl er im Laufe seiner Karriere wesentlich lukrativere Angebote von anderen Clubs bekam. Zusammen mit seinem Jugendtrainer Holger Geschwindner, der mithilfe von mathematischen Formeln sogar den idealen Wurf berechnete, hat er zwanzig Jahre lang mit typisch deutscher Tüftelei und Akribie sein Spiel immer weiter perfektioniert. Anfangs belächelten die Amerikaner seine unorthodoxen Methoden und bezeichneten diesen rational-berechnenden Ansatz als Unfug. Nowitzki nahm es mit Humor und betitelte daraufhin seine Trainingsräume tatsächlich als »Institut für angewandten Unfug«.

Doch seine Erfolge sprechen eine deutliche Sprache. 2007 wurde Nowitzki als erster Europäer überhaupt zum wertvollsten Spieler (MVP) der Saison gekürt, 2011 gewann er mit Dallas die Meisterschaft. Mit über einunddreißigtausend erzielten Punkten gehört er zu den sieben besten Korbjägern der NBA-Geschichte. Letztes Jahr wurde in Dallas sogar eine Straße nach ihm benannt.

Es ist diese Mischung aus Bescheidenheit, Fleiß und

Loyalität, die die Amerikaner an »Dirkules« so bewundern. Ich bin mir sicher, inzwischen könnte der NBA-Star in einem texanischen Supermarkt ein altes Mütterchen erschießen, und die Leute würden sagen: »Na ja, da hat er vielleicht ein bisschen überreagiert. Aber hey, der Mann ist über vierzig und trifft immer noch. Aus fünfzehn Metern! Wenn es um Präzision geht, ist auf die Deutschen eben Verlass ...«

Es gibt in den USA noch einen anderen deutschen Superstar, der bei uns relativ unbekannt ist: Eckhart Tolle. Tolle wurde in Lünen geboren, aber in Amerika wurde er zum spirituellen Weltstar. Sein erstes Buch *The Power of Now* stand ewig auf Platz eins der *New-York-Times*-Bestsellerliste. Seitdem füllt er mit seinen Vorträgen in ganz Nordamerika riesige Hallen. Mein Kollege Eckart von Hirschhausen hat mal über ihn gescherzt: »Tolle lehrt kurzgefasst: Lebe jetzt. Aber das auf Englisch und mit einem so starken deutschen Akzent, dass die Amerikaner ihn umso mehr lieben, weil sie denken: Das ist Buddhismus plus deutsche technische Überlegenheit.«

Wir Deutsche sind eben fasziniert davon, den Kern einer Sache zu durchdringen. Das hat uns auch in der Wissenschaft sehr weit gebracht. Es waren deutsche Physiker, die vor einhundert Jahren herausgefunden haben, dass Licht sowohl eine Welle als auch ein Teilchen ist. Weil wir wissen wollten, was genau »Licht« ist. Deswegen hat Max Planck die Quantenphysik entwickelt, Thomas Alva Edison dagegen nur die Glühlampe. Zugegeben, ohne ihn müssten wir wahrscheinlich bis zum heutigen Tag Netflix bei Kerzenlicht schauen.

Die deutsche Mentalität ist zutiefst geprägt von Goethes *Faust*. Wir wollen verstehen, was genau die Welt im Innersten zusammenhält. Eine technische Erfindung, die diese Herangehensweise am klarsten auf den Punkt bringt, ist der sogenannte Flachspüler. Eine Toilettenschüssel, die im Volksmund auch als »Kackrampe« bezeichnet wird. Wie Sie vielleicht wissen, haben Toilettenschüsseln unterschiedliche Konstruktionsprinzipien. In Frankreich beispielsweise ist das Abflussrohr der Schüssel meist ganz hinten angebracht. So verschwindet alles, was man an festem Material produziert, sofort in den Tiefen des Raums. Im angloamerikanischen Raum befindet sich das Loch meistens in der Mitte und ist mit Wasser gefüllt. Dadurch bekommen Sie bei jedem großen Geschäft ein feuchtes Feedback. Im Fachjargon heißt diese Toilettenschüssel: Tiefspüler. In Deutschland hat die Kunst der Toilettenarchitektur eben zu der bemerkenswerten Entwicklung des Flachspülers geführt. In einem Flachspüler ist das Loch vorne angebracht, so dass das große Geschäft eben nicht sofort ins Wasser fällt. Nein! Es gleitet elegant auf die eigens konstruierte Kackrampe und kommt dort in seiner vollen Pracht zum Erliegen. Jedes Mal, wenn ich einem Amerikaner von der Funktionsweise des Flachspülers erzählt habe, erntete ich verständnisloses, angeekeltes Kopfschütteln. Ein New Yorker Bekannter lud uns daraufhin sogar nicht mehr ein. »Wer solche Toiletten herstellt, ist zu allem fähig«, sagte er ernst.

Der Philosoph Slavoj Žižek hat sich bereits vor mehreren Jahren über dieses Phänomen Gedanken gemacht. Žižek ist davon überzeugt, dass der eigentliche Grund für das unterschiedliche Toilettendesign in unseren historischen und kulturellen Wurzeln liegt. Nehmen Sie zum Beispiel unsere französischen Nachbarn. Franzosen sind stark geprägt durch die Französische Revolution. Dort hieß es im Wesentlichen: Kopf ab und weg damit. Klassische Problemverdrängung, wenn Sie so wollen. *We don't give a shit.*

Die angloamerikanische Mentalität dagegen ist deutlich pragmatischer und rationaler. »Lass den Gedanken doch erst einmal sinken ...« Deswegen: Loch in der Mitte, kurzes Feedback – danach ein rascher Druck auf die Taste, und das Problem ist gelöst.

Die deutsche Philosophie ist wesentlich geprägt durch den Gedanken der Metaphysik. Das Land der Dichter und Denker: »Lass uns die Dinge ganz genau betrachten. Aus allen Perspektiven. Mit all unseren Sinnen. Vergiss die Lösung, es ist das Problem, das zählt!« Der Flachspüler ist das in Porzellan gegossene Manifest der deutschen Seele.

Bevor wir Deutsche irgendein Gerät oder eine Maschine entwickeln, wollen wir zunächst einmal das theoretische Konzept dahinter verstehen. Erst dann beginnen wir mit der Arbeit. Die amerikanische Herangehensweise ist anders. Amerikaner probieren gleich mal etwas aus, und wenn es dann nicht funktioniert, fragen sie sich nach den Gründen und verbessern das Ganze. Das führt zwar dazu, dass amerikanische Firmen ihre Apps, Geräte und Maschinen sehr schnell auf den Markt werfen, aber im Gegensatz zu deutschen Produkten funktionieren sie eben oftmals nur so lala. Bei einem früheren USA-Urlaub haben wir drei Wochen lang in einem Haus in Florida gewohnt, in dem man die Mikrowelle anmachen musste, um das Garagentor zu öffnen.

Wir Deutschen haben eine große Liebe zur Präzision, zum exakten Messen und zum akribischen Berechnen. Immer, wenn wir von amerikanischen Bekannten »so gegen acht Uhr« zu einer Party eingeladen wurden, war deren Irritation sehr groß, weil wir präzise wie ein Uhrwerk zwischen 7:59 Uhr und 8:01 Uhr an der Tür geklingelt haben. Valerie meinte dann im Scherz: »Vince ist Physiker und hat seine heiß geliebte Atomuhr aus Deutschland mitgebracht. Die steht jetzt bei uns in der Küche, haha.« Und an der Reaktion unserer Gastgeber war jedes Mal ersichtlich, dass sie ihr die Story zu hundert Prozent glaubten.

»Ihr Deutschen seid auf so niedliche Art und Weise korrekt«, hörte ich immer wieder von Amerikanern. Wahrscheinlich haben sie recht. Als Christian Wulff noch Bundespräsident war, wurde gegen ihn ein Verfahren wegen Vorteilsnahme eröffnet, in dem es um den skandalösen Betrag von 753,90 Euro ging. Selbst bei der Korruption sind wir Deutschen irgendwie anständig und präzise.

Als US-Politiker müssen Sie – wenn überhaupt – erst dann zurücktreten, wenn es um Milliardenbeträge geht, wenn Sie Kernwaffen an verfeindete Nationen schmuggeln oder noch schlimmer: Wenn Sie Ihre Frau betrügen. Letzteres wiederum ist in Deutschland kein Rücktrittsgrund. Es ist sogar so, dass ein Bundestagsabgeordneter sein Mandat noch nicht einmal aberkannt bekommt, wenn er seine Frau umbringt. Aber wenn er einen Funken Anstand hat, wird er sein Mandat natürlich niederlegen. Andererseits, wie viele Funken Anstand besitzt ein durchschnittlicher Frauenmörder ...

Richard Nixon ordnete heimlich Bombardierungen in Kambodscha an, spionierte illegal seinen politischen Gegner aus und belog den Kongress darüber, bevor er zurücktrat. Bei uns reichen 753,90 Euro, um politisch erledigt zu sein. Wenn die Buchhaltung nicht stimmt, verstehen wir Deutschen eben keinen Spaß.

Solange ich in Deutschland lebte, habe ich diesen Hang zur deutschen Gründlichkeit immer ein wenig abfällig bewertet. Aus der Ferne jedoch sehe ich die Sache inzwischen etwas anders. Denn sobald man in den USA etwas reparieren, installieren, befestigen oder anschließen muss, fangen die Probleme an, und mein Blutdruck steigt auf 150/95 Millimeter Quecksilbersäule. Schon allein damit kann der Amerikaner nichts anfangen, denn so etwas Absurdes wie Millimeter sind ihm unbekannt. Jeder Stecker, jede Schraube, jede Mutter hat eine willkürliche Länge, Breite oder Dicke. Wenn Sie in einem amerikanischen Baumarkt eine simple Holzleiste von exakt 13,74892 Zentimetern Länge kaufen wollen, verzweifeln Sie. Stattdessen müssen Sie sich mit Füßen, Zoll und Meilen herumärgern. Außerdem gibt es *ounces* und *pounds* und dadurch ist alles krumm, schief und ungenau. Eine Unze sind 0,0625 Pfund, und 100 Inches sind 8,333 333 … Fuß. Das Verstörendste allerdings sind die unpräzisen amerikanischen Mengenangaben. Wie viel ist zum Beispiel »a bunch«? Oder noch schlimmer: »a bunch of stuff«? »I've got 2,63 kilograms of stuff« wäre da wenigstens ein Anfang. Die Ironie an der Geschichte jedoch ist: Vor über zweihundert Jahren haben die Vereinigten Staaten in der Amerikanischen Revolution die Briten besiegt, behielten aber dennoch ihre absurden Maßeinheiten. Das macht doch keinen Sinn! Wie man damit auf den Mond kommen konnte, ist für einen deutschen Gründlichkeitsfanatiker ein absolutes Rätsel.

»Hey Houston … this is Apollo … we are sixty-four yards to impact …«

»Hey Apollo … this is Houston … we're gonna need that in *centimeters* …«

»F**k!!!«

Und das zeigt: Selbst beim Fluchen sind Amerikaner schludrig und ungenau. Bei uns in Deutschland würde so etwas wenigstens lauten: »F**k dich ins Knie!« Klare, exakte Angabe. Deutsche Gründlichkeit eben.

VON GRETA
ZU CORONA

Der typische New Yorker beschwert sich ständig über irgendetwas: Dass seine Miete zu hoch ist, dass die Subway heute Morgen nicht an seiner Station gehalten hat oder dass jede Nacht vor seinem Haus irgendeine blöde Alarmanlage eines Autos losgeht. Aber New Yorker beschweren sich praktisch nie über Themen, die groß und weltumspannend sind. Als Greta Thunberg im Sommer 2019 per Segelschiff im Hafen North Cove Marina in Manhattan ankam, war das natürlich in der Stadt ein Gesprächsthema. Doch schon nach wenigen Tagen ging man wieder zum *daily business* über.

Als Deutscher neigt man dazu, große Themen immer und überall auf den Tisch zu bringen. Oft erhält man dann in New York die Antwort: »Ja, ich denke schon, dass der Klimawandel eine Bedrohung darstellt, aber ich glaube nicht, dass wir das Problem bei diesem Brunch lösen können.« Ängste über mögliche existenzielle Risiken besprechen New Yorker lieber mit ihrem Therapeuten.

Entgegen der deutschen Vorstellung ist den Amerikanern der Umweltschutz ein großes Anliegen. Die Gesamtfläche aller amerikanischen Nationalparks entspricht fast der Fläche von Großbritannien. *Littering* (das achtlose Wegwerfen von Abfällen in der Natur) wird mit Strafen von bis zu tausend Dollar geahndet. Daher ist Amerika wirklich sehr sauber. Im Gegensatz zu vielen öffentlichen Plätzen bei uns. Wer schon mal das Abfallchaos nach einer deutschen Fridays-for-Future-Demo gesehen hat, der weiß: In Amerika hätte man die Kids dafür festgenommen und klimaneutral nach Guantanamo geflogen.

In Iowa stammt über ein Drittel der Energie aus erneuerbaren Quellen, und in Texas, dem Land des Öls, stehen drei der weltweit größten Windfarmen. Allein im Roscoe Windpark erzeugen sechshundertvierunddreißig Windräder eine Leistung von über siebenhundertachtzig Megawatt. Was allerdings gerade mal ausreicht, um die Klimaanlage eines Zwei-Mann-Büros in Dallas in Betrieb zu halten.

Bei der Energieerzeugung ist man in Amerika pragmatisch. Wenn es ökonomisch Sinn macht, investiert man durchaus in Erneuerbare, aber eben auch in Kohle, Kernenergie und Fracking. Wir in Deutschland gehen das Thema der Energieversorgung ein wenig idealistischer an. Wenn Sie einem Amerikaner erzählen, dass wir unsere Kernkraftwerke abschalten und gleichzeitig das Klima schützen wollen, dann glaubt der das nicht.

»Ja, aber wie wollt ihr dann euren CO_2-Ausstoß senken?«

»Na ja, wir schalten ja auch bald unsere Kohlekraftwerke ab.«

»Aber dann habt ihr doch keinen Strom mehr?«

»Doch. Wir haben Wind und Sonne.«

»Aber die sind unzuverlässig.«

»Nein, wir speichern den Strom ja.«

»Und wie?«

»Das wissen wir noch nicht. Aber wir sind uns sicher, dass wir das schaffen.«

»Eure Ingenieure?«

»Nein, die nicht. Eher unsere Politiker.«

»Und was qualifiziert die?«

»Na ja, die haben meistens irgendwas mit Medien studiert oder sind Juristen. Aber alle sind sicher, dass uns bald etwas Kluges einfallen wird.«

»Aha … du, lass uns doch noch was am Brunch-Büfett holen …«

In der Hochphase der deutschen Fridays-for-Future-Bewegung schrieb ich für die Online-Ausgabe von *Spektrum der Wissenschaft* einen Artikel, in dem ich berechnete, wie viel Strom wir in Deutschland maximal speichern könnten, um eine sogenannte Dunkelflaute zu überbrücken. Also einer Phase, in der kein Wind weht und keine Sonne scheint. Ich kam auf rund vierzig Gigawattstunden. Das ist die maximale Energiemenge, die wir mithilfe von Pumpspeicherwerken, also großen Stauseen, speichern können. Vielmehr ist aufgrund unserer geografischen Lage nicht möglich. Und wie lange, schätzen Sie, würden diese vierzig Gigawattstunden ausreichen, um Deutschland mit Strom zu versorgen? Ziemlich genau vierzig Minuten. Danach würden flächendenkend im ganzen Land die Lichter ausgehen. Wenn also am Sonntagabend eine Dunkelflaute einsetzt, dann können Sie nur die erste Hälfte vom *Tatort* gucken. Was nicht so schlimm ist, denn nach fünf Minuten weiß man sowieso, wer's war.

Die Reaktion auf meinen Artikel war verstörend: Empörung, Beleidigungen, gemischt mit dem Vorwurf, mir wäre die Zukunft der nächsten Generation egal. Einige warfen mir sogar vor, ich wäre doch bestimmt einer dieser »Klimaleugner«.

Wie bereits erwähnt sind wir Deutschen traditionell ein Volk von Ingenieuren. Wenn ein Problem auftritt, setzen wir uns hin und überlegen nüchtern und ruhig, wie man das Problem technisch lösen könnte. Beim Thema »Klimaschutz« kommt es mir jedoch so vor, als ob wir diese Tugenden weitgehend über den Haufen geworfen haben und uns stattdessen voll und ganz von Ängsten, Gefühlen und Wunschdenken leiten lassen. Da werden symbolisch Klimanotstände ausgerufen und Klimaschutzpakete in Milliardenhöhe beschlossen. Vor einiger Zeit hat die Deutsche Bahn ihren Kunden den Tarif »Umwelt-Plus« angeboten. Damit konnten Sie mit Ökostrom von Frankfurt nach Berlin fahren. Ohne diesen Tarif mit normalem Strom. Ich fand das schon damals in höchstem Maße beeindruckend. Die Deutsche Bahn hat es geschafft, die Stromversorgung in einem ICE so zu individualisieren, dass jeder Reisende – abhängig von seinem Tarif – seinen eigenen Strom bekommt. Das ist deutsche Ingenieurskunst.

Im Privatleben überbieten wir uns gegenseitig mit unserer ökologisch-korrekten Gesinnung. »Vorsicht, der Torben greift in die Steckdose!« – »Ach, macht nix, ist doch Ökostrom …« Gleichzeitig führen wir ein Leben, das natürlich ganz anders aussieht. Ich für meinen Teil gebe das ehrlich zu. Neulich erst war ich mit meinem Diesel Grillkohle holen. In einer Plastiktüte. Die ganze Fahrt im ersten Gang. Und beim Losfahren habe ich zu Hause sogar das Licht brennen lassen. Machen viele. Die Dunkelziffer ist sehr hoch.

In den letzten Jahren wurde unsere ökologische Doppelmoral immer grenzenloser. Wir forderten Offshore-Windparks und gründeten im Gegenzug eine Bürgerinitiative, wenn die Starkstromtrasse vor unserem Haus entlanglief. Wir demonstrierten gegen den Flughafenausbau, aber die Kurztrips nach London mussten schon noch drin sein. Wir wollten iPhones, Netflix, jeden Morgen warm duschen und Strom aus der Steckdose, doch wenn RWE den Hambacher Forst roden wollte – *no way*. Verbrennungsmotoren, Diesel und Feinstaub sind die Pest, aber Vatis neuer Cayenne ist schon auch geil. Wir wollten Party feiern, aber keinen Kater haben. Und vor allem wollten wir nicht schuld sein. Wir alle wollten so gerne die Welt retten, aber wenn Mutti zum Müllruntertragen rief, war keiner da.

Als wir in die USA zogen, war ich ehrlich gesagt sehr froh, endlich mal eine Zeit lang nichts mehr von unserem hochtrabenden Gerede über die Weltrettung mitzubekommen. Und dann breitete sich praktisch aus dem Nichts die Pandemie aus und veränderte unser aller Leben mit einer Geschwindigkeit und einem Ausmaß, das sich selbst Greta Thunberg in ihren größten Albträumen nicht ausgemalt hatte. Wer hätte gedacht, dass die drohende globale Katastrophe, vor der sie unaufhörlich gewarnt hatte, eine vollkommen andere ist?

Die Folgen könnten jedoch ganz ähnlich aussehen. Wenige Wochen vor dem Ausbruch der Pandemie habe ich auf meiner Facebook-Seite gescherzt, dass wir wegen der geforderten Maßnahmen der Fridays-for-Future-Bewegung wohl schon bald wie die Amish People leben müssten, einer christlichen Gruppe, die freiwillig ein Leben wie vor dreihundert Jahren führt: im Einklang mit der Natur und der Konzentration auf die wesentlichen Bedürfnisse, meistens ohne Elektrizität. Streng geregelte Tagesabläufe, keine Autofahrten, keine Flugreisen, regional statt global. Zu dem Zeitpunkt schlug mir in der Kommentarleiste noch ein Shitstorm entgegen.

Kurze Zeit später stand plötzlich die Welt wegen eines Virus still, und die »Denkfabrik Agora Energiewende« schrieb bereits nach wenigen Tagen: »Als Folge der Corona-Krise wird Deutschland sein Klimaschutzziel im Jahr 2020 sicher erreichen.« Das schon, aber zu welchem Preis? Inzwischen steht zu befürchten, dass nur ein paar wenige Wochen Abschottung und weltweiter Shutdown ausreichen könnten, um mittelfristig unsere Welt in einem Maße zu verändern, die ich noch im Januar als Witz beschrieben habe: ein Lifestyle wie die Amish plus Netflix.

Wissenschaftlich-ökologisch gesehen war die Shutdown-Phase übrigens ein Quell der Erkenntnis. Denn durch den temporären Stillstand der Weltwirtschaft waren zum ersten Mal in unserer Geschichte die wirklichen Auswirkungen von Industrie und Verkehr auf unsere Umwelt eindeutig messbar. Und was dabei herauskam, verblüffte sogar viele Experten.

Was wurde zum Beispiel in den letzten Jahren nicht alles über Dieselfahrverbote, Grenzwerte und Feinstaubbelastungen in unseren Innenstädten diskutiert. Umweltaktivisten, Lungenfachärzte, Autolobbyisten und Verkehrsforscher haben sich über dieses Thema gegenseitig die Köpfe eingeschlagen. Nun kam heraus: Obwohl der Autoverkehr in den deutschen Innenstädten über Wochen um bis zu zwanzig Prozent abgenommen hat, konnten parallel dazu keine signifikanten Auswirkungen auf die Stickoxid- und Feinstaubwerte gemessen werden. Die Luftqualität in Dresden, Stuttgart oder Kiel hat offensichtlich recht wenig mit der Anzahl der Autos zu tun, die dort täglich durchfahren. Viel entscheidender sind anscheinend Einflussgrößen wie Wetterlage oder Wind.

Auch was das Thema »Klimaschutz« betrifft, konnten wertvolle Erkenntnisse erzielt werden. So hat der ökologisch motivierte Think Tank »Carbon Brief« nach einer aufwendigen Datenanalyse extrapoliert, dass es aufgrund der Pandemie im Jahr 2020 zu einer Emissionssenkung von wahrscheinlich mehr als vier Prozent des weltweiten CO_2-Ausstoßes kommen wird. Das entspricht dem bisher größten jährlichen Rückgang überhaupt. Mehr als in jeder früheren Wirtschaftskrise oder Kriegsperiode.

Doch selbst durch diesen dramatischen Rückgang würde die im Klimaschutz geforderte Temperaturgrenze von 1,5 Grad Celsius nicht erreicht werden. Laut Weltklimarat müssten die globalen Emissionen in diesem Jahrzehnt um mehr als sechs Prozent jährlich sinken, um die Erwärmung auf weniger als 1,5 Grad Celsius gegenüber den vorindustriellen Temperaturen zu begrenzen. Salopp gesagt muss Corona also eineinhalbmal so schlimm kommen und jedes Jahr auftreten, damit wir unsere Klimaziele schaffen.

In New York habe ich mich immer wieder mit Amerikanern über die typisch deutsche Begeisterung unterhalten, Klima und Umwelt retten zu wollen. Koste es, was es wolle. »Für euch Deutsche ist die Natur eben fast etwas Religiöses«, meinte mein Vermieter Mr Glickstein. »Deswegen habt ihr auch so ein emotionales Verhältnis dazu«, fuhr er fort. »Bevor meine Großeltern vor den Nazis geflüchtet sind, lebten sie in Biberach. Als Kind haben sie mir oft mit fast heiligem Ernst Sagengeschichten über den Schwarzwald erzählt. Da habe ich gemerkt: Amerikaner lieben Naturparks. Deutsche jedoch vergöttern die Natur.« Da könnte tatsächlich was dran sein. Mit dem Beginn der Romantik Anfang des 19. Jahrhunderts wurde der deutsche Wald zum mystischen Sehnsuchtsort. Die Natur wurde sozusagen beseelt.

Im Englischen heißt es: »We're going *to* the countryside.« Im Deutschen sagt man: Wir gehen *in* die Natur. Während sich der Amerikaner also zu der Natur begibt, stürzen wir Deutschen uns kopfüber hinein. Deshalb war wahrscheinlich auch der Aufschrei beim Hambacher Forst so stark. Denn für uns Deutsche ist das nicht einfach nur eine Fläche mit alten Bäumen drauf, die gefällt werden sollten. Nein! Für uns ist das Fällen von Bäumen gleichbedeutend mit der Zerstörung unserer eignen Seele.

Diese Romantisierung nimmt aber mitunter bizarre Züge an. Letztes Jahr hat mein Vater einen morschen Baum auf dem Grundstück vor unserem Haus gefällt. Zufälligerweise kamen irgendwelche Großstädter vorbeispaziert und pöbelten herum, was ihm wohl einfallen würde, dieses »arme Geschöpf der Natur« zu töten. »Der Baum is scho dod!«, maulte mein Vater zurück. »Ihr stellt ja ach net euern verstorbene Oppa in de Gadde und stützt ihn mit Stöck ab, damit er net umfalle kann, oder?«

Im Jahr 2015 kam das Buch *Das geheime Leben der Bäume* auf den Markt. Ein absoluter Bestseller, in dem der Autor, Peter Wohlleben, unseren belaubten Freunden geradezu übersinnliche Fähigkeiten zuspricht: Bewusstsein, Gefühle, ja sogar Moral. Der Baum als besserer Mensch sozusagen. Und der Wald ist eine Art kuscheliger Streichelzoo. Eine friedliche, gerechte Solidargemeinschaft, in der Schwächere von den Stärkeren beschützt werden. Unter Forstwissenschaftlern gelten diese Thesen, vorsichtig gesagt, als esoterischer Firlefanz. Selbstverständlich ist jeder Wald ein hochkomplexes Biosystem. Aber es ist ein fundamentaler Unterschied, ob ein System bewusst handelt oder ob es so aufgebaut ist, dass es von außen so *aussieht*, als hätte es ein Bewusstsein. Im Übrigen empfinden Bäume auch keine Schmerzen. Der Klang einer Kettensäge versetzt eine Eiche weder in Furcht, noch macht er sie depressiv. Und mit Dingen wie Gerechtigkeit, Solidarität und Moral kann die Natur erst recht nichts anfangen.

Die Grundidee des intelligenten Waldes wurde übrigens auch schon einmal in den USA umgesetzt: In dem Hollywood-Blockbuster *Avatar*, der 2009 in die Kinos kam, wird die Natur auf dem Planeten Pandora ebenfalls als ein tatsächlich denkender Organismus – »Eywa« genannt – beschrieben. Allerdings muss man sagen, dass der Streifen für die Amerikaner ein unterhaltsames Märchen war. Für uns Deutsche war es ein Dokumentarfilm.

Natürlich ist vieles, was die USA mit ihrer Umwelt anstellen, kritisch zu sehen. Allein die Selbstverständlichkeit, mit der in jedem New Yorker Wohnhaus zentral die Heizung hochgejubelt wird, ist für einen auf Energieeffizienz getrimmten Deutschen wie mich ein Stich ins Herz. Wenn es in der Wohnung zu heiß wird, kann man tatsächlich nur die Fenster öffnen oder – ganz brutal – die Klimaanlage einschalten. Die unbedachte Ressourcenverschwendung und die Sorglosigkeit, mit der viele – auch gebildete – Amerikaner Energie verbrauchen, weil sie eben billig ist, sind schwer zu begreifen.

Das darf aber nicht darüber hinwegtäuschen, dass wir Deutschen in dieser Thematik eben auch nicht die Weisheit mit Löffeln gefressen haben. Zweifellos haben wir ein größeres Bewusstsein in puncto Klimaschutz, doch von der Idee einer Lösung sind wir mindestens genauso weit entfernt wie die Amerikaner.

Die ökologischen Erkenntnisse während der Shutdown-Zeit legen jedenfalls den Verdacht nahe, dass wir uns bei den Umwelt- und Klimaschutz-Bemühungen der letzten Jahre in einen wenig zielführenden Kampf gegen Windmühlen verrannt haben könnten. Die bereits jetzt spürbaren wirtschaftlichen Auswirkungen der Pandemie geben uns einen Hinweis darauf, dass ein wirklich radikaler Klimaschutz durch Wohlstandsverluste erkauft wird, dessen Folgen vielleicht sogar schlimmer sein könnten als der Klimawandel selbst. Vielleicht ist Corona ein umweltpolitischer Weckruf, der uns zum Umdenken zwingt. Und zwar nicht dahingehend, alles zu versuchen, den Klimawandel aufzuhalten, sondern alles zu versuchen, uns mit neuen Technologien und Innovationen an den Klimawandel anzupassen.

AMERICAN DREAM?
WE DON'T DO IT
ANYMORE!

Es ist mitunter schwierig, die Gepflogenheiten einer fremden Kultur zu verstehen. Die Idee, eine Waffe zu besitzen, kommt uns Deutschen grotesk vor. Ebenso die uramerikanische Angst vor nicht-pasteurisierter Milch. Sie können in Alaska problemlos mit einer AK 47 im Anschlag herumlaufen, aber versuchen Sie bloß nicht, ein Stück französischen Brie über die kanadisch-amerikanische Grenze zu schmuggeln. »Sir! This piece of cheese is very dangerous!«, heißt es dann. Und da bringt es auch nichts, wenn Sie dem Zöllner erklären: »Sir! Nicht Käse tötet Menschen. Menschen töten Menschen …«

Es wird einem von den amerikanischen Behörden wirklich extrem schwer gemacht, in das Land reinzukommen. Bei einem früheren Urlaub wurde ich bei der Einreise gefragt: »What's your profession?« Was machen Sie beruflich? Da habe ich blöderweise gesagt: »I'm a comedian.« Der Zöllner reagierte vollkommen humorlos: »Tell a joke! Sonst kann ich Sie nicht reinlassen.« Ich war so nervös, dass mir absolut nichts Witziges einfiel. Seitdem sage ich immer nur: »Ich bin Proktologe. Do you want me to prove it?«

Dabei ist es doch dämlich, die Leute gleich an der Grenze so fertigzumachen. Wie soll man es vom Tellerwäscher zum Millionär schaffen, wenn schon bei der Einreiseprozedur die Hand vor Angst zittert? Spätestens da hätten die übrigens merken müssen, dass ich überhaupt kein Proktologe sein könnte.

Als EU-Bürger denkt man ja gerne, wir wären die ungekrönten Könige von bizarren Gesetzen und unsinnigen Verordnungen. Zum Beispiel muss Waldhonig laut EU eine elektrische Leitfähigkeit von 0,8 Mikrosiemens pro Zentimeter besitzen. In der EU-Schnullerkettenverordnung wird auf zweiundfünfzig Seiten in acht Kapiteln mit vierzig Unterpunkten alles Erforderliche zu einer Schnullerkette festgelegt. Brüssel bestimmt, wie viel Wasser durch einen Duschkopf rauschen darf und wie groß der Abstand zwischen zwei Grillstäben sein muss. Rund 21 000 Richtlinien erklären uns genau, wie man eine Leiter aufzustellen hat, ob man in einem Schaltjahr auch Automatik fahren darf oder dass der »Kothaufen eines Hundes eine selbstständig bewegliche Sache ist, die durch das Vermischen mit dem Wiesengrundstück nicht automatisch in das Eigentum des Wiesengrundbesitzers übergeht.« Nur für den Fall, dass Sie das noch nicht gewusst haben.

Im April 2020 ging das Foto eines Berliner Polizisten viral, der mit einem Zollstock zwischen zwei Personen auf einer Parkbank herumfuchtelte, weil er penibel den Sicherheitsabstand von einem Meter fünfzig abmessen wollte. Immerhin hat er kein Lasermessgerät benutzt.

Ein Apparat mit 25 000 Mitarbeitern kann offensichtlich ziemlich viel Eigendynamik entwickeln. Das erkannte der britische Soziologe Cyril Northcote Parkinson bereits im Jahre 1955 und formulierte das nach ihm benannte Parkinsonsche Gesetz: »In jedem öffentlichen Verwaltungsapparat, der sich nicht gerade im Kriegszustand befindet, vermehrt sich der Angestelltenstab pro Jahr zwischen fünf und sechs Prozent. Und zwar völlig unabhängig von der vorliegenden Arbeitsmenge und den zu lösenden Problemen.«

Dabei weiß man, dass die Größe eines Teams maßgeblichen Einfluss auf den Output hat. Vor einigen Jahren untersuchte eine Arbeitsgruppe der Universität Wien die Kabinettgrößen von fast zweihundert Ländern und kam zu einem erwartbaren Ergebnis: Wachsende Kabinettgrößen korrelieren stark mit einem Rückgang von Wohlstand und Bildung in dem jeweiligen Land. Je mehr Politiker ihren Senf dazugeben, umso handlungsunfähiger wird das System.

Der Anthropologe Robin Dunbar erforscht seit zwanzig Jahren menschliche Netzwerke und fand heraus, dass Kooperation bei bis zu einhundertfünfzig Individuen einigermaßen gut funktioniert. Das lässt sich sogar geschichtlich belegen: Steinzeitdörfer hatten einhundertzwanzig bis einhundertfünfzig Bewohner, ein römisches Heer bestand aus Kompanien von einhundertsechzig Soldaten, und Gemeinden der Amish People umfassen nicht mehr als einhundertfünfzig Mitglieder. Sobald die Gruppe sich vergrößert, teilen sie sich in zwei neue Gemeinden auf. Auch bei Facebook und Twitter lässt sich eine Obergrenze beobachten: Durchschnittlich liegt die Zahl zwischen hundert und zweihundertfünfzig Freunden. Die aber komischerweise nie auftauchen, wenn man ein Klavier in den fünften Stock tragen muss.

Inzwischen hat Dunbar nachgebessert und auf einhundertachtzig erhöht. Doch sobald diese magische »Dunbar-Zahl« überschritten wird, fällt es uns immer schwerer, konstruktiv zusammenzuarbeiten. Es kostet schlichtweg zu viel Energie, um die vielfältigen Beziehungen pflegen zu können, und unser Gehirn ist nicht mehr in der Lage, die vielen Interaktionen zu verarbeiten.

Das größte Dilemma an Bürokratien ist ihre Ineffizienz. Kann mir zum Beispiel jemand mal erklären, warum jeder Deutsche eine elfstellige Steuernummer bekommt? Bei zweiundachtzig Millionen Deutschen hätte es eine achtstellige auch getan. Aber wer weiß, vielleicht schwillt ja das Volk in den nächsten Jahren auf einhundert Milliarden Menschen an, und dann wäre das Finanzamt mit einer achtstelligen Zahl der Gelackmeierte. Dabei beschließen Bürokraten nicht deswegen so sinnlose und zeitraubende Verordnungen und Richtlinien, weil sie unintelligent oder gar boshaft sind, sondern weil sie selbst die Konsequenzen ihrer Beschlüsse nicht spüren.

Das ist selbstverständlich auch in Amerika nicht anders. Dort ist der Wahnsinn sogar von Bundesstaat zu Bundesstaat unterschiedlich. In Illinois zum Beispiel ist es verboten, in einem brennenden Restaurant zu Abend zu essen. Das sollten Sie auf jeden Fall bedenken, wenn Sie mal in Chicago sind. Buchen Sie dort niemals einen Tisch, der in Flammen steht. Es ist gegen das Gesetz. In Connorsville/Wisconsin dürfen Männer ihr Gewehr nicht abfeuern, während die Partnerin einen Orgasmus bekommt. Und »Gewehr abfeuern« ist definitiv keine Metapher. Mein Lieblings-Bürokratie-Staat ist allerdings Nebraska. Dort ist es Friseuren nicht gestattet, zwischen sieben und neunzehn Uhr Zwiebeln zu verzehren. Warum, weiß kein Mensch. Auch Walfang ist in Nebraska streng verboten. Was total Sinn macht, denn Nebraska ist ein Binnenstaat. Die haben gar keinen Meerzugang. Aber sollte dort irgendwann ein Sea World eröffnen, ist es den Touristen zumindest schon mal verboten, von den Tribünen aus die Orcas abzuknallen.

Man muss allerdings der Fairness halber erwähnen, dass Nebraska ursprünglich von deutschen Einwanderern kolonialisiert wurde. Es waren also *unsere* Vorfahren, die dort diese sinnlosen Gesetze eingeführt haben. So schließt sich der Kreis.

Es heißt ja immer: Heimat ist dort, wo man sich über Bürokraten ärgert. Dem kann ich nur bedingt zustimmen. Die USA ist nicht meine Heimat, was mich aber nicht im Geringsten davon abgehalten hat, mich über die amerikanische Bürokratie aufzuregen. Als Ausländer ein befristetes Arbeitsvisum in den USA zu bekommen ist schwerer, als einen Mormonen von der Evolutionstheorie zu überzeugen. Zuallererst müssen Sie für das gesamte Prozedere einen Anwalt konsultieren. Denn ein Visum bekommen Sie nur über einen offiziellen *immigration lawyer*, einen Anwalt für Immigrationsrecht, der für Sie alles abwickelt und dafür einen Tagessatz in der Höhe des Bruttosozialproduktes von Burundi verlangt. Es gibt nicht wenige Anwälte, die es sogar fertigbringen, die »Zeit zum Ausstellen der Rechnung« in Rechnung zu stellen. Allein von diesem Betrag können Sie in New York ein paar Wochen gut leben.

Mein *immigration lawyer* war eine Frau und hieß Tess. Tess führt eine kleine Kanzlei in Brooklyn und wurde mir von einem guten Bekannten empfohlen. Unser erstes Telefonat lief recht vielversprechend. Ich erzählte ihr von meiner Absicht, für ein Jahr in ihr wunderbares Land zu kommen und dort mein Glück als Stand-up-Comedian zu versuchen. Schon nach wenigen Sätzen fiel sie mir ins Wort: »Um ein Visum zu bekommen, brauchst du im Vorfeld einen möglichst lückenlosen Tourplan für den Zeitraum deines Aufenthaltes.« Ich stutzte und versuchte, ihr zu erklären, dass sich Auftritte in der Regel ja erst ergeben, wenn man vor Ort ist.

»Keine Auftritte, kein Visum«, sagte sie mit leichtem Bedauern.

»Aber das ist doch gerade der amerikanische Traum!«, erwiderte ich.

Da lachte sie nur: »Exactly. But we don't do it anymore ...«

Das war ein Schock. In diesem Moment überdachte ich kurz meine Alternativen. Solange die Mauer noch nicht gebaut ist, könnte ich es vielleicht, als Mexikaner verkleidet, im Schutze einer Mariachi-Band bei El Paso über die Grenze schaffen? Immerhin wäre mir dann ein illegaler Job als Poolboy oder Gärtner so gut wie sicher. Und Valerie könnte ein paar unversteuerte Dollar als Nanny oder Zimmermädchen verdienen.

Tess jedoch machte mir Mut. In der Regel reiche es den Behörden, wenn ich genügend E-Mails von Veranstaltern einreiche, die einfach nur ihr Interesse bekunden, mich in ihrem Club auftreten zu lassen. »Und wenn diese Auftritte dann doch nicht zustande kommen?«, fragte ich skeptisch. »Na ja, das interessiert dann keinen mehr«, meinte sie.

So verbrachte ich also die folgenden Monate damit, zahllose Bühnen anzuschreiben, um sie auf Knien darum zu bitten, einem ambitionierten deutschen Science-Comedian einen sogenannten *letter of interest* zu schreiben. Zu meiner großen Verblüffung zahlte sich meine Mühe aus. Drei Monate vor dem geplanten Trip hatte ich tatsächlich genügend Schreiben zusammen. Mein Tourplan stand. Glücklich rief ich abermals Tess an.

»You did a great job!«, meinte sie ganz amerikanisch, um mir dann zu eröffnen, dass ich daneben natürlich noch eine endlose Litanei von Bescheinigungen, Nachweisen, Formularen, Anträgen, Bankauskünften, Lebensläufen und Empfehlungsschreiben von Bürgen vorlegen müsse. »Besorg das alles, und mach dich außerdem darauf gefasst, dass die amerikanischen Behörden dein bisheriges Leben komplett durchleuchten werden …«

»Was soll da schon groß passieren?«, antwortete ich entspannt. »Ich habe ja nichts zu verbergen.«

»Sei dir da mal nicht so sicher. Ein früherer Klient von mir hatte schon alle Papiere zusammen. Und dann hat die NSA herausgefunden, dass er 2009 in einem Starbucks in Minneapolis aus Scherz einen falschen Vornamen auf den Becher geschrieben hat. Da wurde es noch mal richtig eng!«

Doch bei mir ging dank Tess alles glatt. Fast. Einen Monat vor unserer geplanten Abreise wurde ich von der US-Einwanderungsbehörde in einem Schreiben aufgefordert, mich beim amerikanischen Generalkonsulat in Frankfurt für ein abschließendes »Interview« einzufinden. »Das kann noch mal ein bisschen heikel werden«, meinte Tess. »Bereite dich auf jeden Fall gut vor.«

Das tat ich. Tagelang lernte ich meinen »Tourplan« auswendig. Immer und immer wieder ging ich Daten, Veranstaltungsorte und Kontaktpersonen durch. Jetzt nur keinen Fehler machen! Am fraglichen Tag warf ich mich in meinen besten Anzug und fuhr zum Konsulat. Gleich würde ich einem auf Verhörtechnik spezialisierten Diplomaten gegenübertreten, der mit einem Glas Bourbon in der Hand vor einem offenen Kamin lehnt und zwei Stunden lang mit komplizierten Fangfragen versucht, eventuelle Widersprüche in meiner Beweiskette zu finden.

Ich hätte mich besser informieren sollen. Denn das amerikanische Generalkonsulat in Frankfurt gleicht eher einer Kfz-Zulassungsstelle. Man kommt an, zieht eine Nummer und wartet zusammen mit fünfzig anderen in einem grässlich möblierten Wartesaal. Nach zweieinhalb Stunden blinkte meine Nummer auf. Ich begab mich zu Schalter 12, an dem eine dicke Frau hinter einer Glasscheibe gelangweilt in ihren Computer glotzte. Sie tippte meinen Namen ein, blickte kurz auf und meinte genervt: »You are a *German* Comedian? How funny …« Dann drückte sie mir mit Todesverachtung den *approved*-Stempel auf meine Unterlagen – und das war's.

Irritiert, aber erleichtert ging ich nach Hause. Ich hatte es geschafft! Ich war stolzer Besitzer eines O1-Künstlervisums, das mich für ein Jahr berechtigte, in den USA aufzutreten. Valerie musste übrigens doch nicht über El Paso geschmuggelt werden, sondern bekam großzügigerweise ein Partnervisum, das sie allerdings nur dazu berechtigte, ein Jahr lang in Amerika herumzusitzen und zu atmen. Immerhin.

»Glückwunsch zu deinem O1«, gratulierte mir Tess ein paar Wochen später, als wir sie in ihrer Kanzlei in Brooklyn besuchten. »Aber denk dran, dass du mit einem O1-Stand-up-Künstlervisum nur Stand-up machen darfst. Wenn du dich hinsetzt oder auf der Bühne tanzt, und das kriegt jemand mit, wirst du sofort ausgewiesen. Denn dafür brauchst du ein *D2-Sit-and-Dance*-Visum …«

Schockiert blickte ich sie an.

»Das war ein Scherz!«, sagte sie.

Wirklich beruhigt war ich trotzdem nicht. Denn bei Bürokratien weiß man eben nie …

WELCOME
TO FEAR CITY

Meine Mutter war sehr besorgt, als wir nach New York zogen. »Bub, das ist so eine kriminelle Stadt«, sagte sie. »Steck dein Portemonnaie auf jeden Fall IMMER in die Vordertasche der Hose.« Der ultimative Tipp, falls dich mal ein Cracksüchtiger ausrauben will.

Um es vorweg zu sagen: Während unserer gesamten Zeit in New York sind wir kein einziges Mal in eine kriminelle Situation geraten. Zumindest nicht direkt. Als ich einmal nachts durch das East Village nach Hause ging, habe ich auf der Second Avenue einen umgekippten Rollstuhl im Straßengraben gesehen. Was ist da nur mit dem armen Kerl passiert? Ein Wunder wird es wohl kaum gewesen sein.

Das heißt natürlich nicht, dass man sich in der Stadt total sicher fühlen kann. Wer Krieg für gefährlich hält, kennt den Straßenverkehr in Manhattan nicht. Früher waren die New Yorker Ampeln mit »Walk« und »Don't walk« beschriftet. Wobei »Don't walk« nicht hieß, dass man stehen bleiben sollte, sondern eher bedeutete: »Don't walk … run!« Und zwar, so schnell du kannst!« Heute gibt es, wie bei uns, nur noch Farbsignale. Doch während der Deutsche beim Ignorieren einer Rotphase am liebsten den Weltsicherheitsrat anruft, haben Fußgängerampeln in Manhattan eine eher ästhetische Funktion. In Deutschland drohen fünfzehn Euro Strafe, im Big Apple werden Sie auch gerne mal überfahren. Doch dieses Risiko trägt der New Yorker gelassen, wenn er dafür in seinem Gehfluss nicht gestoppt wird.

Vor einigen Jahren hat man die Gehgeschwindigkeiten der Menschen in unterschiedlichen Städten untersucht und herausgefunden, dass New Yorker fast doppelt so schnell unterwegs sind wie die Einwohner von Bern. Meine Odenwälder Heimat jedoch unterbietet alles. Wenn man dort pro Stunde ein Foto von Fußgängern aufnimmt und aus den Fotos ein Daumenkino bastelt, dann laufen die Leute in normaler Geschwindigkeit.

In früheren Jahren war New York tatsächlich eine Kriminalitätshochburg. 1986 ging Valerie im zarten Alter von achtzehn Jahren für ein Jahr als Au-pair nach New York. Genauer gesagt lebte sie bei einer Gastfamilie in Crestwood, einem verschlafenen Örtchen in Westchester County, etwa fünfzehn Meilen nördlich von Manhattan. Jedes Wochenende setzte sie sich freudestrahlend in die Subway und fuhr in die Stadt. »Hattest du keine Angst?«, fragte ich sie einmal. Denn zu dieser Zeit war New York *up and coming*, wie es Immobilienmakler nennen würden. Was im Klartext so viel hieß wie »runtergewirtschaftet und lebensgefährlich«. Ausgebrannte Autos, eingestürzte Häuserblocks, Drogenabhängige, Prostituierte und gewaltbereite Gangs bestimmten das Straßenbild. Ein Spaziergang am Times Square war in etwa so sicher wie ein Schaufensterbummel durch Somalia. Nach Einbruch der Dunkelheit das Haus zu verlassen war nur für Lebensmüde ratsam. Und in der U-Bahn war es sinnvoll, immer ein gültiges Klappmesser mit sich zu führen.

Mit den Achtzigern kam Crack nach New York. Die Droge war günstig und machte extrem schnell abhängig. Die Dealer stritten um Territorien und Junkies, und die Beschaffungskriminalität nahm deutlich zu. Manche Stadtteile waren regelrechte Kriegszonen, geprägt von brutalen Jugendgangs und Schießereien zwischen rivalisierenden Dealern. Am schlimmsten, heißt es in Berichten aus jenen Jahren, war das Gefühl *Anything can happen!* Viele Menschen lebten in permanenter Angst, in manchem Viertel war die soziale Ordnung völlig zusammengebrochen. Taxifahrer weigerten sich, bestimmte Gegenden anzufahren, und Hunderttausende flohen aus der Stadt.

Für Touristen gab es gedruckte Broschüren mit dem einladenden Titel »Welcome to Fear City«. Darin gab man Reisenden Tipps und Tricks an die Hand, wie sie die Stadt gesund – und vor allem lebend – wieder verlassen konnten. Der wertvollste Tipp dabei: »Kommen Sie am besten gar nicht erst auf die Idee, uns zu besuchen.«

Valerie war das alles zu diesem Zeitpunkt nicht bewusst. Naiv und dementsprechend unerschrocken saß sie in graffitibeschmierten Zugabteilen und fuhr durch Bezirke, durch die sich selbst die New Yorker Polizei nur schwer bewaffnet und mit runtergedrücktem Knöpfchen traute. In der Bronx eskalierten die Bandenkriege zwischen Schwarzen und Latinos, in den Straßen von Harlem war der häufigste Ausbildungsberuf »Autodieb«, im Central Park kursierten die zwölf besten Crack-Rezepte zum Nachkochen – und mitten in diesem Chaos befand sich eine achtzehnjährige, blonde Salzburgerin, die sich jeden Freitagabend von Crestwood aufmachte und mit seligem Lächeln einem Kinoabend in Downtown entgegenfieberte.

Passiert ist ihr tatsächlich nie etwas. Wahrscheinlich, weil die bösen Jungs aus dem Ghetto davon ausgingen, dass es sich bei einem furchtlosen, ein Meter achtzig großen Teenager mit österreichischem Akzent nur um die kleine Schwester des Terminators handeln konnte.

Inzwischen ist New York jedoch eine der sichersten Großstädte der Welt. Sicherer als London, Rom oder Brüssel. Am 26. November 2012 wurde erstmals in der Geschichte der Stadt keine einzige Gewalttat gemeldet. Keine Schießereien. Keine Messerstechereien. Nichts. Selbst an den Wühltischen bei Macy's gab es ausnahmsweise mal keine bewaffneten Zwischenfälle. Und zwischen dem 12. und dem 15. Oktober 2018 fiel sogar zum ersten Mal seit mehr als fünfundzwanzig Jahren ganze drei Tage kein einziger Schuss.

In den ersten Wochen der Pandemie sank übrigens die ohnehin schon niedrige Kriminalitätsrate noch einmal deutlich. Das New York Police Department beobachtete im März 2020 einen zweistelligen Rückgang gegenüber dem Vormonat, obwohl der Frühling eigentlich eine traditionell umsatzstarke Saison für Berufsverbrecher ist. Doch der Shutdown betrifft eben alle Branchen. Den Taschendieben bricht die Klientel in den Parks und Straßen weg, Wohnungseinbrecher beklagen Umsatzeinbußen in Millionenhöhe, weil die meisten Leute tagsüber zu Hause bleiben. Dazu kommt, dass auch Kriminelle Angst vor Ansteckung haben und deswegen tatenlos im Homeoffice herumsitzen.

Noch zu Valeries Au-pair-Zeiten zählte man in New York City im Schnitt vierzehn Morde pro Tag. In dieser Zeit wurden pro einhunderttausend Einwohner fast achtundzwanzig Morde im Jahr verübt. Inzwischen ist die Rate auf 3,4 Morde pro einhunderttausend Einwohner gesunken. Zum Vergleich: In Kapstadt liegt sie bei sechsundsechzig (!) Morden pro einhunderttausend Einwohner.

Ähnlich unsicher geht es bei uns in Deutschland nur in Oberbayern zu. Das glauben Sie nicht? Dann schauen Sie sich die *Rosenheim Cops* an. Das ist eine Vorabendkrimiserie im ZDF. Einmal in der Woche muss das Ermittlerduo einen Mord aufklären. In Rosenheim. Einem Kaff mit sechzigtausend Einwohnern. Zweiundfünfzig Mal im Jahr! Vergessen Sie Townships in Südafrika oder die Favelas in Brasilien. Wenn Sie wirklich ein Leben am Limit führen wollen – ziehen Sie in den Chiemgau!

Zunächst einmal muss man erwähnen, dass Gewalt zur menschlichen Grundausstattung gehört. Wie jeder weiß, bringen sich Kleinkinder nur deswegen nicht um, weil wir ihnen keinen Zugang zu Messern oder Schusswaffen gewähren. Viele Intellektuelle glauben, dass der Mensch in seinem Naturzustand selbstlos, friedfertig und unverdorben ist. Ihrer Meinung nach sind hohe Kriminalitätsraten ein Produkt unserer modernen Zivilisation. Doch das ist romantisierter Hokuspokus. Schädelfunde von Naturvölkern in allen Teilen der Erde zeigen, dass zwischen zehn und dreißig Prozent aller Menschen durch Gewalt ums Leben kamen. Salopp gesagt ging es bei den amerikanischen Ureinwohnern nicht zu wie bei *Winnetou*, sondern wie bei *Mad Max*.

Und immer schon waren junge Männer die treibende Kraft. Egal, ob in der Bronx oder in einem afrikanischen Dorf, egal, ob Mittelalter oder Neuzeit, stets sind es junge, männliche Heißsporne, die sich gegenseitig den Schädel einhauen. Der Anteil der tötenden Männer liegt fünfundzwanzig Mal so hoch wie der Anteil der tötenden Frauen. Laut Gleichstellungsgesetz ist das eigentlich verboten. Und dieses Verhalten beobachtet man bei Menschen genauso wie bei Organismen, die kaum mehr als zwei Neuronen zum Kalkulieren besitzen.

Evolutionär gesehen hat sich männliche Aggression durchgesetzt, weil in der Steinzeit der ängstliche Schwächling weniger Nachfahren in die Welt setzte als der brutale Draufgänger. Ein junger, mutiger Krieger, der auf der Jagd sein Leben riskierte oder beim Kampf gegen den Nachbarstamm möglichst viele Feinde tötete, überstrahlte all seine Konkurrenten und sicherte sich einen hohen Status. Oder wie es Al Capone formuliert hat: »Mit einem freundlichen Wort und einem Gewehr kommt man viel weiter als mit einem freundlichen Wort allein.« Und diese steinzeitlichen Gene haben wir dummerweise immer noch an der Backe. Auch heute noch folgen junge Männer einem genetischen

Programm, das inzwischen nutzlos ist, aber vor 70 000 Jahren sinnvoll war.

Im Jahr 2012 gab es übrigens sogar bei uns in Amorbach ein Gewaltverbrechen. Am Rosenmontag zückte vor einer Kneipe ein volltrunkener Mann eine umgebaute Schreckschusspistole und schoss seinem Kumpel in den Kopf. Das Opfer überlebte schwer verletzt. Meine Eltern waren damals entsetzt. »Spaß muss sein«, meinte mein Vater trocken, »aber das ist selbst in der Faschingszeit ein starkes Stück.«

Legt man dieses Verbrechen auf die Einwohnerzahl von Amorbach um, hatte meine Heimatstadt schlagartig mit der Kriminalitätsrate in Frankfurt gleichgezogen. Und wenn noch ein kleiner Ladendiebstahl dazugekommen wäre, hätte der Odenwald kurzfristig sogar Kapstadt übertroffen. Geschieht in unserem näheren Umfeld ein Verbrechen, fragen wir uns gerne, warum es heutzutage so viel Kriminalität gibt. Tatsächlich müsste man sich eigentlich fragen, warum sich nicht viel mehr Leute den Schädel einschlagen. In New York leben über acht Millionen Menschen auf engstem Raum. Doch wie der Harvard-Professor Steven Pinker in seinem Buch *Gewalt* detailliert darlegt, lag selbst in der kriminellsten Phase der Stadt die Mordrate deutlich unter der von primitiven Naturvölkern. Und damit meine ich nicht den Odenwald.

Wissenschaftlich gesehen ist die drastische Abnahme der Kriminalität in New York immer noch ein großes Rätsel. Niemand hat diese Entwicklung vorausgesehen. Zwar nahm in den Neunzigern in fast allen Metropolen der USA die Zahl der Gewaltdelikte ab, doch nirgends war der Rückgang so stark und so nachhaltig wie in New York. Was also sind die Gründe? Wo sind all die Kriminellen geblieben?

Der Wissenschaftsjournalist Malcolm Gladwell gab in seinem Besteller *Tipping Point* die Durchsetzung der sogenannten Broken-Windows-Theorie an. Sie basiert auf einem Experiment, das der Psychologe Philip Zimbardo in den Sechzigerjahren durchführte. Er stellte jeweils in der New Yorker Bronx und Palo Alto, einer Stadt mit rund 67 000 Einwohnern in Kalifornien, ein Auto mit abmontierten Kennzeichen und geöffneter Motorhaube ab. In der Bronx begannen die Bewohner bereits nach Minuten, verwertbare Teile des Autos abzumontieren und anschließend den Wagen komplett zu zerstören. In Palo Alto dagegen blieb der Wagen unangetastet. Erst als Zimbardo in das Experiment eingriff und den Wagen mit einem Hammer demolierte, wurde auch in Kalifornien das Auto ausgeschlachtet. Der Psychologe schloss daraus, dass Vandalismus zum einen auf eine sichtbare Vorbeschädigung zurückzuführen ist und zum anderen mit der allgemeinen Verwahrlosung in dem jeweiligen Stadtteil zusammenhängt.

Genau diese Theorie bildete das Fundament der polizeilichen Nulltoleranzstrategie »Zero Tolerance«, die Mitte der Neunziger von dem legendären New Yorker Bürgermeister Rudy Giuliani initiiert wurde. Zunächst erhöhte er überall die Polizeipräsenz. Die Polizisten wurden angehalten, konsequent kleine Delikte zu verfolgen und streng zu sanktionieren. Sprayer, Betrunkene und Ruhestörer wurden mit ähnlicher Härte bestraft wie Gewaltverbrecher, Diebe oder Drogendealer. Parallel dazu wurde *CompStat* eingeführt, ein Computerprogramm, das sämtliche Vergehen auf wöchentlicher Basis statistisch auswertete, sodass die Polizei schnell und effektiv reagieren konnte. Mit David Gunn war in den Achtzigerjahren bereits ein neuer U-Bahn-Direktor eingestellt, der in einem milliardenschweren Projekt begann, die Graffiti in den Zügen zu entfernen, Schwarzfahrer zu identifizieren und hart zu bestrafen. Und tatsächlich: In dieser Zeit kam es zu einem signifikanten Abfall der Kriminalitätsrate. Die Broken-Windows-Theorie war einfach zu verstehen, hatte Erfolg und war – falsch.

Das zumindest behaupten die Ökonomen Steven Levitt und Stephen Dubner in ihrem Bestseller *Freakonomics*. In diesem Buch gehen die beiden Autoren alle möglichen Erklärungen für eine sinkende Kriminalitätsrate durch: ökonomischer Aufschwung, Rückgang des Crack-Handels, innovative Polizeistrategien, strengere Waffengesetze, Überalterung der Bevölkerung und natürlich auch Broken Windows. Ihrer Meinung nach sind nur zwei Aspekte wirklich entscheidend: mehr Polizeipräsenz (was in den Neunzigern im ganzen Land geschah) sowie höhere Verhaftungsraten. Auch wenn man sich ihrer Law-and-Order-Erklärung nicht anschließt, so trifft sie durchaus einen wichtigen Punkt: Verbrecher aus der Bronx, die hinter Gittern sind, können in der Bronx keine Verbrechen mehr begehen.

Verbrecher, die im Kino sind, übrigens auch nicht. Im Oktober 2019 kam der Hollywood-Blockbuster *Joker* mit

Joaquin Phoenix in die New Yorker Kinos. Aufgrund der detaillierten Gewaltdarstellungen befürchteten die New Yorker Behörden tatsächlich ein Ansteigen der Kriminalitätsrate. Passiert ist das zum Glück nicht. Im Gegenteil, Big-Data-Analysen zeigen sogar, dass Kriminalitätsraten kurzfristig sinken, wenn am Wochenende ein besonders gewalttätiger Film in die Kinos kommt. Tatsächlich passieren an Premieren-Wochenenden *weniger* Verbrechen, weil sich die Kriminellen nicht auf der Straße herumtreiben, sondern in die Kinos strömen. Und nachdem ich am 4. Oktober 2019 über eine Stunde mit wirklich sehr dubiosen Typen in der Warteschlange für *Joker*-Karten verbracht habe, erscheint mir diese Theorie durchaus schlüssig.

Levitt und Dubner geben noch eine dritte, äußerst unorthodoxe Erklärung für die sinkenden Verbrechensraten an: die Legalisierung der Abtreibung. Lange Zeit war in vielen US-Staaten Abtreibung illegal oder allenfalls nur in Härtefällen erlaubt. Im Jahr 1973 änderte sich das. Durch eine Entscheidung des Obersten Gerichtshofes war Abtreibung nun im ganzen Land legal. Ziemlich genau zwanzig Jahre später sanken in New York und in den meisten anderen US-Metropolen die Kriminalitätsraten. Die Ökonomen glauben, dass beide Ereignisse ursächlich zusammenhängen. Ihrer Auffassung nach wuchsen ab 1973 weniger ungewollte Kinder heran. Es ist kein Geheimnis, dass in sozial prekären Verhältnissen Unerwünschtheit und die damit verbundene Vernachlässigung oft zu kriminellen Karrieren führen. Salopp gesagt fiel die Kriminalitätsrate in den Neunzigern, weil viele potenzielle Kriminelle durch das Abtreibungsgesetz in den Siebzigern gar nicht erst geboren wurden.

Ob man dem zustimmt oder nicht, ob man die Broken-Windows-Theorie für schlüssiger hält oder das Abklingen des Crack-Konsums, die härteren Strafen, den Zustrom von Einwanderern und Studenten oder doch nur die Kernsanierung des Times Square – letztlich sind alles Hypothesen und Vermutungen. Wissenschaftlich haltbare Erklärungen für das Phänomen der sinkenden Kriminalitätsraten gibt es bis zum heutigen Tag nicht.

»Die niedrige Verbrechensrate in dieser Stadt ist ein Mysterium«, schrieb einmal die *New York Times*. Ob das so bleiben wird, ist fraglich. Wenn nach der Pandemie die Wirtschaftskrise einsetzt, wenn immer mehr Menschen ihren Lebensunterhalt nicht mehr bestreiten können oder sogar auf der Straße landen, werden höchstwahrscheinlich auch die Kriminalitätszahlen wieder nach oben gehen. Man kann nur hoffen, dass es nicht so schlimm wird wie schon jetzt in Rosenheim …

Appearing Tonight

9 PM

MC ~ Ricky Sofer

Erin Jackson

Vince Ebert

Sarah Harvard

Jano Harper

Louis Katz

Azizi

BACK TO
THE ROOTS

Als ich mich entschloss, für ein Jahr in die USA zu gehen, lief meine deutsche Karriere ziemlich gut. Und plötzlich fand ich mich in einem New Yorker Hinterhof wieder und flehte einen Veranstalter an, mich für zwanzig Dollar Gage in seinem kleinen Stand-up-Club in Brooklyn auftreten zu lassen. Ich gebe zu, in diesem Moment habe ich mich ein bisschen gefühlt wie Brad Pitt in *Der seltsame Fall des Benjamin Button*. In diesem Film, in dem das Leben des Protagonisten rückwärtsläuft. Aber wenigstens lebte ich meinen ganz persönlichen American Dream. Allein die Tatsache, dass mich in New York niemand auf der Straße erkannte, habe ich schon sehr genossen – die ersten zwei Wochen. In der dritten Woche ertappte ich mich dabei, wie ich am Times Square an einer deutschen Touristengruppe sehr, sehr auffällig vorbeigegangen bin. Und tatsächlich rief plötzlich einer: »Hey, den kenn ich! Das ist doch Kurt Krömer ...« Ich ging wortlos weiter, suchte den nächsten Starbucks auf und googelte mich dort auf dem Klo erst einmal selbst. Es war entwürdigend.

»Ist es nicht wahnsinnig schwer, in einer fremden Sprache witzig zu sein?«, fragen mich meine deutschen Freunde und Kollegen oft. Diese Frage ist natürlich berechtigt. Solange ich mich an mein vorbereitetes Material halten konnte, funktionierte es gar nicht schlecht. Doch in amerikanischen Clubs läuft sehr viel über Interaktion. Das Publikum erwartet einfach, dass man mit ihm in Kontakt tritt. Und da begannen für mich die Schwierigkeiten. Einmal habe ich von der Bühne herunter ein Pärchen in der ersten Reihe gefragt: »How long have you been together?« Worauf er nuschelte: »Hey dude, she's my sister.« Unglücklicherweise habe ich ihn nicht richtig verstanden und stammelte zurück: »Great ... äh ... do you have children?« Zugegeben, in meiner Odenwälder Heimat wäre das eine ganz normale Frage gewesen.

Überhaupt ist die Atmosphäre in einem New Yorker Stand-up-Club ganz anders als auf einer deutschen Kleinkunstbühne. Das fängt schon damit an, dass die Zuschauer während der Show essen. Ich hatte ja die Sprache für eine wirkliche Challenge gehalten. Dann aber merkte ich: Die eigentliche Challenge ist, jemanden zum Lachen zu bringen, der gerade einen halben Cheeseburger im Mund hat.

Auch verhalten sich die amerikanischen Kollegen anders. Zum Beispiel trinken sie auf der Bühne ständig Wasser. Selbst dann, wenn sie nur ein ganz kurzes Set spielen. Jeder Comedian betritt die Bühne, stellt seine Wasserflasche auf den Barhocker und pumpt das Ding innerhalb seiner sieben Minuten weg. Nach jeder Pointe einen Schluck. Anscheinend haben amerikanische Komiker eine Heidenangst, auf der Bühne zu dehydrieren. Da sind wir deutschen Komiker schon aus einem ganz anderen Holz. Wir können dreieinhalb Stunden nonstop monologisieren – komplett ohne Wasser. Und manchmal auch komplett ohne Pointen.

Mein Einstieg in die New Yorker Comedy-Szene lief über das American Comedy Institute. Kurz nach unserer Ankunft meldete ich mich dort für einen zweiwöchigen Stand-up-Workshop an. Mir war von Anfang an klar, dass zwanzig Jahre Bühnenerfahrung als deutscher Comedian in New York nicht viel bedeuten. Amerikanische Kollegen haben meist eine deutlich höhere Gagdichte als deutsche Comedians, sie können spontan improvisieren und bringen es fertig, innerhalb kürzester Zeit eine Verbindung mit dem Publikum aufzubauen. All das wollte ich lernen. Und so drückte ich – aufgeregt wie ein Erstklässler – nach zwanzig Jahren Comedy-Bühne wieder die Comedy-Schulbank.

Unser Kurs bestand aus zehn Teilnehmern. Eine bunte Mischung aus Stand-up-Anfängern und Profis, aus Schauspielern und Drehbuchautoren, die ihre »Comedy-Skills« entdecken oder verbessern wollten. Bereits in der ersten Kursstunde musste jeder für ein paar Minuten auf die Bühne und den anderen sein vorbereitetes Material präsentieren. Das lief bei mir so lala. Zwar dachte ich, dass meine Gags recht stark sind, doch der Kursleiter – selbst ein erfahrener Comedian – machte mir schnell klar, dass da noch »sehr, sehr viel Luft nach oben« ist. Ich schluckte. Aber genau für ein solch ehrliches Feedback hatte ich den Kurs schließlich gebucht.

Am zweiten Tag freundete ich mich mit Evan an. Evan

ist etwa in meinem Alter, gebürtiger New Yorker und hat in Harvard Literaturwissenschaften studiert. »Den Kurs mache ich, weil für mich Stand-up die Königsdisziplin ist«, erzählte er mir. »Eigentlich bin ich Schauspieler. Vielleicht kennst du mich aus der Fernsehserie *Forever*?« Und als ich bedauernd den Kopf schüttelte, grinste er: »Kein Wunder. *Forever* wurde gleich nach der ersten Staffel wieder abgesetzt. Haha.«

Im Laufe der nächsten zwei Wochen arbeiteten wir alle hart an unserem Material. Jedes einzelne Wort wurde seziert, wir verbesserten unsere Pointen und arbeiteten intensiv an unserer Bühnenfigur. Immer und immer wieder spielten wir uns im Kurs gegenseitig unsere verbesserten Versionen vor, stets unter den unerbittlichen Anweisungen des Kursleiters. »That's not funny. Cut it out! Use a different word! Put this joke at the beginning!« Am Ende fand ein öffentlicher Abschlussabend im berühmten Gotham Comedy Club statt, an dem jeder Kursteilnehmer seine stärksten fünf Minuten präsentierte. Zu meiner großen Freude lief dieser Abend für mich extrem gut. Die Leute lachten sich über einen Physiker, der mit starkem deutschen Akzent Witze über Georg Ohm, den Begründer des deutschen Widerstandes, machte, halb tot.

Nach der Show sprach mich Rich, der Booker des Broadway Comedy Clubs, an und bot mir eine regelmäßige Präsenz in deren All-Star-Stand-up-Show sonntagabends um 21 Uhr an. Begeistert sagte ich zu. Im Nachhinein war das Angebot jedoch nicht ganz so glamourös, wie ich hoffte.

Stand-up-Comedy in New York ist echte Knochenarbeit. Die Bezahlung ist mies, der Backstage ist eigentlich ein Lagerraum für Getränke, das Publikum ist ungeduldig, oft betrunken, und wenn ihnen der Typ auf der Bühne nicht gefällt, artikulieren sie das auf eine sehr deutliche Art und Weise: »Get off the stage, you bastard!!!« Am ersten Abend nahm mich Troy, der Moderator, zur Seite und machte mir Mut. »Das Publikum hier ist wirklich nett. Aber achte darauf, wenn die Leute während deines Sets ihre Gläser heben – duck dich, so schnell du kannst …«

Normalerweise neige ich nicht zu Lampenfieber, aber vor diesem Auftritt machte ich mir vor Angst fast in die Hose. Der Komiker Jerry Seinfeld sagte einmal, die größte Angst des Menschen ist es, vor einer größeren Menschenmenge zu reden. Erst dann komme die Angst vor dem eigenen Tod. Das heißt, die meisten Leute würden bei einem Begräbnis lieber im Sarg liegen, als die Grabrede halten zu müssen. Im Broadway Comedy Club wusste ich zum ersten Mal, was Seinfeld damit meinte.

An einem Abend kam ein Typ mit seiner Freundin zu spät, und ich fragte ihn: »Warum seid ihr zu spät?« Daraufhin sah er mich an und meinte: »Weil sie schwanger ist!« Hier war ich natürlich sofort in der Defensive und wollte das Gespräch retten, indem ich freundlich fragte: »Und? Wann ist es so weit?« Da grinste er nur und erwiderte: »In genau neun Monaten!«

1:0 für den Typen. Guter Gag.

In Deutschland ist das alles vollkommen anders. Bei uns

wird man als Kabarettist extrem respektvoll behandelt. Humor ist in unserem Land eben ein ernstes, seriöses Geschäft. Man macht keine Witze, man macht »Kultur«. Daher gehen viele Deutsche in eine Kabarettveranstaltung fast wie in eine Oper. Man zieht sich schick an, viele Spielorte sind elegant, und die Veranstaltung selbst ist oft auch ähnlich lang wie eine Oper. Es gibt tatsächlich deutsche Kollegen, die spielen dreieinhalb Stunden. Und dann ist Pause. Wir Deutschen lieben das. Weil wir neben allem Spaß immer auch auf das Preis-Leistungs-Verhältnis achten. Deswegen tun wir uns dreieinhalb Stunden Kabarett an. Sogar dann, wenn wir den Typen richtig öde finden. »Boah, is der langweilig, abber mir häbbe dreissich Euro bezahlt …«

Und wenn der Kabarettist dann endlich die Bühne verlässt, ist das Ganze ja noch nicht vorbei. Dann kommen die Zugaben. Jedes deutsche Kabarettpublikum erwartet Zugaben. Das Prozedere läuft dabei immer gleich ab. Der Künstler sagt seinen letzten Satz und tut anschließend so, als ob es das jetzt gewesen wäre: »Vielen Dank, Sie waren ein tolles Publikum. Gute Nacht, kommen Sie gut heim, Tschüss …«

Dann marschiert er von der Bühne – aber versteckt sich nur hinter dem Vorhang, weil er genau weiß, dass die Leute jetzt so tun werden, als wollten sie ihn noch einmal sehen. »Bravo! Bravissimo. So bissig, so mutig! Fabelhaft!« Und tatsächlich: Nach ein paar Augenblicken erscheint der Kabarettist wieder und tut völlig überrascht, dass er noch einmal auf die Bühne muss. Aber natürlich spielt er eine Zugabe, die er genau geplant hat und die fester Bestandteil seines

Programms ist. Zugaben im deutschen Kabarett sind ein einziger Fake. Sämtliche Beteiligten machen sich gegenseitig etwas vor.

Amerikanische Stand-up-Comedians spielen keine Zugaben. Selbst die Superstars nicht. Und ich wusste das nicht. Im August bekam ich die Gelegenheit, mein Soloprogramm »Sexy Science« auf der Millennium Stage im Kennedy Center in Washington, D.C. zu spielen. Der Abend lief wirklich gut. Die Zuschauer lachten und waren voll dabei. Ich brachte meinen letzten Witz und beendete die Show mit einem »Thank you and good night!«. Dann ging ich von der Bühne. Und wie es nun einmal deutsche Tradition ist, versteckte ich mich selbstverständlich hinter dem Vorhang, tauchte ein paar Sekunden später wieder auf … und alle waren weg! Das Publikum hatte den Saal innerhalb von Sekunden verlassen. Ich stand da, blickte auf vierhundert leere Plätze, atmete tief durch – und spielte meine verdammte Zugabe.

Ich muss sagen, die lief auch *wirklich* gut …

Angst, in einem New Yorker Stand-up-Club zu scheitern, mich zu blamieren oder gar von einem Störer ausgepfiffen zu werden, hatte ich bis zum Schluss. Doch das Tolle an der Angst ist ja: Sie wird weniger, je öfter man sich ihr aussetzt. Man bekommt Routine. Und das mit der Sprache wurde auch immer besser. Inzwischen träume ich sogar auf Englisch. Okay, es sind immer noch Albträume. Alle um mich herum reden wild durcheinander, und ich bitte sie, langsam und deutlich zu sprechen.

Kurz vor Weihnachten haben uns meine Eltern in New

York besucht, weil sie unbedingt wissen wollten, wie ich mich in der Fremde schlage. Sie kamen sogar am Sonntag in die Show im Broadway Comedy Club. Obwohl sie beide kein Wort Englisch sprechen. Zu meinem großen Bedauern lief mein Auftritt an diesem Abend nicht besonders gut. Nach der Show ging ich zu meinen Eltern hin und sagte zerknirscht: »Mama, Papa, lief nicht so toll heute Abend.« Mein Vater meinte nur: »Och, Bub, des war dein Eindruck von de Bühn. Im Publikum war's noch viel schlimmer ...«

Doch Amerikaner geben einem immer eine zweite Chance. Auf der Bühne ist Scheitern kein Drama. Diese Mentalität finde ich toll. Man sieht das Ganze immer positiv. Nach der Show sagt der Amerikaner: »Great job. Thank you.« Wenn ein Deutscher im Publikum sitzt, kann ich mir sicher sein, dass er danach ankommt: »Herr Ebert, ich habe zwar nicht alles verstanden, aber einmal haben Sie bei einem Konditionalsatz I fälschlicherweise den Konjunktiv verwendet.«

Je länger ich in Amerika war, je öfter ich auf der Bühne stand und je mehr Shows ich mir selbst anschaute, desto stärker wurde mir bewusst, wie ernst und verkrampft wir Deutschen eigentlich mit Unterhaltung umgehen. Nicht nur in der Comedy. Deutsche Regisseure sagen ja sehr gerne: »Ich mache Kultur.« Selbst beim *Tatort* habe ich oft das Gefühl, dass der Drehbuchautor eigentlich nur seinen alten Sozialkundelehrer beeindrucken will. Wenn man Clint Eastwood fragen würde, ob er Kultur macht, würde der sagen: »What do you mean? I make movies ...«

Einfach nur gute Unterhaltung zu machen gilt in Deutschland als kulturell minderwertig. Wir produzieren Autorenfilme, bei denen eine bleiche Frau minutenlang im Zug aus dem Fenster schaut und anschließend mit bebender Stimme sagt: »Ich kann Hans-Günter nicht verzeihen.« Bei uns muss immer alles eine höhere kulturelle Relevanz haben. Ich bin mir sicher, wenn man der hessischen Filmförderung *Der Herr der Ringe* als Drehbuch angeboten hätte, hätten die gesagt: »Die Story ist zu banal. Außer vielleicht, wenn wir Mordor nach Chemnitz verlagern und Sauron einen rechtspopulistischen Hintergrund hat.«

Ein Drehbuch wie das von *Breaking Bad* wäre wahrscheinlich nie durch die erste Instanz der Öffentlich-Rechtlichen gekommen, weil ein Pädagoge, der Crystal Meth herstellt, überhaupt nicht die soziokulturelle Wirklichkeit des deutschen Lehrberufs abbildet. Die einzige Sendung, die von der Idee an Produktionen wie *The Walking Dead* heranreicht, ist die alljährliche Bambi-Verleihung. Der Theatermacher Wolfgang Liebeneiner hat schon in den Fünfzigerjahren gesagt: »In Amerika wird Film hergestellt wie Kunst und verkauft wie Ware. In Deutschland ist es genau umgekehrt.«

Ob Regisseur, Comedian oder Schauspieler – amerikanische Künstler sehen sich weniger als »Kulturschaffende«, sondern als Dienstleister. Das wirkt extrem entspannend und lässig. Ich habe am Broadway schon Hollywoodstars wie Denzel Washington, Al Pacino und Susan Sarandon auf der Bühne gesehen. Die sagen ihren letzten Satz, verbeugen sich einmal kurz, und dann gehen sie von der Bühne. Das war's. Von einer Zugabe ganz zu schweigen. In Deutschland gibt's auf jeder drittklassigen Provinzbühne nach dem Finale noch zwölf Vorhänge. Ob das Publikum will oder nicht. Da wird die Applausordnung oftmals länger geprobt als das Stück selbst. Weil man nicht einfach nur Unterhaltung macht. Nein. Man macht Kultur! Fünfeinhalb Stunden *Ring der Nibelungen* ohne Pause auf einem engen, harten Holzstuhl mit Thrombosestrümpfen. Das ist deutsche Kultur.

Vor einigen Jahren wurden in einer Umfrage dreißigtausend Menschen aus fünfzehn Ländern zum Thema »Humor« befragt. Welche Nation kann Menschen am besten zum Lachen bringen? Nicht sehr überraschend wurden die Amerikaner zur witzigsten Nation der Welt gewählt. Deutschland landete auf dem letzten Platz. Das Klischee, dass man als Germane mit bleierner Humorlosigkeit gesegnet ist, gehört eindeutig zur amerikanischen Allgemeinbildung. Daher mache ich mich die ersten drei Minuten auf der Bühne auch immer darüber lustig, dass wir keinen Humor haben. Und das wiederum finden Amerikaner extrem lustig. Was mir persönlich am amerikanischen Humor am besten gefällt, ist der stark jüdisch geprägte Witz: intelligent, hintergründig und *self-deprecating*. Ein Wort, das mit »selbstironisch« nur sehr unzureichend übersetzt werden kann. Ein kleines Beispiel: Als ich im American Comedy Institute mit Evan Telefonnummern austauschen wollte, hatten wir beide unglücklicherweise unsere Handys vergessen.

Daraufhin meinte Evan – dem Namen nach offensichtlich jüdischer Herkunft: »Lass es uns auf die alte Art machen, und schreib einfach mit Kugelschreiber deine Nummer auf meinen Unterarm. Das sollte dir als Deutscher ja geläufig sein, haha …«

Politische Kabarettisten, die mit ernster Miene zum Klassenkampf aufrufen und ohne Pointe erzählen, dass »die da oben« uns doch alle verarschen, gibt es in den USA nicht. Amerikanische Comedians wollen ihr Publikum in erster Linie unterhalten und nicht belehren. »Don't tell me your opinion – tell me your jokes!«, so lautet die erste Regel in Stand-up-Clubs. Oder wie es Evan formulierte: »Four laughs per minute is Stand-up. One laugh per minute is a TED Talk.« Das bedeutet keinesfalls, dass amerikanische Comedians oberflächlich oder unpolitisch sind. Sie verpacken politische Botschaften eben nur unterhaltsamer. Wenn schwarze Komiker wie Dave Chappelle oder Chris Rock über Rassismus sprechen, Judah Friedlander den amerikanischen Traum durch den Kakao zieht oder Jerry Seinfeld über die Verlogenheit von Award-Verleihungen ablästert, dann ist das gesellschaftspolitisch hochaktuell, aber eben auch gleichzeitig unglaublich witzig.

Bei deutschen Polit-Kabarettisten habe ich oft den Eindruck, dass man sich auf eine Parteiveranstaltung der Linken verirrt hat. Dabei ist der Lifestyle von uns Kabarettisten der FDP viel näher: Wir sind sozusagen die Zahnärzte der Unterhaltungsbranche. Wir sind selbstständig, Besserverdiener und machen unser Geld mit dem Mundwerk.

Vor meiner Abreise habe ich lange mit meinem Kollegen Michael Mittermeier telefoniert. Michael war vor über zehn Jahren ein Jahr in New York und spielte dort ebenfalls in kleinen Clubs. Auch heute noch kommt er regelmäßig in die Stadt und tritt dort auf. »Eigentlich sollte jeder deutsche Kollege einmal diese Erfahrung machen«, meinte er bei unserem Gespräch. Dann würde nämlich vielen klar werden, wie privilegiert und verwöhnt wir Künstler in Deutschland sind. Bei uns kann jeder Kabarettist, der es schafft, achtzig Auftritte im Jahr auf unbekannten Kleinkunstbühnen zu spielen, locker eine Familie ernähren. In New York dagegen müssen selbst Comedians, die in den besten Clubs der Stadt als Headliner auftreten, nicht selten nebenbei noch als Uber-Fahrer oder Kellner arbeiten.

Wie sich die deutsche Kabarett- und Kulturszene durch die Corona-Krise verändern wird, darüber kann man derzeit nur spekulieren. Klar ist jetzt schon: Die freie Szene hat durch den Shutdown Federn gelassen. Von heute auf morgen brach unzähligen selbstständigen Künstlern die wirtschaftliche Grundlage weg. Obwohl sich viele meiner deutschen Kollegen rasch zusammenschlossen und versuchten, den politisch Verantwortlichen Druck zu machen, und Soforthilfe beantragten, kamen in vielen Bundesländern nur sehr wenige Hilfsgelder an.

Darüber hinaus ist zu befürchten, dass mittelfristig eine Menge Bühnen und Theater für immer schließen werden, weil die Kulturetats der Städte und Gemeinden in sozial und wirtschaftlich harten Zeiten eben als Erstes gekürzt werden.

Das ist einerseits schmerzlich und in vielen Einzelfällen sogar dramatisch. Andererseits hat mir die Zeit in New York auch gezeigt, dass Kultur nicht stirbt, nur weil man weniger – oder fast kein Geld – damit verdienen kann. Ganz im Gegenteil. Künstler werden immer einen Weg finden, ihre Kunst auf die Bühne zu bringen.

In New York konnte schon vor der Pandemie kaum ein Künstler allein von seiner Kunst leben, und dennoch tummeln sich dort die kreativsten Köpfe der Welt. Ich will die künstlerische Situation im Big Apple nicht romantisieren. Der Erfolgsdruck, unter dem die Künstler hier stehen, war schon immer nahezu unerträglich. Selbst Leute, die ein festes Engagement in einer Broadway-Produktion haben, leben oft nah am Existenzminimum. Christopher Dornig, ein österreichstämmiger Schauspieler, der schon sein halbes Leben in Brooklyn lebt und arbeitet, sagte mir: »Du kannst hier so gut sein, wie du willst, aber das ist noch lange keine Garantie, dass du es hier schaffst. New York ist wie ein Tsunami. Wenn du oben auf der Welle schwimmst, dann ist es der beste Ort der Welt. Aber wenn du von ihr überrollt wirst, dann ist jeder andere Ort auf der Welt besser.«

Und dennoch – oder vielleicht gerade deswegen – setzt dieser Druck bei den amerikanischen Kollegen eine Qualität frei, die man in Deutschland selten findet. Denn die deutsche Kulturszene – das darf man bei allem existenziellen Druck der hiesigen Künstler nicht vergessen – war schon immer im Vergleich zu den USA staatlich stark subventioniert. Und wie sagte vor Jahren schon der deutsche Filmregisseur Klaus Lemke: »Geld vom Staat ist immer ein Tritt gegen die eigene Kreativität.«

Auch wenn es vielleicht paradox klingt, aber vielleicht entsteht durch die erwartbaren Etatkürzungen in der deutschen Kulturszene ein großer Kreativitätsschub. Denn je weniger Geld man von einem System erwarten kann, umso leidenschaftlicher und verrückter muss man sein, um es trotzdem zu versuchen.

Übrigens: Forscher der University of Oxford fanden heraus, dass viele Comedians psychotische Persönlichkeitsstörungen haben. Die Wissenschaftler konnten über fünfhundert Komiker im englischsprachigen Raum dafür gewinnen, an dem Forschungsprojekt teilzunehmen. Die Ergebnisse sind in höchstem Maße verstörend. Komiker neigen im Vergleich zu einer Kontrollgruppe viel mehr dazu, an übernatürliche Fähigkeiten zu glauben, sie haben größere Schwierigkeiten, sich zu konzentrieren, leiden an sozialen Phobien und Beziehungsängsten und zeigen in ihrem Umkreis nicht selten asoziale Verhaltensweisen. Doch das Schlimmste kommt noch: Die Kontrollgruppe bestand nicht etwa aus Busfahrern, Friseuren oder Steuerfachgehilfen, sondern aus Schauspielern. Einer Berufsgruppe, die sich ebenfalls nicht gerade durch Ausgeglichenheit und Normalität auszeichnet. Anscheinend ist ein hohes Level von Verrücktheit eine Top-Voraussetzung, um im Humorgeschäft groß herauszukommen. Oder wie es Steve Martin auf den Punkt brachte: »Um Komiker zu werden, brauchst du eine verkorkste Kindheit und ein abgebrochenes Studium.« Ich habe ein Physik-Diplom, und meine Kindheit war jetzt auch nicht so schlecht. Dass ich trotzdem Komiker geworden bin, ist also rein wissenschaftlich gesehen ein statistischer Ausreißer.

WHERE'S THE TOILET, OIDA?

Die Entwicklung der Sprache ist die vielleicht außergewöhnlichste Kulturleistung des Menschen. Die Fähigkeit zu sprechen gibt uns die Möglichkeit, etwas zu beschreiben, was noch nicht eingetroffen ist. Oder über etwas zu reden, das in der Vergangenheit passiert ist. Indem ich spreche, denke ich über etwas nach. Ich weiß, das ist schwer nachzuvollziehen, wenn man in eine x-beliebige deutsche Polit-Talkshow reinzappt. Trotzdem steht fest: Ohne Sprache hätten wir niemals komplexe Gesellschaften entwickeln können. Unsere gesamte moderne Kultur basiert auf der Fähigkeit zu kommunizieren. Primaten betreiben Fellpflege, um soziale Bindungen zu festigen, und vielleicht ist das bei manchen Baummenschen im Hambacher Forst immer noch so, doch normalerweise dient Sprache bei uns Menschen als soziales Bindemittel. Sprache erlaubt den Menschen, Netzwerke zu knüpfen, Aktionen zu koordinieren und Beziehungen aufzubauen. Mit Worten wecken wir Sehnsüchte, lindern Ängste oder bringen die Leute zum Lachen. Worte können Revolutionen auslösen oder ganze Völker miteinander versöhnen: I have a dream; Wir sind das Volk; Ich bin ein Berliner; Senk you for träwelling wiss Deutsche Bahn.

Man schätzt, dass allein in New York bis zu achthundert verschiedene Sprachen gesprochen werden, was die Stadt zur sprachlich vielfältigsten Stadt der Welt macht. Zweiundzwanzig Prozent der New Yorker sprechen Spanisch, fünf Prozent Chinesisch und fast drei Prozent Russisch. Irgendwo in Queens soll es angeblich einen Straßenzug geben, in dem sich die Leute auf Altgriechisch unterhalten. Gleich neben dem klingonischen Viertel. Vermutlich wird dort sogar irgendwo noch Latein gesprochen.

Ich musste in der Schule tatsächlich noch Latein lernen. Die Idee, eine tote Sprache zu büffeln, um dann später eine lebendige schneller lernen zu können, fand ich nie so richtig schlüssig. Es macht bei Medizinstudenten durchaus Sinn, erst mal an toten Fröschen zu üben, bevor man die Stelle als Herzchirurg antritt. Aber eine Sprache sollte von Anfang an lebendig sein. Man kann ja nichts kaputt machen. Stattdessen mussten wir monatelang bis zum Erbrechen konjugieren und deklinieren. Nur, um nach drei Jahren Sätze rauszuhauen wie: »Marcus hodie in Colosseum sedet. Et ubi est Cornelia?« Es ist sehr schwierig, auf diese Weise mit jemandem ins Gespräch zu kommen. Außer vielleicht mit einem Centurio.

Die häufigste Sprache in New York ist übrigens nicht Englisch, sondern schlechtes Englisch. Fast ein Viertel der Einwohner verfügt über keine besonders guten Englischkenntnisse und nuschelt sich so gut es geht durch. Wenn Sie der Meinung sind, die Zugchefs der Deutschen Bahn tun sich mit Englisch schwer, dann sollten Sie einfach mal versuchen, mit einem New Yorker Taxifahrer ins Gespräch zu kommen. Selbst Muttersprachler sind oft schwer zu verstehen. Einmal erzählte mir ein schottischstämmiger New Yorker während einer Zugfahrt, wie seine Vorfahren nach Amerika kamen. Am Ende stellte sich heraus, dass er die ganze Zeit über das letzte Spiel der Yankees redete. Linguisten glauben ja, der harte schottische Akzent ist entstanden, weil die trunksüchtigen Schotten es vermeiden wollten, sich zu erbrechen.

Sprachen transportieren nicht nur Worte, sondern auch Stimmungen und Emotionen. Es kommt nicht nur darauf an, was man sagt, sondern eben auch, wie man es sagt. Doch auch das ist in jeder Sprache anders.

Koreanisch zum Beispiel klingt für Nicht-Koreaner total aggressiv. Wenn ein Koreaner in einen Laden kommt und »Guten Tag« sagt, dann hört sich das so an, als wolle er das Geschäft überfallen. Die Sprachmelodie von Vietnamesisch ist dagegen wesentlich weicher. Ein bisschen wie Koreanisch auf Dope. Französisch klingt romantisch, Russisch hört sich an, als ob man eine Langspielplatte rückwärts abspielen würde.

Als klassisches Einwanderungsland ist Amerika sehr tolerant, was Akzente angeht. Das beste Beispiel ist Arnold Schwarzenegger. Sein steirisch gehauchtes »I'll be back« gehört inzwischen zu den bekanntesten Filmzitaten der Geschichte. Während man in Paris bei der falschen Aussprache von »Croissant« am liebsten die Guillotine rausholen möchte, ist der Amerikaner lockerer. Oft ist ein fremder

Akzent eine willkommene Gelegenheit, um ins Gespräch zu kommen.

»You have such a lovely accent. Where exactly in Germany are you from?«

»Hau du ju nou, sett ai äm fromm Tschörmenie …?«

Zu meinem großen Erstaunen finden übrigens viele Amerikaner den deutschen Akzent extrem sympathisch und charmant. Vielleicht ja, weil er sie an die alte Welt, an die Herkunft ihrer Vorfahren erinnert.

Ich verrate Ihnen jetzt ein kleines Geheimnis: Noch vor wenigen Jahren hat es mich große Überwindung gekostet, Englisch zu sprechen. Im Gegensatz zu Valerie, die Englisch fast wie ihre Muttersprache spricht.

Bei jeder Party erstarrte ich zur Salzsäule, sobald dort ein Kanadier, ein Brite oder ein Amerikaner auftauchte. Schweißgebadet stand ich dann in der Runde und warf hilflos Sachen wie »Really?« oder »Of course!« in die Konversation. Stets in der Panik, vom Gegenüber eine Frage gestellt zu bekommen, die man nicht mit »Yes« oder »No« beantworten konnte.

»Hey Vince, tell me a little about yourself …«

»Ähm … No.«

Ich gebe es ehrlich zu: Die Entscheidung, eine längere Zeit in New York zu verbringen, entstand unter anderem auch, weil ich es einfach leid war, mit gestandenen fünfzig Jahren wie ein unsicherer Teenager in der Ecke zu stehen, nur weil ich mich fürchtete, schlecht Englisch zu sprechen. Andere machen in der neunten Klasse Sprachferien, ich gehe eben mit fünfzig auf amerikanische Kabarettbühnen. Es ist nie zu spät!

Zu meinem großen Erstaunen merkte ich jedoch in New York recht schnell, dass mein Englisch gar nicht so schlecht war. Zumindest im Vergleich zu anderen Deutschen, die hier schon lange leben. Einmal lernten wir auf einer Party einen Friseur aus Nürnberg kennen, der es tatsächlich nach zweiundzwanzig Jahren in dieser Stadt fertiggebracht hatte, keine neue Sprache zu erlernen, sondern zwei Sprachen zu halbieren. Er sprach schlechtes Englisch und noch schlechteres Deutsch. Es konnte allerdings auch an dem weißen Pulver gelegen haben, das an seinen Nasenlöchern klebte.

Wenn Deutsche nach Amerika gehen, dann gibt es zwei grundsätzliche Herangehensweisen an die englische Sprache. Die einen klingen selbst nach Jahrzehnten immer noch wie ein preußischer Wehrmachtsoffizier, die anderen verbringen die Osterferien in Florida und kommen mit einem durch und durch amerikanischen Akzent zurück: »Ohh, Miami war wonderful! Die people dort sind soo … wie sagt man in die Deutsch …?«

Wenn man eine Sprache nicht von Geburt an gelernt hat, schleichen sich zwangsläufig immer wieder kleinere Fehler ein. Als ich einmal einen Kellner fragte »Where's the toilet?«, grinste der nur und antwortete: »I guess it's in the bathroom.« Nachdem ich vom *bathroom* zurückkam, fragte er mich: »What do you do for a living?«, und ich konterte mit: »I work!«

Nach einiger Zeit in den USA jedoch fiel es mir zunehmend leichter, mit Amerikanern zu plaudern. Zumindest die ersten zehn Minuten. Wenn der Kopf noch frisch ist. Irgendwann aber sucht man verzweifelt nach Worten und Formulierungen und wird dabei immer stiller und stiller. *Was zum Teufel heißt noch mal schnell Donaudampfschifffahrtsgesellschaftskapitän auf Englisch???*

Zu meiner großen Überraschung kam mein Schweigen wahnsinnig gut an. Nach Abendeinladungen haben die Leute regelmäßig meiner Frau vorgeschwärmt: »Vince is such a good listener!« Und meine Frau nur: »Yes, because he has no idea what the hell you were talking about ...«

Früher oder später aber hast du den Dreh raus. Du bekommst alles mit, kannst spontan auf Dinge reagieren. Und dann plötzlich triffst du auf einen Texaner. Phonetisch betrachtet sind Texaner ja die Niederbayern der USA. Man versteht sie nur, wenn man bereits in der siebenten Generation in Dallas lebt.

Jede Sprache ist komplex, doppeldeutig und widersprüchlich. Im Japanischen bedeutet »ashi« sowohl Bein als auch Fuß. Ganz heikles Thema bei Amputationen. Eine falsche Betonung im Chinesischen, und es gibt entweder Atomkrieg oder Hähnchen süßsauer. Auf Hindi heißt »kal« gestern oder morgen. Je nach Kontext. Was der Grund dafür sein könnte, warum der öffentliche Nahverkehr in Indien sehr intuitiv abläuft. Die Ähnlichkeit der Worte »Delhi« und »delay« ist definitiv kein Zufall. Im Deutschen hat das Wort »Mädchen« kein Geschlecht, das Wort »Rübe« aber schon. Wenn Sie einem Amerikaner erklären, dass es bei uns zweiunddreißig unterschiedliche Adjektivendungen und sechzehn verschiedene Möglichkeiten gibt »the« zu sagen, dreht der durch. »Wie können wir Deutschen die Flüchtlinge besser integrieren?«, wird ja oft gefragt. Ich hätte eine Idee. Lasst uns Dativ und Genitiv abschaffen.

Grammatikalisch ist die englische Sprache zwar einfacher, trotzdem gibt es auch hier eine Menge Feinheiten, die keinerlei Sinn machen. Zum Beispiel fliegt man nicht *to New York*, man fliegt *into New York*. Was nach 9/11 etwas makaber klingt. Man fährt auch nicht *in the subway*, sondern *on the subway*. Und das, obwohl ich noch nie jemanden auf dem Zugdach gesehen habe.

Das Erwerben von Sprache ist eine faszinierende Gehirnleistung. Wenn wir auf die Welt kommen, sind wir erst mal sprachlos. In den ersten achtzehn Monaten haben wir einen aktiven Sprachschatz von fünfzig Wörtern und können über hundert Wörter verstehen. Mit drei Jahren haben wir schon über tausend Wörter parat. Mit sechs Jahren besitzen wir ein Vokabular von sechstausend unterschiedlichen Begriffen. Das heißt, wir haben bis zu diesem Zeitpunkt drei neue Worte pro Tag gelernt. Und nicht zu vergessen: die Grammatik noch mit dazu! Ohne uns groß anzustrengen. Fragen Sie einen Fünfjährigen mal, ob er weiß, dass bei Verben, die auf »-ieren« enden, das Partizip Perfekt ohne »ge-« gebildet wird. Wir sind gelaufen, aber nicht ge-spaziert. Von dieser Regel hat er keine Ahnung, verwendet sie aber trotzdem intuitiv.

Im Erwachsenenalter eine neue Sprache zu lernen ist bekanntlich ungleich schwerer. Erst recht, wenn man – wie ich – kein besonderes Sprachtalent besitzt. Ich habe auch jahrelang geglaubt, dass Lugano, Lausanne und Luzern dieselbe Stadt ist – nur eben in Italienisch, Französisch und Schweizerdeutsch.

Amerikanische Schulen legen nicht sehr viel Wert auf Fremdsprachenausbildung. Selbst Texanisch steht nicht auf dem Lehrplan. Weniger als die Hälfte aller amerikanischen Schüler lernen überhaupt eine Fremdsprache. Warum auch? Während man in Deutschland innerhalb von ein bis zwei Stunden in ein Nachbarland reisen kann, in dem eine völlig andere Sprache gesprochen wird, braucht man in den Staaten vielleicht gerade mal Spanisch.

1916 hat der Gouverneur von Iowa sogar verfügt, dass es ein Verbrechen ist, wenn in Iowa eine andere Sprache als Englisch gesprochen wurde. Selbst in den Gottesdiensten durften die Menschen nur Englisch sprechen. Das Argument war klar: Da Gott selbstverständlich auch nur Englisch spricht, wäre eine Predigt in einer anderen Sprache vollkommen sinnlos.

An der Stelle ein kleiner Witz: Ein Schweizer in den USA hat sich verlaufen und spricht zwei Amerikaner an, um zu fragen, wo sich sein Hotel befindet. Erst in Rätoromanisch, dann in Deutsch, in Italienisch und schließlich in Französisch. In allen Fällen verstehen die Amerikaner nur Bahnhof. Nachdem der Schweizer verzweifelt weitergeht, sagt der eine Amerikaner zum anderen: »Vielleicht wäre es doch nicht so schlecht, eine zweite Sprache zu lernen.« Sagt der andere: »Warum? Der Typ hat vier gesprochen, und hat es ihm was genützt …?«

Was man allerdings den Amerikanern zugutehalten muss: Sie integrieren in ihre Sprache ständig neue Worte und Ausdrücke aus anderen Kulturen. Insbesondere haben eine Menge deutsche Wörter Einzug ins Amerikanische gehalten. Meist handelt es sich um Begriffe aus Themenbereichen, in denen uns die Amis besondere Kompetenzen zutrauen. Und damit meine ich nicht nur Wörter wie Autobahn, Biergarten oder Blitzkrieg. Erstaunlich viele amerikanische Germanismen beschreiben zutiefst seelische Belange: Weltschmerz, Zeitgeist, Fernweh, Angst.

Wenn überhaupt, ist man als Deutscher eher stolz auf die hochtrabenden dichterischen Werke von Goethe und Schiller. Wir bewundern die sprachlichen Finessen von Heidegger, Schopenhauer oder Kant. Dabei existieren im Deutschen so viele hochkreative Wortschöpfungen von alltäglichen Phänomenen, um die uns die Amerikaner wirklich beneiden: Kummerspeck, Sitzfleisch, Warmduscher, Katzenjammer. Im Amerikanischen gibt es keine Schadenfreude, keinen Wurmfortsatz, keinen Brustwarzenvorhof und auch keine Sättigungsbeilage.

Die Österreicher sind, was Wortschöpfungen angeht, sogar noch kreativer. Am Würschtelstand in Wien wird eine mit Käse gefüllte Bratwurst zur »Eitrigen«, eine Essiggurke mutiert zu einem »Krokodü«, und ein »16er Blech« bezeichnet das Dosenbier der Ottakringer Brauerei aus dem

16. Bezirk. Bestellt wird »a bisserl Jennifer« (»rasch«) oder wahlweise auch »a bisserl Coco« (»schanell«). Das deutsche Konterbier heißt in Österreich übrigens »Reparatur-Achterl«. Sie sehen, bei unseren Nachbarn wird selbst Alkoholsucht gleich viel niedlicher.

Es gibt in Wien sogar ein Wort, das ähnlich universell und vielseitig verwendet wird wie in New York das Wort »Fuck«. »Fuck« wird ja bekanntlich in jeder amerikanischen TV-Sendung weggepiept, aber ist dennoch zutiefst dieser Kultur verhaftet. Mit »Oh fuck!« drückt der Amerikaner wahlweise Freude, Ärger, Wut oder ungläubiges Staunen aus. Es kommt in unzähligen Varianten und Variationen vor. *I'm so fucked up, Fuck you, Fuck me, Fuck this, It's fucking amazing! What the fuck is wrong with you? Are you fucking crazy? Calm the fuck down ...*

Bis auf wenige Ausnahmen kommt man mit diesem Wort problemlos durch den amerikanischen Alltag. Und ein solches Wort existiert auch in Wien. Es lautet: »Oida«. Oberflächlich gesehen bedeutet »Oida« nichts weiter als »Alter«, aber die Verwendungsweisen sind ähnlich komplex und vielschichtig wie bei »Fuck«. Um einen kleinen Eindruck davon zu bekommen, schauen Sie sich dazu einfach mal das YouTube-Video »How to speak Viennese using only one word« an. In diesem wunderbaren Clip erklärt die Polin (!) Ewa Placzynska in einem bayerischen Dirndl auf Englisch, wie man mit einem österreichischen Wort perfekt durch den Wiener Alltag kommt:

»Ich bin verwirrt« – »Oida??«

»Das ist ja eine angenehme Überraschung!« – Oida!!!
»Boah, ist das langweilig …« – »Oidaaaa …«

Aber schauen Sie sich den Clip am besten selbst an. Er ist *motherfucking hilarious*, Oida!

NO RUSH.
BUT HURRY UP!

Fragt man einen Deutschen nach einem positiven amerikanischen Klischee, dann lautet die Antwort meist: Amerikaner sind so unglaublich freundlich – aber sie meinen es ja nicht so. Zum Beispiel lautet die Standard-Begrüßungsfloskel eines jeden Amerikaners »How are you?«. Selbstverständlich interessiert es keinen wirklich, wie es ihnen geht, aber man fragt trotzdem: »How are you?« Und die einzig akzeptable Antwort ist: »Thank you, I'm fine. How are *you*?«

Es hat sehr lange gedauert, bis ich mich an dieses simple Ritual gewöhnt habe. Denn für uns Deutsche ist ein »How are you?« keine klassische Begrüßungsfloskel, sondern eine spezifische medizinische Fachfrage. »How are you?« – »Um Gottes Willen, frage nicht! Ich habe Probleme mit meinem vierten Lendenwirbel, die Lymphdrüsen sind geschwollen, und seit drei Tagen ist mein Stuhlgang leicht grünlich. Vielleicht ist es ja Krebs …«

Wenn man als Deutscher eine Frage gestellt bekommt, geht man automatisch davon aus, dass der andere die Antwort wirklich wissen will. Deswegen antworten wir auf »How are you?« auch so ausführlich. Es ist wie ein Reflex. Ich finde, wir Deutschen haben eine Menge positiver Fähigkeiten, aber Small Talk gehört definitiv nicht dazu. Im unverbindlichen Gespräch neigen wir dazu, sofort in die Vollen zu gehen. Wir lernen auf einer Dinnerparty einen Geschäftsmann aus Boston kennen, und nach drei Minuten fragen wir ihn, wie zum Teufel das damals mit dem Völkermord an den Indianern passieren konnte. Das verstehen wir Deutschen unter einer lockeren Plauderei.

Meine Frau hat sich da immer etwas leichter getan. Als Österreicherin hat sie gelernt, mit oberflächlichen Höflichkeitsfloskeln umzugehen. Zum Beispiel kennen und benutzen viele Österreicher den Satz: »Es war sehr schön, es hat mich sehr gefreut!« Diese nichtssagende Floskel wurde von Kaiser Franz Joseph, dem Ehemann von Sisi, oft und gerne benutzt. Die wenigsten jedoch wissen, warum sie vom Kaiser verwendet wurde. Als der Architekt Eduard van der Nüll seinem Kaiser stolz die neu gebaute Wiener Staatsoper zeigte, ließ sich Franz Joseph nach dem Rundgang zu dem etwas flapsigen »Na, das sieht ja aus wie eine Bahnhofshalle …« hinreißen. Worauf der Architekt tief gedemütigt nach Hause ging und sich aus Scham umbrachte. Irre, oder? Damals haben sich Baumeister tatsächlich nach einem verkorksten Projekt das Leben genommen. Früher war nicht alles schlecht. Wie dem auch sei, dem Kaiser kam das tragische Ende seines Architekten zu Ohren, und es war ihm zutiefst peinlich. Daher beschloss er, in Zukunft bei jedem noch so unausgegorenen Quatsch, den man ihm präsentierte, stets mit den Worten zu antworten: »Es war sehr schön, es hat mich sehr gefreut!«

Die Amerikaner jedoch haben die Kunst des freundlich-oberflächlichen Geplauders perfektioniert. Sobald Sie in einem amerikanischen Restaurant Platz genommen haben, taucht wie aus dem Nichts eine Servicekraft auf, setzt ihr breitestes Lächeln auf und begrüßt Sie wie einen alten Schulfreund, der nach ewigen Zeiten wieder in der Heimatstadt auftaucht: »Hallo, ich bin Mathew! Ich bin Ihr Keller für heute Abend, und ich hoffe, dass Sie in unserem Restaurant eine fantastische Zeit verbringen werden. Falls Sie Fragen haben, wenn Sie irgendetwas brauchen – egal, was es ist –, zögern Sie nicht, mich anzusprechen. Denn ich bin Mathew, Ihr persönlicher Kellner für heute Abend …«

An dem Punkt denkt man als Deutscher intuitiv: *Hey, Mathew! Ich möchte keine Liebesbeziehung mit dir. Ein Cheeseburger würde schon reichen.* Die Servicementalität im Dienstleistungsgewerbe ist den Amerikanern im Gegensatz zu uns Deutschen gewissermaßen in die Wiege gelegt. Und das hat historische Gründe. In unserem Kulturkreis besitzt der Begriff »dienen« seit jeher einen eher negativen Klang. Bis 1918 war Deutschland eine typische Feudalgesellschaft. Derjenige, der diente, stand in der Hierarchie unter dem, der bedient wurde. Der Dienstleister war demnach gesellschaftlich weniger wert. Die USA dagegen gründeten sich als ein hierarchiefreier Einwandererstaat und hatten demnach schon von Beginn an ein entspannteres Verhältnis zur Dienstleistung. Das ist auch heute noch deutlich spürbar. In Amerika werden Billiglöhner in Dieneruniformen gesteckt, die Ihnen vor Restaurants oder Hotels das Auto parken. Die Amerikaner lieben das. In Deutschland heißen Billiglöhner in Uniformen »Politessen«. Und die Deutschen hassen das. Die Amis erleichtern das Parken, die Deutschen erschweren es. Das ist der Unterschied zwischen einer Dienstleistungsgesellschaft und einem Obrigkeitsstaat.

Verstehen Sie mich jetzt nicht falsch. Wenn ich mich entscheiden müsste zwischen Gratiswasser und einem vernünftigen Gesundheitssystem, dann würde ich schon eher Letzteres wählen. Trotzdem könnten wir uns von Amerika in puncto Servicementalität einiges abschauen.

Andererseits ist uns Deutschen zu viel Freundlichkeit auch immer ein wenig suspekt. »Ja, ich weiß, dieser Mathew ist zwar supernett, aber der macht das doch nur, um genug Trinkgeld zu bekommen.« Was natürlich stimmt. Zwanzig bis fünfundzwanzig Prozent *gratuity* ist üblich, da der Grundlohn oftmals bei zwei (!) Dollar pro Stunde liegt und die Servicekräfte fast ausschließlich von den *tips* leben müssen.

Wenn wir Deutschen zwischen aufgesetzter Freundlichkeit und ehrlicher Unfreundlichkeit wählen können, dann entscheiden wir uns gerne für Letzteres. Denn wenn Muffigkeit aus tiefstem Herzen kommt, können wir damit umgehen. Ich gebe zu, nach ein paar Monaten in den USA hatte ich wirklich Sehnsucht nach typisch deutschen Sätzen wie: »Tut mir leid, is nich mein Tisch …« – »Nee, nur, was auf der Karte steht …« Und natürlich der Klassiker: »Freundchen, ich bin hier auf der Arbeit und nicht auf der Flucht …«

Wahrscheinlich lieben wir deswegen die Österreicher auch so. Weil wir es total authentisch finden, in einem Wiener Kaffeehaus zu sitzen und von dem Personal mit purer Verachtung bedient zu werden. Herrlich, dieser Wiener Schmäh! Wenn etwa eine Made im Gulasch ganz charmant umgedichtet wird zu einem »Ach, des is nur a Speckstückerl«, dann wissen Sie, Sie sind in der Kaiserstadt. Der österreichische Oberkellner mustert den Gast stets mit dem stillen Vorwurf, dass man ihn mit jeder Bestellung massiv in seiner Lebensqualität beeinträchtigt. Kleinere Änderungswünsche werden mit einem knappen »Des geht net« erwidert. Fragt man gar nach einer Beilage, die nicht auf der Karte steht, schallt einem ein verächtliches »Homma ned« entgegen. Und wenn man sich erdreistet zu fragen, ob man zum Wiener Schnitzel auch Spinat bekommen könnte, kann es sein, dass einen der Kellner freundlich in den Arm nimmt und mit einem »Und scho gemma widder« zur Tür begleitet.

In der amerikanischen Gastronomie ist das anders. Da sind Sie als Kunde wirklich König. Okay, okay … solange Sie sich an die unausgesprochenen Regeln halten. Zum Beispiel sollte man in amerikanischen Restaurants immer warten, bis man platziert wird. »Wait to be seated« lautet das unumstößliche Grundprinzip. Und das gilt sogar, wenn der Laden komplett leer ist. Wenn man sich selbstständig irgendwo hinsetzt, kommt die Kellnerin an den Tisch, zieht die Brauen hoch und sagt mit schnippischer Miene: »Aha … verstehe, Sie haben schon selbstständig einen Platz gefunden …« – »Jaa! Und stellen Sie sich vor, ich habe mich heute Morgen sogar selbstständig angezogen …«

Mit der sprichwörtlichen amerikanischen Servicementalität ist es übrigens auch ganz schnell vorbei, wenn Sie einen Tisch für vier Personen gebucht haben, aber blöderweise nicht zeitgleich eintreffen. Solange die »party not completed« ist, wird man Sie unter keinen Umständen an Ihren reservierten Tisch bitten, sondern Sie erst mal an der Bar parken oder – wenn's ganz schlimm kommt – im windigen Eingangsbereich stehen lassen. Denn das Risiko, dass der Rest der »party« nicht eintreffen wird und so wertvolle Sitzplätze unbesetzt bleiben könnten, ist New Yorker Restaurantbetreibern viel zu hoch. Die Buchungen der Tische sind effizient durchgetaktet wie die Start- und Lande-Slots auf dem JFK-Airport. Für ein Dinner werden in der Regel eineinhalb Stunden veranschlagt. Danach ist der Tisch wieder vergeben. Exakt in dem Moment, in dem Sie den letzten Bissen Ihres Essens heruntergeschluckt haben, taucht daher auch Ihre freundliche Servicekraft auf, knallt Ihnen die Rechnung auf den Tisch und sagt mit zuckersüßem Lächeln die Zauberworte: »No rush, Sir!« Keine Eile, mein Herr. Was im Amerikanischen so viel bedeutet wie: »Wenn du nicht augenblicklich deine Kreditkarte auf den Tisch legst und dich danach nicht sofort aus dem Staub machst, kommt Ramon aus der Küche und bricht dir den kleinen Finger.«

Gemütlich im Restaurant sitzen zu bleiben und mit seinen Freunden noch ein, zwei Gläser Wein zu trinken ist für Amerikaner etwa so absurd, wie im Death Valley einen Kindergeburtstag mit Mohrenkopfwettessen* zu veranstalten. Wenn man nach dem Dinner tatsächlich noch etwas trinken möchte, muss man fast immer die Location wechseln. Meist in die nächstgelegene Sportsbar, in der man dann ganz romantisch ein Bud Light im Plastikbecher für neun Dollar bestellt und auf einen Zweiundsiebzig-Zoll-Monitor starrt, der irgendein sturzlangweiliges Baseballspiel zeigt.

Wenn Deutsche, die in Amerika leben, gefragt werden, was sie in den USA am meisten vermissen, dann sagen sie oft: Schwarzbrot. Ich für meinen Teil muss zugeben, es war tatsächlich die schöne deutsche Tradition, nach dem Essen nicht sofort zum Bezahlen gedrängt zu werden. Wir nennen es auch »Gemütlichkeit«. »Ich hoffe, alles war in Ordnung?«, wurde ich beim Gehen von unzähligen Mathews immer wieder gefragt. »It was great! Thank you!«, antwortete ich dann immer wie ein echter Amerikaner. Doch beim Hinausgehen murmelte ich oft vor mich hin: »Es war sehr schön, es hat mich sehr gefreut ...«

---

* Falls Sie sich an dem politisch unkorrekten »M-Wort« stören, empfehle ich, kurz zum Kapitel »PC hat nichts mit Computern zu tun« auf Seite 219 vorzublättern.

WURST STUBE

EAT AT

SCHAFFER'S

THE

Stube

SAUSAGE BAR

ALL YOU
CAN EAT

Die etwas ungemütliche »No Rush«-Mentalität der New Yorker Gastronomie hat Valerie und mich nicht davon abgehalten, intensiv und regelmäßig essen zu gehen. Kein Wunder, denn in dieser Stadt gibt es sage und schreibe über dreiundzwanzigtausend Restaurants. Aus allen Regionen der Welt. Wenn Sie wollen, können Sie also in New York dreiundsechzig Jahre lang jeden Tag in einem anderen Restaurant essen, ohne auch nur zweimal im selben zu speisen. Wie viele verschiedene Nationalitätenrestaurants es gibt, ist nicht ermittelbar. Vermutlich, weil man hier jedes Nationalgericht finden kann. Möchten Sie vielleicht auf Kiefernnadeln gedämpften Reiskuchen aus dem Gourmet-Paradies Nordkorea probieren? Oder scharf gewürzten Hirseteig aus Burkina Faso? Wie wäre es mit einer pikanten, garantiert virusfreien Fledermaus-Suppe von den Fidschi-Inseln? Einer frittierten Kakerlake aus Thailand? Hostien aus dem Vatikan? Ein kurzer Blick in den *Zagat* – den beliebtesten Restaurant-Führer der City –, und Sie finden wirklich alles, was ein robuster Magen aushalten kann.

Chinatown allein, unweit unseres Apartments, bietet eine unglaubliche Fülle an geschmacklichen Kuriositäten.

Man muss sich allerdings darauf einlassen. Denn vieles, was dort in den kleinen Dim-Sum-Läden, den vielen versteckten Souterrain-Garküchen oder den Take-away-Ständen feilgeboten wird, ist für westliche Augen und Nasen nicht wirklich identifizierbar. Die Speisekarten sind oft nur auf Chinesisch, und die beiliegenden Fotos geben erst recht keine Orientierung, was genau man da bestellt. Fragt man freundlich auf Englisch nach, erntet man entweder verständnislose Blicke oder man bekommt einen zweiminütigen Vortrag in einem asiatisch-amerikanischen Sprachmischmasch, der jede Übersetzungs-App an die Grenzen ihrer Belastbarkeit bringt.

Doch weil das Essen in Chinatown meist unsagbar günstig ist, möchte man gar nicht so genau wissen, was man zu sich nimmt. Gerüchten zufolge hat ein von uns oft aufgesuchtes Restaurant in der Mott Street in seine Dumplings sogar Hund eingearbeitet. Was schwer nachzuweisen ist, denn Hund schmeckt anscheinend wie Hühnchen. Genauso wie übrigens Krokodil und Schlange auch. Wahrscheinlich ist dort Hühnchen das einzige Fleisch, das nicht wie Hühnchen schmeckt.

Der chinesisch-stämmige Besitzer unseres kleinen *grocery store* erzählte mir, dass man vorsichtig sein sollte, wenn seine Landsleute auf der Canal Street *traditional Chinese street food* anbieten: »Das nennt man so, weil es aus Tieren besteht, die auf der Straße herumkriechen«, sagte er. »Und man tunkt sie in Öl, damit sie appetitlicher aussehen.«

Es heißt ja immer, die Chinesen essen angeblich alles,

was sich bewegt. Von mehreren Essens-Erfahrungen in Chinatown kann ich Ihnen jedoch versichern: Sie essen tatsächlich auch Dinge, die noch nicht mal den Hauch einer Chance hatten, sich jemals bewegen und somit fliehen zu können.

So gesehen ist es eigentlich ein Wunder, dass wir während unserer New Yorker Zeit symptomfrei geblieben sind. Natürlich ist man im Nachhinein immer schlauer. Doch ein aufmerksamer Blick in die Hinterhöfe von Chinatown hätte eigentlich ausgereicht, um zu verstehen, dass das Reich der Mitte nicht nur der Hauptexporteur von Elektronikartikeln und Feuerwerkskörpern ist, sondern auch von kontaktfreudigen Viruserkrankungen.

Getoppt wird dieser essenstechnische Irrsinn eigentlich nur noch von den Schotten. Das Traditionsgericht der Schotten ist ein frittierter Marsriegel. Was tatsächlich gar nicht so schlecht schmeckt und gerade mal zwei Pfund kostet. Und drei Wochen an Lebenserwartung. Ich bin mir sicher, die Schotten würden auch einen Spülschwamm essen, wenn er schön in Öl ausgebacken wäre.

Ich weiß, wovon ich rede, denn bei uns zu Hause wurde ebenfalls sehr unorthodox gekocht. Meine Mutter arbeitete und hatte demnach weder Zeit noch Muße, aufwendige kulinarische Köstlichkeiten zuzubereiten. So habe ich erst mit achtzehn Jahren herausgefunden, dass Zuckerglasur normalerweise nicht aus eingebrannter Frischhaltefolie besteht. Und es wurde selbstverständlich auch nichts weggeschmissen. Ich schwöre, erst letztes Jahr habe ich in der

Speisekammer meiner Eltern eine Dose Ananas gefunden, die hatte noch eine vierstellige Postleitzahl.

Jedes Mal, wenn ich bei meinen Eltern zu Besuch bin, esse ich die gruseligsten Dinge, die ich sonst nirgendwo bestellen würde, selbst, wenn sie auf der Karte stünden. Und das Verrückte ist: Am elterlichen Küchentisch schmecken sie mir. Rational ist das schwer zu erklären.

So haben zum Beispiel auch viele Länder ein Getränk, das innerhalb des jeweiligen Landes super schmeckt, aber vollkommen entsetzlich, wenn man es irgendwo anders zu sich nimmt. In Frankreich ist das Pernod. In Japan lauwarmer Sake. In England Ale. Allein den Griechen ist es gelungen, etwas herzustellen, das sogar auch dann noch entsetzlich schmeckt, wenn man es innerhalb von Griechenland zu sich nimmt: Retsina. Ein grässlich süßer geharzter Tafelwein, der geschmacklich an das Kontrastmittel einer Schilddrüsenuntersuchung erinnert. Dafür haben die Griechen das einzige Nationalgericht, das so aussieht, wie es heißt: Moussaka.

Auch die Franzosen begeben sich essenstechnisch in Grenzbereiche. Es gibt Froschschenkel, Gänsestopfleber und Kuttelsuppe, eine zähflüssige graue Pampe, die bei uns im Odenwald zum Abbeizen von Möbeln verwendet wird. Das Schlimmste jedoch, was ich jemals aus unserem Nachbarland gekostet habe, war Andouillette. Eine kränklich aussehende Wurst aus Innereien, die so streng nach Ausscheidungen riecht, dass sie von Franzosen auch zum Düngen ihrer Lavendelfelder genutzt wird. Doch das Bizarrste ist:

Den Franzosen ist es irgendwie gelungen, der Welt auch noch vorzugaukeln, es handele sich bei diesen Dingen um Delikatessen. 122 Sternerestaurants gibt es allein in Paris.

New York liegt in der Spitzengastronomie auf Platz zwei in der westlichen Welt. Laut Guide Michelin gibt es dort fünf Dreisternerestaurants, dreizehn mit zwei und 57 mit einem Michelin-Stern. Und fast immer stehen Männer am Herd. Was erstaunlich ist, denn seit jeher haben ja eher die Frauen gekocht. Meine Theorie dazu: Frauen ist das essenstechnische Rumgepose in der Sterneküche viel zu blöd. Für uns Männer dagegen ist ein mit Gurkentatar getrüffelter Wolfsbarsch-Anus einfach nur die Fortsetzung eines Hornbach-Projekts mit anderen Mitteln.

Eines der abgefahrensten Dinner-Erlebnisse, die Valerie und ich während unserer New-York-Zeit hatten, war der Besuch im Chinese Tuxedo, einem sehr angesagten Nobelchinesen in der Doyers Street. Schon beim Eintreten wird man in eine andere Zeit versetzt. Eine düstere Mischung aus Opiumhöhle und James-Bond-Filmset. Kein Wunder, denn um die Jahrhundertwende war das Chinese Tuxedo ein Opernhaus, in dem es 1905 zum legendären *Chinese Theater Massacre* kam: ein Blutbad, angerichtet von einem chinesischen Profikiller, das jedoch nie vollständig aufgeklärt wurde. Dementsprechend mystisch und geheimnisvoll gibt man sich dort auch heute noch. Unser Kellner (eine Mischung aus Johnny Depp und Conchita Wurst) geleitete uns an den Tisch und drückte uns verschwörerisch die Speisekarte in die Hand. Wir bestellten querbeet, ohne so recht zu wissen, was uns erwartete. Johnny Wurst nahm unsere Bestellung auf, zog dabei die Augenbraue hoch und flüsterte ehrlich beeindruckt *adventurous order*.

Erst später wurde klar, was er mit der »abenteuerlichen Bestellung« meinte. Wir verdrückten kunstvoll gefaltete sauer-salzige Auberginenstreifen, die mit Schokolade überzogen waren, Steak Tatar auf Reiscrackern mit Kochbananen und sautiertem Rettich, süßsaure Schweinebacken in einer orangefarbenen Essigsauce, die so stark leuchtete, dass ich dachte, es handelt sich um Kryptonit.

Die erste wirkliche Irritation jedoch war ein ganzes, in Honig glasiertes, herausgebackenes Täubchen, das in fünf Stücken serviert wurde. Inklusive Krallen und Kopf. Ich kaute etwas hilflos auf dem Schnabel herum und schluckte ihn dann mit einem cremigen Erdnuss-Dumpling hinunter. Als ich mich gerade an die Krallen machen wollte, wurde es um uns herum unruhig. Fröhlich präsentierte uns der Koch den Hauptgang. Eine riesige LEBENDE Dungeness-Krabbe, die offensichtlich ihr Schicksal vorausahnte, hilflos mit den Beinchen strampelte und uns mit ihren knopfartigen Augen flehend ansah. »Aren't you ashamed?«, raunte uns sichtlich angewidert ein Pärchen vom Nebentisch zu. Überfordert nickten wir dem Koch zu, der daraufhin blöde kichernd verschwand, um den Kaventsmann zuzubereiten. Zwanzig Minuten später lag das arme Tier in seine Einzelteile zerlegt wieder vor uns. Wir machten gute Miene zum bösen Spiel und begannen, unter den verächtlichen Blicken der übrigen Gäste, das arme Geschöpf zu verspeisen. Bewaffnet mit den dazu gereichten Nussknackern, brachen wir die gepanzerten Beine der Krabbe auf, um an ihr Fleisch zu kommen. Es knackte und spritzte, und der Schweiß lief uns in Strömen übers Gesicht. Selbst unser Kellner konnte seine Abneigung nicht mehr verbergen. Am Ende des würdelosen Schauspiels sah unser Tisch tatsächlich so aus wie 1905 das *Chinese Theater Massacre*. Wochen später erfuhren wir übrigens, dass der Chefkoch des Chinese Tuxedo kein Chinese ist, sondern Schotte. Das im Ganzen frittierte Täubchen mit dem Honigüberzug hätte uns stutzig machen sollen.

Selbstverständlich war und ist New York, bei aller kulinarischer Exotik, auch immer ein echtes Junkfood-Paradies. An allen Ecken findet man Hotdog-Stände, Delis, Falafel-Foodtrucks, Donut-Läden und Take-out-Pizzas. Das Nahrungsangebot in New York ist so überwältigend, dass sich inzwischen sogar die Insekten daran angepasst haben. Forscher der North Carolina State University fanden heraus, dass Ameisen aus Manhattan ihren Speiseplan auf die typische Ernährungsweise einer US-Großstadt umgestellt hatten: Fast Food. Schon jetzt ist die häufigste Todesursache der kleinen Gesellen nicht der Kammerjäger, sondern ein hoher Cholesterinspiegel.

Doch obwohl sich in der Stadt alles ums Essen dreht, sind die meisten New Yorker im Vergleich zum restlichen Amerika erstaunlich schlank. Das liegt vermutlich daran, dass man in dieser Stadt viel zu Fuß geht. Das ständige Treppauf, Treppab in den Subways, die Kurzsprints quer über den Columbus Circle, die Slalomstrecken, die man zwischen gaffenden Touristen, Müllsäcken und aufgeklappten Kellerluken absolvieren muss, halten die New Yorker fit. Richtig dicke Menschen findet man am ehesten noch rund um den Times Square. Und da kann man sicher sein, dass es sich dabei eben nicht um New Yorker handelt, sondern um Billy-Bob und Mary-Jane, die für ein Wochenende aus dem Mittleren Westen per Luftfracht über dem Theater District abgeworfen wurden.

Im Rest von Amerika gelten mehr als zwei Drittel der Bevölkerung als übergewichtig. Der US-Häftling George Vera hat in seinem Bauchfett tagelang eine Pistole vor seinen Wärtern verborgen. Der Zweihundertfünfundzwanzig-Kilo-Mann war bei seiner Inhaftierung dreimal gefilzt worden, ohne dass die Neun-Millimeter-Pistole gefunden wurde. Erst nach einer Woche wurde die Waffe beim Duschen entdeckt.

Im 18. Jahrhundert soll die französische Kaiserin Marie Antoinette dem hungernden Volk angeblich noch den Rat gegeben haben, wenn sie kein Brot hätten, sollten sie doch Kuchen essen. Zweihundertfünfzig Jahre später ist genau das eingetroffen. Während die wohlhabende Oberschicht akribisch Kalorien zählt und bei einem kleinen Tofu-Salat ohne Dressing über Glutenunverträglichkeiten, Fruktoseallergien und Laktoseintoleranzen philosophiert, hat die Unterschicht ein Zuckerproblem.

In New York hat man darauf schon vor Jahren reagiert und 2012 als erste Stadt in den USA XXL-Becher für gesüßte Getränke verboten. Seit September 2019 gibt es an den New Yorker Schulen sogar den *meatless Monday*, einen fleischlosen Montag. Vielen Schülern geht das offenbar zu weit. In der U-Bahn fallen mir immer wieder Kids auf, die eine Scheibe Bacon auf den Oberarm geklebt haben, um ihre Entzugserscheinungen in den Griff zu bekommen.

Der wohl einzige Tag im Jahr, an dem es den New Yorkern völlig egal ist, was sie in sich hineinstopfen, ist Thanksgiving. Plötzlich gibt es selbst in den Anorexie-Haushalten auf der Upper East Side Truthähne von der Größe eines Kleinwagens, die man vor dem Braten zentimeterdick mit Mayonnaise mumifiziert, damit sie auch schön knusprig werden. Dazu werden Badewannen voll *mashed potatoes* und *gravy* (dem berühmten Bratensaft) serviert. Wer nach dem Essen noch nicht an Herzversagen gestorben ist, wird gezwungen, literweise Eggnog zu trinken. Einen Eierpunsch, der aus Gewürzen, Sahne, Zucker und Eiern besteht und dreihundertsiebenundzwanzig Kalorien enthält. Pro Schluck. Eggnog ist vermutlich das einzige Getränk der Menschheit, das gesünder wird, je mehr reinen Alkohol man dazugibt.

Wie sich die New Yorker Gastronomie in der Corona-Krise entwickeln wird, ist fraglich. Klar ist: Neben den Kultur- und Sport-Events hat das Virus die Restaurants zuerst und am härtesten getroffen. Zwar haben viele Besitzer bereits wenige Tage nach dem Shutdown einen Delivery-Service angeboten, doch auch das konnte die massive Pleitewelle in der Branche nicht aufhalten. Andererseits war das in dieser Stadt schon immer so. Selbst in Boom-Zeiten war ein gut gehendes Restaurant in Manhattan keine langfristige Erfolgsgarantie, sondern hing am seidenen Faden. Die Konkurrenz ist dort einfach so groß, dass man als Gastronom permanent hundertzwanzig Prozent geben muss, um seine Gäste dauerhaft bei Laune zu halten. Daher gab es in der Branche schon immer Geschäftsaufgaben, desaströse Bankrotte und spektakuläre Neueröffnungen. Fast jeder New Yorker Gastronom, der länger in diesem Geschäft ist, hat schon mindestens ein, zwei Pleiten hinter sich.

Und deswegen glaube ich: Wenn jemand mit wirtschaftlichen Katastrophen umgehen kann, dann sind es die tapferen New Yorker Restaurantbesitzer. Als bekennender Foodie würde ich es mir jedenfalls von ganzem Herzen wünschen.

VOM TELLERWÄSCHER ZUM GESCHIRRSPÜLER

Das Verhältnis von uns Deutschen zu Amerika war schon immer widersprüchlich. Auf der einen Seite halten wir die Amerikaner für kultur- und bildungsferne Cowboys, auf der anderen Seite bewundern wir den Mythos vom American Dream. Wir lieben Geschichten wie die von Bill Gates, der in einer kleinen Garage seine ersten Computer zusammenbastelte; oder die von Oprah Winfrey, die in ärmlichen Verhältnissen aufwuchs und ihren ersten Job als Moderatorin in einem kleinen Radiosender bekam; oder auch die von Donald Trump, der mit angeblich nur zweihundert Millionen Dollar Startkapital von seinem Vater einen Immobilienkonzern aufbaute.

Genau dieser Mythos vom American Dream hat auch mich gereizt: Egal, wo du herkommst, egal, wer oder was du bist – mit eisernem Willen und ein bisschen Glück kannst du hier alles erreichen! Du kommst mit nur einem Dollar in der Tasche nach New York. Aber dort lässt du dich nicht unterkriegen und schuftest so hart, dass du schon nach kurzer Zeit ein kleines Vermögen gemacht hast. Ich dagegen kam mit einem kleinen Vermögen nach New York und habe schon nach kurzer Zeit ... aber na ja, lassen wir das.

In Amerika kannst du eben auch tief fallen. Nehmen wir noch einmal Donald Trump: In den Achtzigern war er DER Immobilienmogul von New York, und heute muss er in einem Haus leben, das vom Staat bezahlt wird. Vom Trump Tower in eine Sozialwohnung. So schnell kann's gehen.

Nach wenigen Monaten in der Stadt musste auch ich schmerzhaft feststellen, dass die vielen romantischen Aufstiegsgeschichten, die man sich allerorts erzählt, ihre Faszination verlieren, wenn man es hier wirklich versucht. Durch meine Auftritte im Broadway Comedy Club hatte ich Blut geleckt. Als ich nach New York kam, hatte ich künstlerisch recht wenig erwartet. Doch plötzlich stand ich regelmäßig auf der Bühne und merkte, dass meine Standups immer besser funktionierten. Und nicht zu vergessen: Ich sah, dass ich mit meinen wissenschaftlichen Inhalten selbst in New York etwas ganz Eigenes, Unverwechselbares hatte. Und so wuchs mein Ehrgeiz. Ich wollte in die besseren Clubs kommen. Ins Carolines zum Beispiel. Oder noch besser: in den Comedy Cellar – das definitive Mekka der amerikanischen Comedy-Szene. Abend für Abend geben sich dort die besten Comedians des Landes die Klinke in die Hand. Regelmäßig kommt es vor, dass bei normalen Shows plötzlich Jerry Seinfeld, Louis C.K. oder Eddie Murphy auftauchen und zur Überraschung aller auf die Bühne gehen und kurz performen.

Da gehörte ich hin. So dachte ich zumindest. Tatsächlich ist es einfacher, eine Papstaudienz zu bekommen als im Cellar einen Fünf-Minuten-Gig. Selbst für den Papst. Man kommt dort noch nicht einmal an die Telefonnummer eines Ansprechpartners. Den Comedians, die dort spielen, ist es verboten, den Namen der Bookerin laut auszusprechen. Tun sie es doch, zerfallen sie augenblicklich zu Staub, und auf ihren Familien lastet ein ewiger Fluch. Und weil es so schwierig ist, ein gutes Engagement zu bekommen, schwirren in der New Yorker Comedy-Szene unzählige windige Gestalten herum, die die Verzweiflung der Comedians ausnutzen und ihnen mit sogenannten »Bringer-Shows« das Geld aus der Tasche ziehen.

Unter einer Bringer-Show versteht man eine Veranstaltung, bei der zehn bis fünfzehn Comedians für jeweils fünf Minuten auftreten. Die einzige Voraussetzung ist: Jeder Comedian muss mindestens sechs zahlende Zuschauer mitbringen. Um echte Qualität geht es bei diesen Veranstaltern selten. Vermutlich würden sie sogar Edmund Stoiber auf die Bühne lassen, sofern es ihm gelingt, sechs Leute aufzutreiben.

Bei einem Eintrittspreis von zwanzig Dollar und dem in Clubs üblichen *two drink minimum* macht das rund vierzig Dollar pro Gast. Von diesem Geld sehen die Comedians keinen einzigen Cent. Der Organisator der Bringer-Show und der Besitzer des Clubs teilen das Geld komplett unter sich auf. Den einzigen Köder, den die Organisatoren den Comedians hinwerfen, ist die Hoffnung, dass bei den Shows »ganz, ganz sicher irgendwelche immens wichtigen TV-Leute« auftauchen, die sie dann vom Fleck weg für ihre neue Dreißig-Millionen-Dollar-Sitcom auf HBO engagieren werden. Kurz gesagt: Bringer-Shows sind reine Abzocke und künstlerische Sackgassen.

Und so traf ich nach einigen Monaten eine Entscheidung. Um irgendwie in dieser Stadt weiterzukommen, musste ich meine Shows selbst organisieren. Insgeheim wuchs in mir mehr und mehr der Wunsch, tatsächlich noch einmal neu durchzustarten und mir eine zweite Karriere in den USA aufzubauen. Nach etwas Recherche stieß ich auf das SoHo Playhouse, ein renommiertes Off-Broadway-Theater. Ich traf mich mit der Theaterleitung, sie schauten sich ein paar englische YouTube-Clips von mir an, waren von meiner Performance angetan, und so wurden wir schnell handelseinig: Ich mietete den Raum für insgesamt vierzehn Showtermine, zwei volle Wochen am Stück für das Frühjahr 2020. Zusätzlich beauftragte ich eine New Yorker PR-Agentur, die richtig Rummel machen sollte, um den Laden vollzubekommen.

Alles in allem: ein ziemlich tollkühnes und nicht zuletzt auch extrem kostspieliges Unterfangen. Mein deutsches Management jedenfalls war skeptisch. Andererseits, was sollten sie machen, wenn sich ein in New York gänzlich unbekannter deutscher Physiker mit Haarausfall und schlechtem Englisch in den Kopf gesetzt hat, eine Fabelkarriere am Broadway zu starten. Was soll da schon groß schiefgehen?

Der kulturelle Code Amerikas war schon immer geprägt von Draufgängern, die alles auf eine Karte gesetzt haben. Das fing schon mit Christoph Kolumbus an. Bekanntlich hat er Amerika nur entdeckt, weil er eigentlich nach Indien wollte und dabei die Distanzen vollkommen falsch berechnet hatte. Nach allem, was wir von ihm wissen, war Kolumbus zwar ein Spitzenseefahrer, von Geografie jedoch hatte er wenig Ahnung. Tatsächlich ist es wirklich schwer, eine historische Figur zu nennen, die mit weniger Kompetenz so großen Ruhm eingesackt hat. Monatelang schipperte er um die karibischen Inseln und war die ganze Zeit fest davon überzeugt, er wäre mitten im Orient. Kolumbus war wagemutig, besonders helle war er anscheinend nicht. Aber im Gegensatz zu den Besserwissern auf dem Festland erinnern wir uns an ihn. Und das sogar, obwohl der neue Kontinent nicht nach ihm, sondern nach seinem Sponsor Amerigo Vespucci benannt wurde.

Genau das ist der ganz besondere Spirit Amerikas. »Egal, was die anderen sagen, ich probiere einfach mal was aus!« Buffalo Bill zum Beispiel bewarb sich vor hundertfünfzig Jahren bei der legendären Reiterstafette des Postbeförderungsdienstes Pony-Express, weil er folgende Stellenanzeige las: »Junger Mann zum Mitreiten gesucht.« Kleiner Scherz. In Wirklichkeit lautete der Text: »Suchen dünne, drahtige Burschen nicht über achtzehn. Sie müssen erfahrene Reiter sein und willens, täglich ihr Leben zu riskieren. Waisen bevorzugt.« Das waren noch Stellenausschreibungen, oder? Bei uns wäre das unter ver.di undenkbar. »Wie sieht das eigentlich mit dem Kündigungsschutz aus? Kann ich auch meinen Sattel absetzen? Und wenn das nicht Riester-gefördert ist, können Sie's gleich vergessen ...«

Die deutsche Risikoscheu und Vollkaskomentalität stehen im krassen Gegensatz zum American Way of Life. Salopp gesagt ist der amerikanische Traum ein deutscher Albtraum. Eine repräsentative Umfrage von 2018 zeigt, dass sich sechsundsiebzig Prozent der Deutschen über die Zukunft Sorgen machen. Vermutlich sind wir die einzige Nation, die selbst im Autokino den Sicherheitsgurt anlässt. Diese Einstellung ist inzwischen sogar bei den jungen Deutschen verbreitet. Laut einer aktuellen Studie des Beratungsunternehmens Ernst & Young liebäugeln vierzig Prozent der Studierenden in unserem Land mit einem Job im öffentlichen Dienst. Gründermentalität, Wagemut und Zukunftsoptimismus sind bei uns eher schwach ausgeprägt. Man möchte anscheinend lieber verwalten als gestalten. Die Angst, Fehler zu machen, ist tatsächlich ein großer Teil unserer kulturellen DNA. Weltweit gibt es keine Industrienation, die sich mehr vor Stammzellenforschung, vor Gentechnik oder vor Kernenergie fürchtet als wir.

Amerikaner sind stolz, wenn sie etwas zustande bringen. Wir Deutschen sind stolz, wenn wir etwas verhindern können: Atom- und Kohlekraftwerke, Transrapids und TTIP. Die Durchsetzung eines Dieselfahrverbotes wird in diesem Land wie eine zweite Mondlandung gefeiert. Bei einem »Nein« feiert der deutsche Bedenkenträger wie ein Bekloppter. Die Amerikaner haben sogar ein deutsches Wort für unsere Schwarzseherei übernommen: »The German Angst«. So ist zum Beispiel eine der typischsten deutschen Erfindungen die »Reiserücktrittsversicherung«. Ein absoluter Bestseller in unserem Land! Der Deutsche bucht einen Abenteuerurlaub zu den Kannibalen nach Südamerika – aber keinesfalls ohne eine Reiserücktrittsversicherung. Andernfalls wäre das Ganze viel zu riskant. Manche behaupten sogar, es wäre eines der ersten Wörter, die man als deutsches Baby lernt: Mama, Papa, Reiserücktrittsversicherung. Das war ein Witz. »Mama« und »Papa« kommen selbstverständlich erst viel später. Und wenn wir wirklich einmal etwas Großes hinbekommen, dann ist uns das fast ein bisschen peinlich. Fußballweltmeister? Ja, aber danach ging's ja bekanntlich bergab! Exportweltmeister? Okay, aber auf Kosten der Dritten Welt! Ein deutscher Nobelpreisträger? Na ja, die Idee lag sowieso schon in der Luft.

Fast scheint es so, als wären wir Deutsche regelrecht verliebt ins Scheitern. Erfolg ist uns viel zu oberflächlich. Der amerikanische Satiriker Eric T. Hansen findet sogar: »Die Deutschen sind von ihren Problemen so dermaßen fasziniert, dass sie es eigentlich viel zu schade finden, sie zu lösen.«

In dem amerikanischen Blockbuster *Gladiator* befreit Russell Crowe Rom und stirbt. In der deutschen Arminius-Story stirbt Hermann, der Cherusker, nachdem er alles verloren hat, und die Römer kommen ungestraft davon. Die englische Heldenfigur Robin Hood stürzt den Sheriff von Nottingham und gewinnt zum Schluss die Liebe von Lady Marian. Die deutsche Heldenfigur Klaus Störtebeker wird von den ausbeuterischen Kaufleuten gefangen genommen und geköpft. Deutsche Helden mühen sich ab, erreichen nichts und verlieren zum Schluss alles. Das finden wir Deutschen erstrebenswert und edel. Ein Happy End dagegen ist uns total suspekt. Kein Wunder, dass sich Hollywood nie für die Verfilmung unserer Heldensagen interessiert hat. Weil kein Amerikaner nachvollziehen kann, was am Scheitern so toll sein soll.

In den USA herrscht eine durchgehend optimistische Grundeinstellung. Wussten Sie, dass die chinesischen Glückskekse, die in vielen Restaurants nach dem Essen gebracht werden, nicht in China entstanden, sondern erst vor rund hundert Jahren in Amerika? Chinarestaurant-Betreiber in San Francisco erkannten, dass die Amerikaner ganz versessen darauf waren, nach dem Essen mit einer optimistischen Botschaft verabschiedet zu werden. »Jeder Tag ist ein Geschenk. Nutze ihn!« Ich habe mir immer vorgestellt, wenn so etwas in Deutschland erfunden worden wäre: Du brichst eine Leberkäs-Semmel auf und findest den Spruch: »Greif nicht nach den Sternen, du schaffst es eh nicht!«

Was sagen die Zahlen über den amerikanischen Traum? Ist Amerika tatsächlich *the land of opportunity*? Oder anders gesagt: Wie hoch ist die Wahrscheinlichkeit, dass Sie es als Amerikaner einkommensmäßig in die oberen zwanzig Prozent schaffen, wenn Sie in eine Familie hineingeboren werden, die zu den zwanzig Prozent der Ärmsten gehört? Analysen zeigen: Die USA schneiden im Vergleich zu Großbritannien, Dänemark oder Kanada deutlich schlechter ab. Wenn Sie in Amerika tatsächlich vom Tellerwäscher zum Millionär werden, dann oft nur, weil Sie sich beim Tellerwaschen die Hand verbrüht und Ihren Arbeitgeber auf fünfunddreißig Millionen Dollar verklagt haben.

Natürlich ist vielen Amerikanern bewusst, dass der American Dream ein Mythos ist, der sich oft nicht erfüllt. Doch obwohl die gesellschaftlichen und sozialen Probleme in den USA teilweise größer sind als bei uns, sind die Amerikaner dennoch optimistischer. Das Streben nach Glück – *the pursuit of happiness* – steht sogar in der Unabhängigkeitserklärung. Es ist sozusagen die Pflicht eines jeden Amerikaners, glücklich zu werden. Wenn die NASA herausfinden würde, dass in vierzehn Tagen ein riesiger Meteorit auf der Erde einschlägt und alles Leben vernichtet, würde der typische Amerikaner sagen: *Fuck it! We'll shoot it!* Wir holen das Ding runter. Bei uns dagegen würden alle Zeitungen titeln: Apokalypse in zwei Wochen – Deutschland trifft's am härtesten! Haben Sie schon über eine Reiserücktrittsversicherung nachgedacht?

Während der Corona-Pandemie habe ich mich oft gefragt: Wer könnte besser und schneller die aktuelle Krise überwinden? Das sicherheitsfixierte Deutschland oder doch eher das draufgängerische Amerika? Schwer zu sagen. Was die gesundheitliche Bilanz im Frühjahr 2020 anging, ist Deutschland mit seiner vorsichtigen und risikovermeidenden Art jedenfalls deutlich besser gefahren. Das hat sicherlich auch viel mit unserer urdeutschen Art zu tun, sich brav an Regeln zu halten. Wenn »Mutti« in einer Fernsehansprache die Order ausgibt, zu Hause zu bleiben, dann wird das von vielen staatstreuen Bundesbürgern nicht groß hinterfragt, sondern akribisch befolgt. Mitte April jedenfalls sprachen sich fast achtzig Prozent der Deutschen sogar dagegen aus, dass die Bundesregierung ihre harten, einschränkenden Maßnahmen lockert. Wobei ich nicht weiß, wie die Umfrage ausgesehen hätte, wäre sie in der Karnevalszeit durchgeführt worden. An den tollen Tagen nämlich versteht der obrigkeitshörige Deutsche keinen Spaß, und der Spruch »Ich lach' mich krank« hätte eine ganz neue Bedeutung bekommen.

Bei der Bewältigung der nachfolgenden Wirtschaftskrise jedoch könnten die USA die besseren Karten haben. Zweifellos sind die sozialen und gesundheitlichen Absicherungen bei uns besser. Während in den ersten Wochen der Pandemie zahllose Amerikaner buchstäblich auf der Straße standen, dauert es bei uns deutlich länger, bis man durch das soziale Raster fällt. Dadurch ist die amerikanische Gesellschaft aber auch schnell fähig, sich an neue Gegebenheiten anzupassen. Gerade *weil* Amerikaner selbst in guten Zeiten nicht auf den Staat, den Betriebsrat oder die Krankenkassen vertrauen können, sind sie möglicherweise besser als Deutsche gewohnt, sich flexibel mit den Widrigkeiten des Lebens zu arrangieren. Oder wie ich einmal auf einem amerikanischen Glückskeks gelesen habe: »Lebe jeden Tag, als ob es ein anderer wäre.«

PROUD
TO BE AMERICAN

Einer der eindrücklichsten Orte in New York ist das 9/11-Memorial am Ground Zero. Genau an den Stellen, an denen ursprünglich die Zwillingstürme des World Trade Centers standen, befinden sich zwei große Wasserbecken. In der Mitte der Becken ist jeweils ein neun mal neun Meter großes quadratisches Loch eingelassen. Hier stürzt das Wasser scheinbar in die Unendlichkeit.

Während unserer Zeit in Manhattan spazierten wir oft dorthin und standen beklommen an der Kupferumrandung, in die die Namen der zweitausendneunhundertdreiundachtzig Menschen gefräst sind, die bei den Terroranschlägen ums Leben kamen. In vielen dieser Namen steckt stolz und trotzig eine amerikanische Miniaturflagge. Als 2013 nach der Bundestagswahl der CDU-Generalsekretär Hermann Gröhe eine kleine deutsche Flagge in der Hand schwenkte, nahm sie ihm Angela Merkel unwirsch aus der Hand und legte sie peinlich berührt beiseite.

Amerika ist eine sehr stolze Nation. In den USA können Sie einen Lebensmüden auf einer Brücke problemlos von seinem Vorhaben abhalten, indem Sie ihm zurufen: »Sir, you can be proud of your country!« Wenn Sie so etwas zu einem Deutschen sagen, dann springt der noch, bevor Sie den Satz beendet haben. Wir Deutschen sind keine stolze Nation. Der Grund ist nachvollziehbar. Wir hatten eben dieses dunkle Kapitel in unserer Geschichte. Die Zeit, in der Erich Ribbeck Bundestrainer war.

Auch ich habe ein widersprüchliches Verhältnis zu meinem Heimatland. Solange ich noch dort lebte, war mir das nie so richtig bewusst. Je weiter und je länger man jedoch von Deutschland weg ist, desto intensiver setzt man sich mit dem eigenen Verhältnis zu seiner Heimat auseinander. Das passiert ganz automatisch und unbewusst. Besonders, wenn man in New York lebt. Zum einen, weil sich dort extrem viele Deutsche und Deutschstämmige tummeln, zum anderen, weil die jüdische Gemeinschaft in dieser Stadt so präsent ist. Und die konfrontiert einen immer wieder mit unserer Geschichte.

Als mich einmal ein jüdischer Kollege zu seiner Show einladen wollte, habe ich ihm die SMS geschickt: »Ich muss noch abklären, ob ich da Zeit habe. Melde mich morgen. *Trust me. I'm German.*« Worauf er zurückschrieb: »Our people trusted your people too much ...«

Am Anfang war ich total hilflos, wie ich mit solchen Anspielungen und Sticheleien umgehen sollte. Ich suchte Rat bei Evan. »Mach dich locker«, meinte er nur. »Hier in New York macht sich jede Kultur über jede andere lustig. Und ihr Deutschen habt nun mal vor achtzig Jahren eine Top-Vorlage geliefert, um euch so richtig schön durch den Kakao zu ziehen ...« Na toll. »Locker machen« ist wahrscheinlich das Abwegigste, was man von einem Deutschen verlangen kann. Erst recht bei diesem Thema.

Um ihre Lockerheit, was das eigene Land angeht, beneide ich die Amerikaner wirklich. Natürlich haben auch die USA ein paar Leichen im Keller, doch das hindert sie nicht daran, trotzdem stolz auf ihr Land zu sein. Patriotismus in Amerika hat weniger damit zu tun, dass man sich anderen Ländern überlegen fühlt, sondern dass man dankbar ist, in einem freien Land zu leben, in dem es (theoretisch) jeder schaffen kann.

Am sichtbarsten ist das bei Sportereignissen. Als ich zum ersten Mal im legendären Madison Square Garden ein Basketballspiel der New York Knicks besuchte, war ich ziemlich verwirrt von dem vielen patriotischen Getue rund um das Spiel. Bevor es losgeht, wird zunächst einmal die Nationalhymne zelebriert. Je nach Wichtigkeit des Spiels tritt entweder Rihanna, Engelbert Humperdinck oder eine Semifinalistin von *The Voice of America* in den Mittelkreis und schluchzt die ersten Worte von *The Star-Spangled Banner* ins Mikro. Und es funktioniert! Augenblicklich springen sämtliche 20 789 Zuschauer auf, lassen ihre Popcorn-Tüten, Chickenwings und Pizzastücke fallen, legen die rechte Hand auf das Herz und schmettern mit. Sitzen bleiben ist ein absolutes No-Go. Sogar Querschnittsgelähmte werden skeptisch beäugt. Doch die Halbzeitpause toppt alles. Da wird dann gerne mal ein Afghanistanveteran in den Mittelkreis geholt, der durch einen Mörserangriff in Kabul schwer verwundet wurde und trotzdem noch drei Kameraden gerettet hat. Und obwohl die amerikanische Öffentlichkeit über die Auslandseinsätze ihrer Armee zutiefst geteilt ist, stehen ausnahmslos alle auf und erweisen einem Mann, der sein Leben für sein Land riskiert hat, Respekt. Alle applaudieren ihm, Sie hören kein einziges »Buh«.

In Deutschland wäre das undenkbar. Die Idee, bei einem Bundesligaspiel einen Bundeswehrsoldaten auf den Rasen zu holen und ihn über seine Erlebnisse in Afghanistan berichten zu lassen, wäre für uns in etwa so absurd wie ein Gastauftritt Helene Fischers bei Rammstein. Bei unserer Fußballnationalmannschaft wird immer wieder diskutiert, ob die Spieler mit Migrationshintergrund die Hymne mitsingen sollten oder nicht. Wenn Sie als Mitglied der amerikanischen Nationalmannschaft diese Frage stellen würden, könnten Sie froh sein, wenn Sie danach noch einen Job als Uber-Fahrer bekämen.

Andererseits muss man auch zugeben, dass die amerikanische Hymne ein ziemlich geiler Hit ist. 1814 wurde sie von Francis Scott Key geschrieben, als er von einem britischen Kriegsschiff aus zusah, wie die Briten Baltimore bombardierten und versuchten, die USA zu zerstören. Das war der Plot für die Hymne. Versteh einer die Amerikaner.

Das Sportereignis selbst ist für viele Amis übrigens Nebensache. Für ein Knicks-Spiel geben die Fans locker zweihundertfünfzig Dollar oder mehr aus, um sich dann während des Spiels alle fünf Minuten etwas zu essen zu holen. Auch das war für mich ziemlich ungewohnt. Als Deutscher möchte man *value for money*. Jede Sekunde, die wir vom

Spiel verpassen, ist für uns verschwendetes Geld. Andererseits sind viele amerikanische Sportarten absichtlich so angelegt, dass man nicht unbedingt alles mitbekommen muss. Zum Beispiel habe ich während unseres gesamten Aufenthalts verzweifelt versucht, Baseball zu verstehen. Es gelang mir nicht. Zum Schluss dachte ich wirklich, dass es an meinen europäischen Genen liegt, die mich davon abhalten, das komplizierte Geflecht aus *10-run-rule, Batting order, Innings, Half innings, Foul tip, Fly out, Base on Balls, Strikeout, Tag out, Ground out* oder einem *Sacrifice fly* zu kapieren.

Irgendwann gestand mir Evan, dass es den Amerikanern ganz genauso geht. Sie geben es nur nicht offen zu. Im Grunde genommen versteht kein Mensch Baseball. Was aber auch egal ist, denn auf dem Feld passiert die meiste Zeit sowieso nichts. Vermutlich ist Baseball die einzige Sportart, bei der das Mitmachen noch langweiliger ist als das Zuschauen. Einmal bin ich während eines Spiels der New York Yankees fast zwanzig Minuten lang weg gewesen, um mir einen Hotdog zu holen. Und ich schwöre: Als ich wiederkam, standen die Spieler noch an exakt derselben Stelle wie zuvor. Haben die für mich das Spiel angehalten??? Wissen Sie, was während eines europäischen Fußballspiels in zwanzig Minuten passieren kann? Man guckt einmal nicht hin und schwups fallen zwei Tore, der Trainer ist gefeuert und drei Spieler wurden verkauft.

Die Amerikaner machen sich nichts aus Fußball. Was möglicherweise daran liegt, dass es beim Fußball die Möglichkeit eines Unentschiedens gibt. Und ein Unentschieden ist total unamerikanisch. In den USA muss immer einer als Gewinner und der andere als Verlierer vom Platz gehen. Andernfalls hätte man ja gar nicht gegeneinander anzutreten brauchen.

Beim Wählen ist es übrigens genauso. Politische Ämter werden in den USA durch ein Mehrheitswahlrecht vergeben. Und da gibt es nur Gewinner oder Verlierer. Bei uns in Deutschland dagegen können Sie jahrzehntelang in der Spitzenpolitik tätig sein, ohne jemals in Ihrem Leben auch nur eine einzige Wahl gewonnen zu haben. Das deutsche Grundgesetz will, dass keiner verliert. Die amerikanische Verfassung will, dass ein Spielfeld da ist, auf dem jeder fair gewinnen und verlieren kann. Und auf diese sportliche Einstellung sind die Amerikaner unglaublich stolz. Sie sind sogar so stolz, dass sie ihre nationale Baseball-Liga ganz unbescheiden »World Series« nennen. Denn sie gehen automatisch davon aus, dass kein Baseball-Team außerhalb ihrer Landesgrenzen auch nur im Ansatz eine Chance gegen sie hätte. Noch großkotziger ist da nur noch der Titel »Mr Universum« im Bodybuilding. Meines Wissens kamen bisher alle Sieger ausschließlich von der Erde.

Schon in der Schule wird amerikanischen Kindern der Nationalstolz eingeimpft. Man beginnt den Tag mit der Hand auf dem Herzen und schwört seinem Land Loyalität. Außerdem lehrt man die Kleinen, sich jedes Jahr am 4. Juli ein imposantes Feuerwerk anzuschauen, weil ihre Vorfahren ihr Leben opferten, damit sie frei leben können. Der *Independence Day* ist für die Amerikaner so bedeutend, dass er sogar verfilmt wurde. Absurderweise von einem Deutschen. Versteh einer die Amerikaner!

Die etwas pikanteren Themen der amerikanischen Geschichte werden dagegen gerne heruntergespielt. Während in Deutschland kein Kind von der Schule abgeht, ohne intensiv mit dem Dritten Reich konfrontiert worden zu sein, wird die Geschichte des amerikanischen Rassismus folgendermaßen unterrichtet: »Also es gab Sklaverei und Gesetze zur Rassentrennung, dann kam Martin Luther King, aber jetzt ist das erledigt. Und nun weiter mit Sport …« Mich erinnert das ein wenig an die Österreicher. Die haben es auch geschafft, ihre Nazivergangenheit kreativ umzudeuten. »Ja gut, da war mal was mit den Juden. Aber hey, Streit gibt's in den besten Familien …«

Vor einigen Jahren haben Psychologen der Universität zu Köln das Nationalgefühl der Deutschen untersucht. Unter anderem fanden sie heraus, dass uns viele Länder extrem sympathisch finden, während wir uns dagegen selbst nicht so richtig leiden können. Positive historische Ereignisse wie etwa die Nachkriegszeit, das Wirtschaftswunder oder die friedliche Revolution 1989 spielen in unserer eigenen Wahrnehmung keine große Rolle. Wahrscheinlich bringen wir daher unseren Nationalfeiertag am 3. Oktober auch immer etwas hölzern und unstolz über die Bühne. Für die meisten Deutschen ist selbst die Eröffnung der Spargelzeit wichtiger als das Gedenken an die Deutsche Einheit. Kein Wunder, denn jedes Jahr am 3. Oktober kommen immer wieder aufs Neue die grausamen Bilder von David Hasselhoff hoch, der beim Mauerfall *I've been looking for freedom* singt. Und als dann auch noch 2005 die Sängerin Sarah Connor in der Münchner Allianz-Arena den Text der Nationalhymne in »Brüh im Lichte dieses Glückes …« kreativ uminterpretierte, verlor auch der letzte deutsche Patriot seinen Nationalstolz.

»Ihr Deutschen hättet eigentlich wirklich Grund, stolz auf euch zu sein«, meinte Evan einmal zu mir. »Immerhin habt ihr euch aus einem Volk von verblendeten Nationalsozialisten innerhalb von wenigen Jahrzehnten zu einem weltoffenen, toleranten Land entwickelt.« Aber stolz zu sein hat bei uns immer einen bitteren Nachgeschmack. Weil wir uns insgeheim immer noch für die Taten unserer Großväter und Großmütter schämen.

Wenn es einem Einwanderer in die USA gelingt, die amerikanische Staatsbürgerschaft zu bekommen, dann schwört er auf die Verfassung, zeigt stolz seinen neuen Pass und sagt: Jetzt bin ich Amerikaner! So etwas passiert in Deutschland selten. Als ich zurückkam, habe ich mich mit einigen Deutschtürken der dritten Generation unterhalten. Fast alle sagten trotz der politischen Probleme in der Türkei: »Im Herzen fühle ich mich nicht als Deutscher, sondern als Türke.« Und das hat mich gewundert. »Aber Deutschland ist doch eure Heimat«, entgegnete ich. »Ihr seid hier geboren und zur Schule gegangen, sprecht akzentfrei Deutsch, seid gut integriert. Warum fühlt ihr euch trotzdem nicht als Deutsche?« Und dann antworteten sie mir etwas sehr Verstörendes: »Ihr Deutschen redet ständig von Integration.

Aber in was genau sollen sich die Menschen denn hier integrieren? In ein Land, das sich eigentlich selbst nicht so richtig leiden kann? In eine Gesellschaft, die Patriotismus mit Nationalismus gleichsetzt? In ein Land, dass das Erreichte permanent selbst niedermacht? Ein Land, das seine Identität im Wesentlichen aus einem tief verwurzelten Schuldkomplex zieht, ist nicht sexy. Wenn ihr Deutschen noch nicht einmal selbst stolz seid, Deutsche zu sein, wie könnt ihr dann hoffen, dass es Einwanderer sein wollen?«

In Amerika wird einem jeden Tag vor Augen geführt, wie man trotz großer Zerrissenheit, trotz zahlloser Verfehlungen in der Vergangenheit und trotz großer Ungerechtigkeiten dennoch stolz, patriotisch – und vor allem – locker sein kann. Hand aufs Herz: Das könnten wir eigentlich auch. Ich jedenfalls versuche es. Auch, wenn's schwerfällt. *Proud to be German …*

AMI, GO HOME?

»Wie kannst du nur in ein Land ziehen, in dem es noch die Todesstrafe gibt?«, meinte vor unserer Abreise mein Frankfurter Nachbar, der regelmäßig seinen Urlaub in Dubai verbringt. Wobei an der Stelle gesagt werden muss, dass auch in der hessischen Verfassung bis 2018 immer noch die Todesstrafe verankert war. Und wenn Sie mal in einer Frankfurter Apfelweinkneipe einen Süß-Gespritzten bestellen, wird sie mitunter auch noch angewendet. Vorher allerdings gibt es Waterboarding aus einem Drei-Liter-Bembel.

Laut einer Infratest-Studie haben sieben von zehn Deutschen ein negatives Bild von den USA. Und direkt nach der Trump-Wahl waren es kurzfristig sogar elf von zehn. Die Gründe für den deutschen Antiamerikanismus sind vielfältig. Einiges davon liegt zweifelsohne in unserer gemeinsamen Geschichte. Als Student in Würzburg habe ich noch die Besatzung der Amerikaner mitbekommen. Bis 1990 gab es dort drei große US-Kasernen. GIs gehörten damals genauso zum Stadtbild wie die Residenz und der Dom. Für mich hat sich deren Anwesenheit so ähnlich angefühlt wie meine Eltern, wenn sie zu Besuch kommen: Man ist ihnen etwas schuldig, sie wollen einem nichts Böses, aber man ist doch froh, wenn sie wieder weg sind. Sechs von zehn Deutschen halten das deutsch-amerikanische Verhältnis für zerrüttet, während sieben von zehn Amerikanern glauben, zwischen uns läuft es super. Aber eine derartig unterschiedliche Wahrnehmung kennt man ja aus vielen langjährigen Beziehungen.

Antiamerikanismus hat eine lange Tradition in unserem Land. Es ist in Deutschland einfach politisch korrekt, den Amerikaner nicht zu mögen. »Ami go home« war nach dem Krieg ein oft gehörtes politisches Schlagwort des linken Bildungsbürgertums. Wahrscheinlich hat es der deutsche Sozialkundelehrer den USA einfach nicht verziehen, dass sie damals ungebildete, kaugummikauende Texaner herübergeschickt haben, um das Land der Dichter und Denker von den Nazis zu befreien. Aus Rache haben wir ihnen immerhin in den Siebzigerjahren Siegfried und Roy geschickt, um das Land zu destabilisieren.

Der erste Präsident, an den ich mich bewusst erinnern kann, war Ronald Reagan. Als er 1981 Präsident wurde, hat man in Deutschland die Hände über dem Kopf zusammengeschlagen. Ein Schauspieler als Präsident! Die Amerikaner waren zu dem Zeitpunkt deutlich entspannter. Vielleicht ja auch, weil sie seine Filme kannten und einfach nur froh waren, dass er das Metier gewechselt hatte. Inzwischen sind sich die meisten Historiker einig: Im Rückblick war Reagan kein schlechter Präsident. Mit seinem Satz »Mr Gorbatschow, tear down this wall!« war er maßgeblich für das Ende des Kalten Krieges verantwortlich. Oft offenbart sich die wahre historische Bedeutung eines Staatsmannes erst lange nach seiner Amtszeit.

Als Barack Obama 2009 an die Macht kam, wurde er wie ein Messias gefeiert. In Schweden war man von seiner Wahl sogar so entzückt, dass man ihm im selben Jahr den Friedensnobelpreis verlieh. Somit war Obama der erste Mensch, der diese Auszeichnung bekam, nicht, weil er zu dem Zeitpunkt etwas geleistet hatte, sondern weil man *hoffte*, er würde etwas leisten.

Während meiner Zeit in den USA habe ich mich mit vielen Amerikanern über Obama und seine Bedeutung für das Land unterhalten. Auch heute noch ist Obama bei seinen Landsleuten sehr beliebt. Er gilt als charismatisch, witzig, klug. Nach zwei Gläsern Wein geben jedoch viele zu, dass sie sich letztendlich mehr von ihm erhofft hatten. »Er war für unser Land zweifellos eine wichtige Symbolfigur«, meinte auch Evan, ein überzeugter Demokrat und Obama-Fan. »Sein *Yes we can!* hat uns Hoffnung und Zuversicht gegeben. Aber vielleicht haben wir ihn ja auch mit unseren zu hohen Erwartungen überfordert.« Schaut man sich sein politisches Vermächtnis an, so zeigen sich jedenfalls viele seiner Anhänger rückblickend eher enttäuscht. Innerhalb seiner achtjährigen Amtszeit ist die Lage im Nahen Osten unsicherer geworden, und innenpolitisch hat sein ambitioniertes Gesundheitsprogramm *Obamacare* ebenfalls große Schwächen. Es ist ihm noch nicht einmal gelungen, Guantanamo abzuschaffen. »Aber wenigstens hat er dafür gekämpft, dass die Verhörzellen nach Feng Shui eingerichtet werden und die Elektroschockgeräte mit Ökostrom laufen«, scherzt Evan.

Als ich damals, noch in Deutschland, erwähnte, dass ich ein Jahr in die USA gehen würde, sagten die Leute nach der Vorstellung oft: »Ha, da werden Sie bestimmt die amerikanische Politik so richtig durch den Kakao ziehen. Und Sie müssen unbedingt was zu diesem unseligen Trump sagen!«

Das habe ich mal schön bleiben lassen. Zum einen hat Amerika genug eigene Comedians, die das bereits erledigen, zum anderen fände ich es arrogant, in ein fremdes Land zu gehen und den Leuten dort zu erklären, wie das mit ihrer Politik zu funktionieren hat. Erst recht, wenn man aus Deutschland kommt. Ein Land, das in den letzten achtzig Jahren zwei totalitäre Systeme hervorgebracht hat, sollte sich meiner Meinung nach besser um seinen eigenen Kram kümmern, als einer anderen Nation die Demokratie zu erklären. In Österreich werden wir Deutsche etwas abfällig als »Piefkes« bezeichnet. Als Besserwisser. Diesen fragwürdigen Titel wollte ich mir nicht auch noch in Amerika holen.

Dazu kommt, dass es mir selbst nach unzähligen Gesprächen und vielen persönlichen Eindrücken vor Ort immer schwerer fiel, eine eindeutige Bewertung über die amerikanische Politik und ihre Protagonisten abzugeben. Je länger ich in dem Land lebte, desto differenzierter sah ich die Dinge dort. Und desto vorsichtiger wurde ich mit Pauschalurteilen. Zum Beispiel fällt es uns Deutschen sehr schwer zu verstehen, dass die USA eine so immense Militärmaschinerie am Laufen halten. »Ständig marschieren die irgendwo ein und spielen Weltpolizei«, sagen wir dann gerne.

»Warum seid ihr Amerikaner eigentlich so kriegswillig?«, fragte ich Evan einmal etwas provokant. »Na ja«, meinte der, »wir haben eben in der Vergangenheit mit unseren Kriegen oftmals unsere Ziele erreicht …« Und da ist schon was dran. Im Unabhängigkeitskrieg befreiten sich die dreizehn amerikanischen Kolonien von der britischen Kolonialherrschaft und gründeten die Vereinigten Staaten. Im Sezessionskrieg kämpften Nord- und Südstaaten gegeneinander mit dem Ergebnis, dass die Sklaverei abgeschafft wurde und das Land geeint aus dem Konflikt hervorging. Der Erste und der Zweite Weltkrieg schließlich machten die USA zu einer Nation von Helden. Aber natürlich gab es auch das Vietnam-Desaster, den Schlamassel im Koreakrieg und die zwei militärischen Vollkatastrophen in der Golfregion. Doch das Wort »Scheitern« kommt im amerikanischen Wortschatz bekanntlich nicht vor.

Wir Deutschen haben zu bewaffneten Konflikten verständlicherweise eine etwas kritischere Einstellung. Kein Wunder, denn in zwei Weltkriegen haben wir es geschafft, das ganze Land in Schutt und Asche zu legen. Im Gegensatz zu den USA haben wir in den letzten Jahrzehnten unsere eigenen Militärausgaben immer weiter heruntergefahren. 2011 haben wir sogar die allgemeine Wehrpflicht abgeschafft. Und während wir seit nunmehr fünf Jahren ein militärisches Segelschulschiff für einhundertfünfunddreißig Millionen Euro restaurieren, wurde 2018 bekannt, dass nur vier von insgesamt einhundertachtundzwanzig Kampfjets der Bundeswehr tatsächlich einsatzfähig sind. Ich will nicht wissen, was wir in einem möglichen Verteidigungsfall machen würden. Andererseits dürfte uns der Russe sowieso nicht angreifen, weil durch eine Invasion die deutschen Dieselgrenzwerte überschritten würden.

Amerika hingegen ist wehrfähig und einsatzbereit. Das mag man als Deutscher verdammen. Und ja: Oftmals ist das großspurige Aufspielen als Weltpolizei tatsächlich schwer erträglich. Andererseits, wenn es Amerika nicht tut, übernimmt eben ein anderes Land diese Funktion. Und da stellt sich die Frage, ob die Verhältnisse mit einer russischen, einer chinesischen oder einer nordkoreanischen Weltpolizei besser wären. Ich jedenfalls bin überzeugt: Selbst unter Trump ist Amerika immer noch um Längen besser als die internationale Konkurrenz. Putin, Xi Jinping oder Kim Jong-un sind Autokraten. Trump ist ein demokratisch legitimierter Politiker, der seine Macht spätestens nach acht Jahren wieder verlieren wird. Die amerikanische Verfassung, die Opposition, die Medien und Gerichte achten darauf, dass niemand aus den USA ein totalitäres Disneyland macht.

Was mir in meiner Zeit in Amerika klar wurde: Es ist verdammt leicht, ein pauschales Urteil über die Weltmacht USA zu fällen, wenn man selbst keine Weltmacht ist. Und wenn man den Luxus besitzt, sich international aus allen bewaffneten Konflikten heraushalten zu können. Denn wir Deutschen verkaufen zwar gerne unsere Kampfpanzer, Schnellfeuergewehre und Lenkflugkörper an Regime wie Saudi-

Arabien, Kuwait oder den Iran. Doch wenn es dann dort unten wirklich knallt, übernehmen wir keine militärische Verantwortung.

Statt also den Amerikanern permanent zu erklären, was sie politisch alles falsch machen, sollten wir uns lieber an die eigene Nase fassen. Das betrifft im Übrigen auch die Corona-Krise. Natürlich hat sich Donald Trump in Zeiten seiner wohl größten Herausforderung als Präsident nicht mit Ruhm bekleckert. Er hat das Virus viel zu lange verharmlost. Als dann die ersten Fälle auftraten, gaukelte er großspurig vor, »alles unter Kontrolle« zu haben, um kurze Zeit später – als sich New York schon im Ausnahmezustand befand – panisch das Land herunterzufahren und sich gleichzeitig selbst als »Retter der Nation« zu feiern. Zusammen mit seiner bekannt rüpelhaften Rhetorik war sein Katastrophenmanagement katastrophal, keine Frage.

Das darf allerdings nicht darüber hinwegtäuschen, dass viele westliche Politiker im Grunde den exakt selben Fehler begangen haben. Auch unsere Regierung folgte in den Anfängen der Corona-Krise einem ähnlichen Drehbuch: Erst ignorieren, dann beschwichtigen, und als nichts mehr ging, drastische Maßnahmen einführen, auf die man hätte verzichten können, wenn man nur früher reagiert hätte. Und das, obwohl der deutschen Regierung bereits 2013 ein detailliertes Szenario vom Robert-Koch-Institut vorlag, das auf gespenstische Weise die Entwicklung dieser Pandemie vorwegnahm. Sogar konkrete Vorsorge- und Abwehrmaßnahmen, wie zum Beispiel der Ankauf und die Lagerung von genügend Schutzkleidung, wurden in der Risikoanalyse beschrieben. Passiert ist 2013 nichts. Doch noch schlimmer: Noch am 14. Februar 2020 schickte die Bundesregierung vierzehn Tonnen Schutzkleidung und Desinfektionsmittel nach China, weil man anscheinend recht blauäugig davon ausging, dass das Virus bestimmt keine Lust verspüren wird, auch nach Deutschland einzureisen.

Rückblickend kann man sagen: Wir haben im Frühjahr 2020 verdammtes Glück gehabt, dass wir keine Opferzahlen wie die in New York zu beklagen hatten. Hätten wir unsere Eindämmungsmaßnahmen nur acht bis zehn Tage später eingeleitet, wäre nämlich genau dasselbe passiert. Und zwar trotz eines eindeutig besseren Gesundheitssystems und mehr Intensivbetten. Es besteht also auch hier kein Grund, hämisch nach Amerika zu schauen und uns selbstgefällig auf die Schulter zu klopfen. Doch genau das fällt uns schwer. Unser Verhältnis zu den USA war schon immer eine Mischung aus Überlegenheitsgefühl und Minderwertigkeitskomplex.

Übrigens ganz ähnlich wie das Verhältnis von Österreichern zu Deutschen. Bei meiner österreichischen Verwandtschaft bin ich jedenfalls nach Jahrzehnten immer noch »der Piefke«. Insgeheim bewundern uns die Österreicher für unseren Fleiß, unseren Erfindungsreichtum und unsere wirtschaftliche Potenz. Aber wenn wir in der Vorrunde der Fußball-WM ausscheiden, erklingen zwischen Salzburg und Graz die euphorischsten Jubelgesänge. Für viele Ösis ist daher auch der 21. Juni ihr eigentlicher Nationalfeiertag. An diesem Tag im Jahr 1978 schlug uns in Cordoba bei der Fußball-WM die österreichische Nationalmannschaft mit 3:2.

»Ich fände ja Österreich als Weltpolizei nicht schlecht«, meinte neulich Valerie. »Immerhin haben wir ja mal ein Weltreich ganz ohne Blutvergießen aufgebaut.« Und da ist was dran. »Bella gerant alii, tu felix Austria nube«, lautete das Motto der Habsburger. »Andere mögen Kriege führen, du, glückliches Österreich, heirate.« Man hat quasi das Schlachtfeld ins Schlafzimmer verlegt. Und mit dieser friedlichen Strategie fahren die Österreicher auch heute noch, lange nach dem Ende der Monarchie, ziemlich gut. Und besonders das deutsch-österreichische Verhältnis hat sich in den letzten Jahrzehnten extrem entspannt. Wobei man das alljährliche Einfallen der deutschen Skitouristen am Arlberg durchaus als einen kriegerischen Akt ansehen kann …

MONEY, MONEY, MONEY

Aus der Antike sind die sieben Weltwunder bekannt – spektakuläre Bauwerke wie der Koloss von Rhodos oder die hängenden Gärten der Semiramis. Fragt man einen Amerikaner nach seinem Lieblings-Weltwunder, so erhält man in der Regel die Antwort: die Mall of America! Das meistbesuchte Einkaufszentrum der USA. Über zweiundvierzig Millionen Besucher pilgern jedes Jahr nach Bloomington / Minnesota, um auf vierhunderttausend Quadratmetern Ladenfläche in den über fünfhundert Geschäften Designerklamotten, Kosmetikartikel oder Campingausrüstung zu erwerben. Sie brauchen eine Kreissäge? Ein Flanellhemd? Oder eine neue Barockorgel? Dann auf nach Bloomington! Es gibt dort nichts, was es nicht gibt. Für zweihundertneunundvierzig Dollar können Sie sich sogar in der Mall-eigenen *Wedding Chapel* vermählen. Das kennt man ja aus eigener Erfahrung. Man bummelt mit seiner Freundin gemütlich durch den Baumarkt, und plötzlich kommt einem in der Sanitärabteilung der Gedanke: Hey, lass uns doch heiraten!

Klischees haben ja gerne die Eigenschaft, dass sie stimmen. Abgesehen von Schlafen, Fernsehen und Kalorienzuführen ist Shopping tatsächlich die unangefochtene Nummer eins der amerikanischen Freizeitaktivitäten. Viele Amerikaner planen sogar ihren Urlaub um ihre Einkäufe herum. Die Niagarafälle sind bei Amerikanern nicht deswegen so beliebt, weil dort pro Sekunde zwei Millionen Liter Wasser in die Tiefe stürzen, sondern weil im Niagara-Outlet-Center die Sommerkleider von Calvin Klein um bis zu dreißig Prozent reduziert sind. Man muss allerdings auch zugeben, dass der Konsumwahn der Amerikaner von ihrem Finanzsystem massiv forciert wird. Es belohnt nämlich die Menschen, die Schulden machen.

Bei uns in Deutschland bekommt man in der Regel eine Kreditkarte nur, wenn man kreditwürdig ist. Das heißt, wenn man genug Geld auf dem Konto hat, von dem dann der Kreditkartenumsatz pro Monat abgebucht werden kann. In den USA ist das komplett anders. Dort müssen Sie erst mal Schulden machen, um kreditwürdig zu sein. Ich habe das am Anfang für einen Scherz gehalten. Aber es stimmt. Eine amerikanische Kreditkarte bekommt man nur, wenn man einen bestimmten *Credit Score* hat. Das ist ein Punktesystem, das von dreihundertfünfzig bis zu achthundertfünfzig geht. Je höher Ihr Scorewert, desto kreditwürdiger sind Sie. Sozusagen die umgekehrte Version des Flensburger Punktesystems.

Bei unserer Ankunft in New York ging ich in eine amerikanische Bank, eröffnete ein Konto, zahlte als Sicherheit zehntausend Dollar ein und fragte nach einer Kreditkarte. »Tut mir leid«, sagte der Angestellte, »wir können Ihnen leider keine Kreditkarte geben, weil wir nicht wissen, ob Sie die Umsätze, die Sie damit tätigen, auch zurückzahlen können.«

»Aber damit meine Umsätze gedeckt sind, habe ich Ihnen ja deswegen gerade zehntausend Dollar überwiesen.«

»Das mag schon sein, aber Sie haben keinen *Credit Score*.«

»Und wie bekomme ich den?«

»Na ja, Sie müssten bei uns Schulden machen.«

»Und wie kann ich bei Ihnen Schulden machen?«

»Indem Sie mit Ihrer Kreditkarte etwas Kleineres einkaufen. Ein reduziertes Sommerkleid von Calvin Klein zum Beispiel ...«

»ABER ICH HABE DOCH NOCH KEINE KREDITKARTE!!!«

»Tja, das könnte eventuell an Ihrem *Credit Score* liegen ...«

Wie genau die Menschen in Amerika an eine Kreditkarte kommen, ist mir auch nach Monaten in den USA völlig schleierhaft. Das wirklich Absurde aber ist: Sobald sie eine haben, werden ihnen Dutzende andere nachgeschmissen. Denn dann möchte jeder mit ihnen ein Geschäft machen. »Wollen Sie zu dem Paar Socken noch unsere hauseigene Kreditkarte dazu? Dann geben wir Ihnen auf die Socken dreißig Prozent Rabatt. Unsere Sommerkleider sind übrigens gerade auch reduziert.« Die meisten Amerikaner lassen sich auf dieses Spiel ein und jonglieren mit bis zu zehn verschiedenen Kreditkarten. Immer in der Panik, einerseits zu wenig Schulden zu machen, andererseits die Schulden nicht rechtzeitig zurückzahlen zu können. Beides wirkt sich negativ auf den Score aus.

Mein deutscher Kumpel Marcus ist ein absoluter Credit-Score-Experte. Marcus lebt seit über zwanzig Jahren in New York und arbeitet in Downtown Manhattan bei einer großen amerikanischen Anwaltskanzlei für Steuer- und Wirtschaftsrecht. Kennengelernt haben wir uns vor fünf Jahren auf einer internationalen Anwaltskonferenz in Berlin. Beim Abendessen trat ich dort als »kabarettistischer Höhepunkt« auf. Für mich war es ein absoluter Tiefpunkt. Fast keiner der dreihundert Gäste verzog auch nur eine Miene. Und das, obwohl bei Juristen ja traditionell Spaß und gute Laune großgeschrieben werden. Einzig Marcus warf sich weg vor Lachen. Nach meinem Auftritt versackten wir an der Hotelbar und sind seitdem befreundet.

Letztes Jahr hat er sich beim Joggen im Central Park den Meniskus gerissen. Als wir damals miteinander telefoniert haben, meinte er zu mir: »Was Besseres hätte mir für meinen Credit Score gar nicht passieren können.« Er ging ins Downtown Hospital und ließ sich dort für neununddreißigtausend Dollar operieren. Bezahlt hat er mit seiner Kreditkarte, weil er wusste, dass seine Krankenversicherung den Betrag schneller überweisen wird, als ihn die Kreditkartenfirma wieder zurückfordert. »Damit hat sich mein Score um satte vierzig Punkte erhöht, und außerdem habe ich durch den hohen Monatsumsatz noch ein Gratiswochenende zu den Niagarafällen bekommen«, schwärmte er mir vor. »Meine Frau sucht sowieso gerade ein neues Sommerkleid.« Unglaublich! Bei einem Hirntumor hätte es sogar noch einen Satz Steakmesser mit dazugegeben.

Nahezu alles, was in diesem Land mit Gelddingen zu tun hat, ist schlichtweg absurd. Zum Beispiel ist es in Amerika immer noch üblich, die Miete per Scheck zu bezahlen. Auch unser Vermieter, Mr Glickstein, bestand darauf. »Überweisungen sind bei uns nicht üblich. Die sind viel zu unsicher«, erklärte er uns. Klar. Natürlich ist es weit sicherer, ein handgeschriebenes Stück Papier in einen Umschlag zu stecken, den man dann in einem dubiosen Viertel der Lower East Side in einen blauen Kasten wirft, wo er einen Tag später wieder abgeholt, in ein Postamt gebracht und dann zwei weitere Tage später per berittenem Boten an Mr Glickstein überstellt wird. Als ich bei meiner Bank zum ersten Mal Schecks geordert habe, nahm mich der Angestellte verschwörerisch zur Seite: »Wissen Sie eigentlich, dass man inzwischen Schecks viel simpler verschicken kann? Sie müssen dazu lediglich mit Ihrem Handy die Vorder- und Rückseite des Schecks abfotografieren. Dann zeigen Sie das Foto einfach einem unserer Mitarbeiter, und der erledigt dann alles für Sie.« Das ist ungefähr so, als würde ein Höhlenmensch Feuer machen, indem er zwei Laser-Feuerzeuge aneinanderreibt.

Als Deutscher ist man in Gelddingen ja eher solide. Für meine Eltern kam Schuldenmachen nie in die Tüte. In den USA kommen Sie mit dieser Einstellung auf keinen grünen Zweig. Das System zwingt die Leute fast dazu, Dinge auf Pump zu kaufen und finanzielle Risiken einzugehen. Rücklagen und Sicherheiten zu bilden – so wird den Leuten eingebläut – ist etwas gänzlich Unamerikanisches. Selbst unter gut verdienenden US-Bürgern mit mehr als einhunderttausend Dollar Einkommen geben fast vierzig Prozent an, sie hätten keine Reserve, um eine unvorhergesehene Tausend-Dollar-Rechnung zu zahlen. Nun, in Zeiten hoher Arbeitslosigkeit, fliegt ihnen das gerade um die Ohren.

Amerikaner wachsen mit dem Druck und dem Anspruch auf, Geld zu machen. Reichtum ist in den USA nicht verpönt, sondern das unausgesprochene Ziel. Ein untrügliches Zeichen, dass man im Leben etwas richtig gemacht hat. Rund achtzig Prozent der Amerikaner glauben, dass es mit harter Arbeit möglich ist, in den USA richtig reich zu werden.

Das hat zweifellos historische Gründe. Die ersten Einwanderer, die aus England nach Amerika kamen, waren Puritaner. Eine evangelisch-reformierte Bewegung, für die Müßiggang, Nichtstun und Armsein eine offene Einladung an den Teufel waren. Je härter man arbeitete und je mehr Geld man verdiente, umso näher war man Gott.

Diese Vorstellung prägt die amerikanische Kultur bis heute. In Deutschland dagegen werden wohlhabende Menschen nicht gerne gesehen. Laut einer Allensbach-Umfrage glauben dreiundvierzig Prozent der Bundesbürger, man könne nur durch besondere Rücksichtslosigkeit reich werden. Über ein Drittel glaubt sogar, dass sich reiche Menschen grundsätzlich auf Kosten anderer bereichert hätten. In den USA herrscht eine vollkommen andere Mentalität.

Für einen Amerikaner ist der reiche Mensch unterschwellig auch der bessere Mensch.

Vor einigen Jahren veröffentlichte das Wirtschaftsmagazin *Forbes* eine Liste der fünfundsiebzig reichsten Menschen aller Zeiten. Umgerechnet nach heutiger Kaufkraft. Darunter fanden sich Könige, Zaren und Pharaonen und moderne Unternehmensgründer wie Ingvar Kamprad von IKEA oder Bill Gates. Was jedoch an dieser Liste auffällig ist: Unter den fünfundsiebzig reichsten Menschen aller Zeiten befinden sich vierzehn US-Amerikaner, die in einem Zeitraum von nur neun Jahren zur Welt gekommen sind. Zwischen 1831 und 1840. Kein Wunder, denn in der zweiten Hälfte des 19. Jahrhunderts begann der wirtschaftliche Aufstieg Amerikas. In New York und Chicago wurden die ersten Hochhäuser gebaut. Die Industrielle Revolution nahm Fahrt auf, und an der Wall Street entstand der florierende Finanzdistrikt. Im Zuge dessen wuchs die amerikanische Wirtschaft rasant und überflügelte innerhalb weniger Jahrzehnte sogar die englische. Diese Zeit ist untrennbar mit den ersten amerikanischen Superreichen verbunden. Praktische Machertypen wie Carnegie, Rockefeller, Vanderbilt oder Morgan. Bis zum heutigen Tag sind das die Helden der USA.

Daher haben Amerikaner auch wenig Scheu, ihren Wohlstand öffentlich zur Schau zu stellen. Im Dezember besuchten wir Dyker Heights – normalerweise ein unscheinbares, gut situiertes Viertel in Brooklyn. In der Weihnachtszeit findet jedoch unter den Nachbarn ein grotesker Konkurrenzkampf um die spektakulärste Weihnachtsdekoration statt. Jeder Anwohner versucht, den anderen mit noch opulenteren und protzigeren Dekorationen zu überbieten. So, als ob es Mafiabosse wären, die ihre Häuser schmücken. Was in der Gegend wahrscheinlich sogar der Wahrheit entspricht. Einige Anwesen waren so zugestellt mit überdimensionierten Santa Clauses, grellbunt blinkenden Engelsfiguren, aufblasbaren Rentieren und baumhohen Nussknackern, dass man praktisch nichts mehr von den Grundmauern erkennen konnte. Allein für die Las-Vegas-artige Illuminierung der Häuser muss in New Jersey ein zusätzliches Kernkraftwerk ans Netz gehen. Wie es heißt, kann man angeblich vom Mond aus nur zwei Objekte auf der Erde mit bloßem Auge erkennen: die Chinesische Mauer und Dyker Heights in der Weihnachtszeit.

Bei uns in Amorbach wird man schon kritisch beäugt, wenn die Energiespar-Lichterkette am kleinen Christbaum im Vorgarten nach dreiundzwanzig Uhr noch am Netz ist. »Na, *die* scheinen's ja dicke zu ham …«

Bei aller amerikanischen Protzerei muss man jedoch sagen: Ab einer gewissen Einkommensstufe erwartet man von den Wohlhabenden, dass sie einen Teil ihres Vermögens spenden. In jedem kleinen Theater, in jedem Museum, in jeder Bibliothek in New York hängt im Eingangsbereich eine Liste der »Donators«. Mit weit über 400 Milliarden Dollar Spendenaufkommen pro Jahr sind die USA weltweit absoluter Spitzenreiter. Einmal waren wir bei meinem Freund Marcus und dessen Frau zu einem zwanglosen Brunch in ihrer ziemlich beeindruckenden Wohnung auf der Fifth

Avenue eingeladen. Irgendwann stieß ihre Nachbarin, eine reizende ältere Dame, dazu, von der ich im Laufe des Gesprächs erfuhr, dass ein Seitenflügel des Metropolitan Museums nach ihr benannt ist. »Jaja, vor ein paar Jahren habe ich denen mal ein bisschen was gespendet …«

Auch im Kampf gegen COVID-19 tun sich viele reiche Amerikaner mit Spenden hervor. Bill Gates machte gleich am Anfang über einhundert Millionen Dollar für die Entwicklung eines neuen Impfstoffes locker. Jeff Bezos, Michael Bloomberg und Mark Zuckerberg folgten. Der Milliardär Jack Dorsey gab sogar an, ein Viertel seines Nettovermögens – etwa eine Milliarde Dollar – zu spenden.

Entstanden ist die Mentalität des Gebens durch die bereits erwähnten Superreichen im 19. Jahrhundert. Allen voran Andrew Carnegie. Er setzte sich maßgeblich dafür ein, dass es sozusagen amerikanische Bürgerpflicht wurde, einen Teil seines Vermögens für wohltätige Zwecke aufzuwenden. Bei uns in Deutschland versucht der Staat, über ein aufwendiges Sozialsystem Chancengleichheit herzustellen sowie öffentliche Einrichtungen zu finanzieren. In den USA fällt diese Aufgabe hauptsächlich den Philanthropen zu. Was durchaus immer wieder zu Kritik führt, denn viele von ihnen wenden ihre Spenden natürlich nicht nur für soziale, wissenschaftliche und kulturelle Belange auf, sondern auch, um sich Steuervorteile zu verschaffen oder um politisch massiv Einfluss zu nehmen und den »richtigen« Kandidaten bei einer Wahl zu finanzieren.

Von vielen traditionell linksliberalen New Yorkern werden diese Verhältnisse seit jeher heftig kritisiert. Antikapitalistische Politiker wie Bernie Sanders oder Alexandria Ocasio-Cortez, denen die Vermögenskonzentration der Superreichen ein Dorn im Auge ist, erfreuen sich in der Stadt großer Beliebtheit. National haben sie jedoch wenig Chancen. Dafür lieben die Amerikaner den Kapitalismus einfach zu sehr.

Eine Begeisterung, die uns Deutschen eher suspekt ist. Kurz vor meiner damaligen Abreise meinte ein Nachbar zu mir: »Mag ja sein, dass Amerika ein tolles Land ist, aber in einen Starbucks bekämen mich keine zehn Pferde rein. Ich will diese mächtigen US-Konzerne einfach nicht unterstützen.« Das postete er dann auch so auf Facebook, Instagram und Twitter. Mit seinem iPhone. Anscheinend ist unser Verhältnis zum Kapitalismus widersprüchlicher, als wir zugeben wollen. Wir schimpfen gerne auf die US-Turbokapitalisten, aber kaufen gleichzeitig alles, sofern es sich nur amerikanisch anhört. Als uns die Finnen Stöcke ohne Ski verkaufen wollten, nannten sie sie nicht »Tikkuja ilman Suksi«, sondern »Nordic Walking«. Und es funktionierte!

Und wenn *wir* etwas verkaufen wollen, machen wir es genauso. Wir verfallen in Anglizismen: »Die Deal-Pipeline ist prall gefüllt, haben uns die Kollegen vom Financial Engineering gesagt. Damit machen wir das nächste Big Ticket. Der Customer will allerdings noch 'n bisschen Fleisch hinter die Bullet Points. Im Klartext heißt das: Ins Topic einarbeiten, Learnings aus dem Case ziehen und dann die High Potentials aus dem Sales mit in den Loop nehmen. Eventuell mit 'nem Outsider, der das challenged. Das ist vom CEO zwar noch nicht gegreenlightet, aber das Risk Controlling hat sich auf jeden Fall schon committed …«

Auch ich sehe die amerikanische Form des Kapitalismus inzwischen etwas kritischer. Solange ich noch in Deutschland lebte, hätte ich mich eindeutig als Verfechter des amerikanischen Wirtschaftssystems bezeichnet. In New York jedoch bekommst du tagtäglich die Schattenseiten vor Augen geführt. Wenn du in dieser Stadt wenig Geld hast, ist buchstäblich alles ein Problem. Ein vereiterter Zahn, und du kannst dir keine optimale Behandlung leisten. Deine Kinder sollen eine gute Schule besuchen? Die gibt's nur, wenn du in ein teures Viertel ziehst. Gleiches gilt für ganz alltägliche Dinge wie Müllabfuhr, Straßenreinigung oder Instandhaltung der Kanalisation. Im West Village kannst du vom Boden essen, und schon ein paar Querstraßen weiter sehen die Bürgersteige aus wie in Mogadischu.

Und doch gibt es ein paar entscheidende Dinge, die letztendlich für den Kapitalismus sprechen. Zum Beispiel korreliert freie Marktwirtschaft sehr stark mit Freiheit und Demokratie. Die am wenigsten freien Länder dieser Erde sind gleichzeitig auch Länder, die sich am wenigsten für Kapitalismus und Globalisierung interessieren. Ein weiterer Vorteil von globalem Handel und Kapitalismus: Er macht unsere Welt friedlicher. Kapitalismus ersetzt sozusagen das Bajonett gegen den Selfie-Stick. In New York ist das besonders gut zu sehen. Dort ist es jedem Hotdog-Verkäufer, jedem Uber-Fahrer und jedem Laundry-Service vollkommen egal, welcher Nationalität, Religion oder Rasse die Kunden angehören. Hauptsache, man kommt ins Geschäft. Tatsächlich waren Kaufleute schon immer die Ersten, die zwischen unterschiedlichen Völkern vermittelt haben. Einzige Ausnahme: die erbitterten Kämpfe bei Bloomingdale's am Black Friday.

Es liegt noch gar nicht so lange zurück, da konnte man irgendwo einmarschieren und komplett absahnen: Ländereien plündern, die Leute auf Sklavenmärkten verkaufen und die Rohstoffe mitnehmen. Fragen Sie dazu einfach mal die Indianer. Bereits im 16. Jahrhundert sind die Spanier nach Südamerika gefahren und haben den Indios Gold, Kartoffeln und Tomaten geraubt. Diese wiederum haben sich dafür revanchiert und spielen zur Strafe bis zum heutigen Tag Panflöte in den Fußgängerzonen.

Heutzutage wäre es relativ witzlos, ins Silicon Valley einzumarschieren, weil dort nur ein paar wertlose Server und Starbucks-Läden herumstehen. Das wirtschaftliche Vermögen eines modernen kapitalistischen Landes besteht immer weniger aus realen Gütern, sondern aus Wissen. Aber Wissen kann man eben ganz schlecht mit Waffengewalt erobern. Es ist wesentlich lukrativer, mit den IT-Spezialisten von Google zu kooperieren, als sie umzubringen. Durch diesen Wissensaustausch ist unsere Welt immer vernetzter geworden. Tagtäglich benutzen wir unzählige Dinge, die andere Menschen und Kulturen für uns entwickelt, hergestellt und vertrieben haben. Ein New Yorker Wallstreet-Banker könnte nicht überleben ohne sein asiatisches Smartphone, seinen englischen Maßanzug, ohne kalifornische Software und kolumbianisches Koks.

Sogar immer mehr religiöse Fundamentalisten unterliegen dem Charme des modernen Kapitalismus. Ich möchte nicht wissen, wie viele islamistische Schläfer vom IS angerufen werden und dann sagen: »Ein Selbstmordanschlag nächste Woche? Nee, das geht nicht. Da fahren wir mit der ganzen Familie ins Niagara-Outlet-Center …«

Welche Rolle wird der Kapitalismus nach der Pandemie spielen? Während viele Intellektuelle und so manche Politiker COVID-19 eher als einen Beweis sehen, dass der freie Handel mit seinen weltweiten verzweigten Warenströmen gescheitert ist, glauben Ökonomen und Unternehmer, dass der Kapitalismus und die Globalisierung in großen Krisen eher die Lösung und nicht das Problem darstellen. Der Schweizer Ökonom Mathias Binswanger sagt dazu: »Viele Produkte sind heute so komplex, hochspezialisiert und in globale Wertschöpfungsketten involviert, die kann man zur Gänze gar nicht lokal produzieren.« Und zeigt nicht gerade der weltweite Wissensaustausch unter Medizinern und Gesundheitsexperten, wie wichtig eine intensive globale Vernetzung auch in Zukunft sein wird?

Ironischerweise gehören Länder, die sich gerade *nicht* an der freien Marktwirtschaft beteiligen, sondern auf sozialistische Ideen setzen, zu den rückständigsten der Welt. Und da Armut das größte Gesundheitsrisiko ist, werden es höchstwahrscheinlich eher die planwirtschaftlich geführten Nationen sein, die am schlechtesten mit den Nachwehen der Pandemie umgehen können. Oder wie es in dem alten Witz über den Unterschied zwischen kommunistischer und kapitalistischer Hölle heißt: In der kapitalistischen Hölle werden Sie in kochendes Wasser geworfen, in Öl herausgebraten und dann mit einem Messer in Stücke geschnitten. In der kommunistischen Hölle passiert das Gleiche, nur manchmal geht denen das Wasser aus; oder das Öl; oder die Messer…

PRAISE
THE LORD

Manchmal stelle ich mir vor, in die Zeit vor der Besiedlung durch die Europäer zu den amerikanischen Ureinwohnern zurückzureisen. Und zwar kurz vor einer Sonnenfinsternis. Dann würde ich mich vor sie hinstellen und mit bedrohlicher Stimme rufen: »Ich habe die Macht, die Sonne zu verdunkeln, und wenn das geschieht, werdet ihr alle sterben.« Und in dem Moment, in dem die Sonnenfinsternis einsetzt und alle mit ihren Tomahawks auf mich zustürmen, um mich zu erschlagen, würde ich ihnen zurufen: »Hey Leute, das war nur ein Scherz! Der Himmel verdunkelt sich, weil der Mond aufgrund einer physikalischen Kraft um die Sonne kreist, die proportional zu seiner Masse ist und mit dem Quadrat seines Abstandes abnimmt …« Und dann würden alle plötzlich ihre Waffen aus der Hand legen und in erleichtertes Lachen ausbrechen. »Haha, da haben wir ja gerade noch mal Glück gehabt. Erzähle uns bitte mehr von diesen interessanten physikalischen Phänomenen …«

Natürlich ist das Blödsinn. Vermutlich hätten die Indianer keine Sekunde gezögert, mich zu erschlagen. Seit jeher neigen Menschen dazu, mystische Geschichten für glaubhafter zu halten als rationale Wahrheiten.

Das hat sich nicht groß geändert. In unsicheren Zeiten wie den heutigen sind die Menschen besonders empfänglich für Fake News, absurde Erklärungen und Verschwörungstheorien. Mal wird Bill Gates für die Entwicklung und Verbreitung des Virus verantwortlich gemacht, mal der KGB. Ein islamischer Kleriker behauptete, dass Corona ein Soldat Allahs sei, um die ungläubigen Chinesen zu vernichten. Ein Kollege von ihm erklärte seiner staunenden Gemeinde gar, dass das Virus von Gott über die Welt gebracht wurde, um Homosexuelle zu bestrafen. Kurze Zeit später erkrankte er selbst daran. Zufall?

Auch der Papst sieht die Pandemie als ein Zeichen, dass wir »die Natur missbrauchen«. Am 27. März 2020 predigte er dazu bei strömendem Regen auf dem menschenleeren Petersplatz. Jetzt sieht er mal, wie es mir bei meinen ersten Open-Air-Veranstaltungen ging.

Praktisch jede Kultur baut auf Mythen auf. So ist der Gründungsmythos der USA hauptsächlich mit dem tapferen George Washington verbunden, der im Unabhängigkeitskrieg gegen die überlegenen britischen Kolonialmächte gekämpft hat. Inzwischen sind sich die Historiker sicher: Die Briten haben gegen die amerikanische Kontinentalarmee nicht verloren, weil George Washington so ein Spitzen-Feldherr war, sondern weil sie aufgrund einer Malaria-Epidemie mehr oder weniger kampfunfähig waren. Würde man also die Geschichte der USA korrekt wiedergeben wollen, dürfte vor dem Capitol eigentlich keine Büste von George Washington stehen, sondern von einer Anopheles-

Mücke. Kein besonders würdevoller Anblick. Darüber hinaus gewinnt man mit nüchternen Fakten keine Massen. Religionen und Ideologien sind nicht deswegen so mächtig, weil deren Storys besonders logisch und glaubwürdig sind, sondern weil sie unseren Drang nach Mythen und Geschichten befriedigen.

Wenn man in New York lebt, trifft man sehr häufig auf orthodoxe Juden. Die Männer erkennt man daran, dass sie selbst in der absoluten Gluthitze des New Yorker Sommers ihre schweren dunklen Anzüge mit einem schwarzen Hut tragen, unter dem ihre charakteristischen Schläfenlocken zu sehen sind. Den Frauen ist es aus religiösen Gründen verboten, das Haar offen zu zeigen, weswegen viele von ihnen eine Perücke tragen. Absurderweise besteht diese Perücke oftmals sogar aus dem echten Haar der Frau, was nach dem strengen orthodox-jüdischen Kodex anscheinend okay ist.

Auch unser Vermieter ist orthodoxer Jude. Oft erzählte mir Mr Glickstein von den vielen abstrusen Regeln und Einschränkungen, die er akribisch befolgen muss. Unter anderem ist es ihm am Sabbat verboten, Toilettenpapier abzureißen. Ungläubig blickte ich ihn an.»Das ist aber überhaupt kein Problem«, meinte er heiter.»Ich lege mir einfach jeden Freitag einen kleinen Vorrat an. Das macht sogar Spaß, haha…« Bis zu jenem Tag, an dem er offenbar etwas Schlechtes gegessen hatte. Leicht panisch klingelte er bei uns und bat uns sichtlich verlegen, ihm doch bitte möglichst schnell zwanzig, dreißig weitere Blätter Klopapier abzureißen.

Ich weiß ehrlich gesagt nicht, ob es einen Gott gibt. Aber ich denke, wenn er tatsächlich für den Urknall, die Entwicklung des Universums sowie die Konstruktion der gesamten physikalischen Gesetze verantwortlich ist, dann hat er vermutlich Besseres zu tun, als sich um Mr Glicksteins Abreißverhalten von Klopapier Sorgen zu machen. Aber ich bin natürlich kein Experte.

Doch das ist das Schöne an New York: Man toleriert sich gegenseitig in all seinen Glaubensrichtungen und Eigenarten. In der Subway saß mir einmal ein Typ gegenüber, der leise in sein Handy sprach. Plötzlich hielt er mitten im Telefonat inne, beugte sich zu mir rüber und sagte: »Bist du dir wirklich sicher, dass du von Jesus Christus gerettet wirst?« Irritiert schaute ich auf sein Handy und fragte zurück: »Ist er etwa dran? Hat er etwas über mich gesagt? Dann lass mich bitte kurz mit ihm reden ...« Bei allem Respekt: Ich bin zwar Atheist, aber ich möchte trotzdem nicht, dass dort oben über mich getuschelt wird.

So liberal und entspannt man in New York mit Atheisten wie mir umgeht – im Rest des Landes sieht die Sache ein wenig anders aus. Wer die USA abseits der urbanen Ost- oder Westküste besucht, der kriegt schnell mit: Amerika ist ein tiefreligiöses Land. Sie können mit einem Texaner über Waffengesetze, über Demokraten, ja sogar über vegane Ernährung diskutieren, aber wenn Sie beiläufig erwähnen, dass die Existenz Gottes nicht unbedingt bewiesen sei, dann sage ich nur: toi, toi, toi.

Neun von zehn Amerikanern haben Zweifel an der Evolutionstheorie. Etwa vierzig Prozent möchten sogar, dass sie generell nicht in der Schule besprochen wird. »Wo kämen wir nur hin, wenn Kindern gelehrt wird, sie stammen vom Affen ab?«, argumentieren sie. »Und dann noch nicht einmal von *amerikanischen* Affen ...« Ich habe mich oft gefragt, warum so viele Amerikaner die Evolutionstheorie so massiv ablehnen, während ihnen gleichzeitig die Relativitätstheorie vollkommen wurscht ist. Eigentlich müsste es umgekehrt sein. Denn die Inhalte der Relativitätstheorie sind wesentlich weniger nachvollziehbar als die der Evolutionstheorie.

Die Wahrheit ist: Den meisten Amerikanern ist es völlig schnuppe, ob $E = mc^2$ oder mc^5 ist. Das alltägliche Leben der Menschen in St. Louis, in Nashville oder in Salt Lake City wird nicht davon beeinflusst, dass die Raumzeit in der Nähe von Schwarzen Löchern gekrümmt ist oder dass die Lichtgeschwindigkeit für alle Beobachter konstant bleibt. Bei der Evolutionstheorie ist das etwas anders. Salopp gesagt hat Charles Darwin herausgefunden, dass der Mensch keine Sonderstellung im Tierreich besitzt, sondern lediglich ein etwas weiterentwickelter Affe ist. Er hat gezeigt, dass wir eben nicht als Ebenbild Gottes erschaffen wurden, sondern vor Urzeiten aus einer glibberigen, hirnlosen Amöbe entstanden. Darwin hat Gott als Erklärung für das vielfältige Leben auf der Erde überflüssig gemacht. Natürlich kann die Evolutionstheorie die Existenz eines Gottes nicht widerlegen, aber sie macht die Idee, es gäbe einen Schöpfer, sehr, sehr unwahrscheinlich.

Für viele gläubige Christen ist schon allein das eine

bodenlose Frechheit. Aber noch schlimmer: Wenn man die Evolutionstheorie richtig versteht, dann zeigt sie, dass es nicht einmal so etwas wie eine unsterbliche Seele gibt. Und spätestens da hört für einen religiösen Menschen der Spaß auf.

Religion ist in den USA allgegenwärtig: Auf jeder Dollarnote steht: *In God We Trust*. Zweiundneunzig Prozent der amerikanischen Bevölkerung sind gläubig. Weit über die Hälfte gibt sogar an, dass Religion in ihrem Leben eine sehr wichtige Rolle spielt, die meisten gehen mindestens einmal pro Woche in die Kirche. Das ist erstaunlich. Denn normalerweise werden Menschen immer ungläubiger, je reicher, moderner und entwickelter eine Gesellschaft ist. In den USA scheint es genau umgekehrt zu sein. Zwar ist der Anteil der Gläubigen auf dem Land immer noch höher als in den Ballungszentren, doch auch in den Metropolen können Sie mit gottlosen Sprüchen keinen Blumentopf gewinnen. Glauben Sie mir, ich habe es in den Comedy-Clubs immer wieder versucht. Wenn Sie allerdings unbeschadet von der Bühne kommen wollen, dann ist der Spruch: »Breaking News: Gott ist tot. Die Polizei glaubt, es war ein Existenzialist«, kein besonders guter Anfangsgag. Schon deshalb, weil die meisten Amerikaner null Ahnung vom Existenzialismus haben.

Auch jeder, der in den USA ein politisches Amt erreichen möchte, wird den Teufel tun und die Existenz Gottes anzweifeln. Die Amis würden vermutlich eher Winnie Puuh zum Präsidenten wählen als einen Atheisten. Und das, obwohl laut Verfassung die Religion für die Qualifikation eines Amtes keine Rolle spielen darf. Laut erstem Verfassungszusatz herrscht in den USA eine strikte Trennung zwischen Staat und Kirche. Die Vorstellung, dass die Regierung für eine Religionsgemeinschaft Steuern einzieht oder gar – wie in Deutschland – aus dem allgemeinen Steueraufkommen das Gehalt von Bischöfen zahlt, ist für Amerikaner grotesk.

Das wurzelt tief in der amerikanischen Geschichte. Viele der ersten Siedler waren aus ihren europäischen Heimatländern geflohen, weil sie dort aufgrund ihrer Religion verfolgt worden waren. Staatskirchen, damals in Europa noch dominierend, galten als Synonym der Unterdrückung. Religionsfreiheit war also in der Neuen Welt extrem wichtig. Daher kursiert über die Religiosität in den USA auch folgender Witz: Warum sind die Presbyterianer aus England nach Amerika geflohen? Um ihren Glauben frei leben zu können und andere zu zwingen, das Gleiche zu tun …

Die Abwesenheit einer Staatskirche führt dazu, dass Hunderte von Glaubensgemeinschaften um Mitglieder werben, ähnlich wie Handyanbieter oder Versicherungskonzerne. Da steuerliche Finanzierung oder rechtliche Bevorzugung von Kirchen per Verfassung verboten ist, sind die einzelnen Glaubensgemeinschaften komplett auf die Finanzierung durch ihre Mitglieder angewiesen. Und das ziehen die geschäftstüchtigen Amerikaner gnadenlos durch. Wenn Sie übers Land fahren und dabei Autoradio hören, werden Sie nicht mit »den besten Hits der Achtziger, Neunziger und dem Besten von heute« zugeballert, sondern mit den besten

Jesus-Geschichten der letzten zweitausend Jahre. In zahllosen christlichen Radiostationen läuft das Wort zum Sonntag sieben Tage die Woche nonstop. Aufgepeppt wird das Programm durch religiöse Popsongs von bedenklicher musikalischer Qualität. Eine perfide Mischung aus Kirchentag, Helene Fischer und Kirmes-Animation.

Noch schlimmer ist es im Fernsehen. Wer QVC-Moderatoren für die Ausgeburt der Hölle hält, der hat noch keinen amerikanischen Fernsehprediger erlebt. Stellen Sie sich Margot Käßmann im Körper eines schmierigen Gebrauchtwagenhändlers vor, und schon haben Sie das Grundrezept eines erfolgreichen »Teleevangelisten«. Das sind findige Geschäftsleute, die über eigene TV-Stationen Geschichten über Wunderheilungen, Himmel und Hölle und das Herannahen der Apokalypse in die entrückten Gesichter ihrer Gemeinde brüllen. Dabei läuft kontinuierlich die Bankverbindung für das Spendenkonto über den Bildschirm. »Ich brauche einen neuen Learjet, um die Ungläubigen in Mississippi zu missionieren. Schickt mir euer Geld. Gott wird es euch danken!« Und es funktioniert! Die Stars der Szene sind Multimillionäre. Der Evangelikalen-Führer Jim Bakker sagte einmal: »Warum sollte ich mich entschuldigen, wenn mir Gott Kristalllüster und Mahagoniparkett gibt?« Wenig später wies die amerikanische Finanzbehörde nach, dass es doch nicht Gott war, der ihm seine Wohnungseinrichtung bezahlte, und verdonnerte ihn zu einer fünfjährigen Gefängnisstrafe wegen Steuerhinterziehung.

Nichtsdestotrotz besitzen Teleevangelisten einen erheblichen Einfluss in der politischen Meinungsbildung. Wenn Größen wie John Hagee oder Rick Warren in ihren TV-Predigten sagen, dass Masturbation blind macht, Schwulsein eine Krankheit ist und die Erde eine Scheibe, sollten Sie es sich als öffentliche Person zweimal überlegen, ihnen mit so etwas Krudem wie wissenschaftlicher Evidenz zu kommen. In Zeiten von Corona ist das besonders prekär. So weigerten sich trotz behördlicher Anordnungen zum Social Distancing viele sogenannte Megachurches in Louisiana, Ohio und Kalifornien, auf den gemeinsamen sonntäglichen Gottesdienst zu verzichten, weil man offenbar glaubt, man könne die Ansteckung mit ein paar Spritzern Weihwasser und drei Vaterunsern verhindern.

Wenn Sie mal nach Florida kommen, sollten Sie auf jeden Fall die »Holy Land Experience« besuchen. Das ist ein religiöser Themenpark in der Nähe von Orlando, eine Art Disneyland für Christen. Schon beim Betreten der Anlage weist ein großes Schild darauf hin, dass das gesamte Gelände rund um die Uhr überwacht wird. Gott sieht eben alles. Im Zweifel sogar ohne Kameras. Drinnen sind zahlreiche biblische Orte nachgebaut, wie zum Beispiel der Tempel von Jerusalem, das Jesusgrab am Berg Golgota und ein antiker Souvenirladen, in dem man viele Dinge kaufen kann, die es auch schon zu Lebzeiten von Jesus Christus gab: T-Shirts, CDs, Schlüsselanhänger mit integrierter Taschenlampe. Die Hauptattraktion des Parks allerdings sind die Liveshows. Wie in einem Musical werden verschiedene Blockbuster-Szenen aus der Bibel nachgespielt: der Auszug aus Ägypten, die Geschichte von Maria Magdalena oder die Auferweckung von Lazarus. »Fun for everyone!« verspricht der Veranstalter. Daher wird die Kreuzigung von Jesus auch mehrfach am Tag aufgeführt. Das Letzte Abendmahl gibt's sogar alle zwei Stunden. Das allerletzte ist jedoch schon um 16:15 Uhr. Damals ging man anscheinend früh zu Bett.

Buchstäblich alles an der »Holy-Land-Experience« erinnert an einen Monty-Python-Film – allerdings ohne einen einzigen Witz. Und doch scheint das Ding richtig gut zu laufen. Die Amerikaner lieben es. Ein wirklich seltsames Land. Gegründet wurde der Park übrigens von einem jüdisch-geborenen Baptisten, um Juden dazu zu bringen, zum Christentum zu konvertieren. Damit hat in den USA keiner ein Problem. Vierundvierzig Prozent aller Amerikaner wechseln ihren Glauben mindestens einmal im Leben. Sogar George W. Bush hat es getan, Barack Obama gleich mehrfach. Wenn die Tarife bei einem anderen Anbieter besser sind, warum nicht? Man wägt eben ab, wer das beste Angebot hat und was für einen selbst am besten passt. Und dabei geht es nicht nur um religiöse Fragen, sondern auch um Schulen oder Betreuungs- und Freizeitangebote.

Bereits 1649 wurde der *Maryland Toleration Act* erschaffen. Das erste Gesetz zur freien Religionsausübung. Vorausgesetzt natürlich, dass es sich dabei um irgendeine Form von Religion handelt. Wenn Sie Mormone sind, toleriert das prüde Amerika sogar Vielehen. Im Gegenzug sind die Leute aus Utah Zielscheibe von etwa siebzehn Prozent aller Witze in den USA. Am Broadway läuft sogar seit Jahren das sehr lustige Musical *Book of Mormon*, in dem die Glaubensgemeinschaft gnadenlos durch den Kakao gezogen wird.

»Warum sind Amerikaner eigentlich so gläubig?«, fragte ich Mr Glickstein, als er mich eines Tages wieder mal zum Klopapierabreißen verdonnerte. »Die amerikanische Gesellschaft ist unglaublich mobil«, erklärte er mir. »Viele ziehen so oft um, dass das Netz sozialer Bindungen schnell zerreißt. Die Kirchen geben den Leuten eine Art Nestwärme. Außerdem übernehmen sie viele Funktionen, für die bei euch in Deutschland der Sozialstaat zuständig ist. Sie sorgen für Zusammenhalt und gemeinsame Werte.« Ein bisschen kann ich das sogar nachvollziehen. Immerhin komme ich ja auch aus einer sehr religiösen Region in Deutschland. Der bayerische Odenwald ist ähnlich wie Texas, nur ohne Waffen.

Ich kann mich noch gut erinnern, wie ich als Kind von meinen Eltern gezwungen wurde, jeden Sonntag brav in die Kirche zu gehen. Das habe ich natürlich gemacht. Nur ein einziges Mal habe ich heimlich geschwänzt. Und drei Tage später starb der Papst – das hat mich jahrelang beschäftigt. Religion ist vergleichbar mit Salz. Ein bisschen ist okay. Aber zu viel davon versaut einem das Essen.

VON BAKTERIEN
UND ANDEREN KULTUREN

Stellen Sie sich vor, ein guter Freund nimmt Sie in seinem Auto mit. Er ist ein bisschen zu schnell unterwegs und fährt dabei einen Fußgänger an. Nichts Dramatisches, aber trotzdem kommt es im Laufe der Ermittlungen zu einem Gerichtsverfahren, in dem Sie als einziger Zeuge aussagen müssen. Kurz vor der Verhandlung bittet Ihr Freund Sie, bezüglich der Geschwindigkeitsübertretung nicht die Wahrheit zu sagen. Was tun Sie? Würden Sie für einen Freund lügen? Sie stecken in einem Dilemma. Und dieses Dilemma kann jeder Mensch nachempfinden. In jeder Kultur.

Dieses Beispiel beschreibt der Kommunikationsexperte Fons Trompenaars in seinem Buch *Riding the Waves of Culture*. Was er dabei herausfand, ist hochinteressant: Die Beantwortung dieser Frage ist eng damit verbunden, aus welchem Kulturkreis Sie kommen. Seinen Studien zufolge antworten Amerikaner in der Regel: Das Gesetz steht über der Freundschaft. Ich werde nicht lügen. Inder dagegen sagen: In unserer Kultur ist Freundschaft ein höheres Gut als das Gesetz: Natürlich werde ich lügen. Ein Italiener wiederum sagt: Was genau ist eine Lüge? Und der Deutsche fragt: Lüge hin oder her – was ist eigentlich mit dem Auto …?

In einer Stadt wie New York lernt man eine Menge Leute aus den unterschiedlichsten Kulturkreisen kennen. Und immer wieder war ich aufs Neue erstaunt, wie unterschiedlich diese Menschen identische Sachverhalte einschätzen, bewerten und darauf reagieren. Wir Deutschen halten die Amerikaner für verrückt, weil sie gerne mit einem Revolver im Anschlag herumlaufen. Aber genau das Gleiche denken die über uns, wenn sie hören, dass wir mit zweihundertachtzig Sachen über die Autobahn ballern. In amerikanischen Restaurants ist gechlortes Eiswasser ein kostenfreier Service, in Deutschland ist es eine Körperverletzung. Das, was die einen für völlig durchgeknallt halten, ist für andere normal. Ein Großteil der Franzosen sieht Kernenergie als nicht besonders gefährlich an. Käse zu essen ist für Asiaten absurd. Der deutsche Hype um die Homöopathie wird in Großbritannien belächelt.

Wir sehen gerne bestimmte Einstellungen und Weltbilder als alternativlos und als allgemeingültig an und können uns oftmals gar nicht vorstellen, dass schon ein paar Hundert Kilometer entfernt die Menschen vollkommen anders darüber denken. Wenn etwa die englische Fußballnationalmannschaft verliert, dann ziehen die Engländer randalierend durch die Straßen und bringen die gegnerischen Fans um. Wenn Japan verliert, dann verbeugen sich die japanischen Fans höflich, machen das gesamte Stadion sauber und bringen sich dann selbst um.

Eine andere Kultur kann man – wenn überhaupt – nur begreifen, indem man die Perspektive wechselt. In der Physik macht man das ständig. Neue wissenschaftliche Erkenntnisse entstehen immer dann, wenn man den Bezugspunkt verändert. Ganz ähnlich verhält es sich auch mit dem Phänomen der Kultur. Indem man den Bezugspunkt wechselt, indem man eine Zeit lang in einem anderen Land lebt, erkennt man, dass man viele Dinge auch aus einem anderen Blickwinkel sehen kann.

Auch nach ein paar Monaten in New York fiel es mir immer noch schwer, die amerikanische Mentalität zu verstehen. Einmal wollte ich mich mit Marcus auf einen Kaffee im Dig Inn treffen, einem kleinen Restaurant nahe seiner Kanzlei im Financial District. Die Straßenzüge in dieser Gegend sind ziemlich verwirrend, und so fragte ich einen eleganten Anzugträger nach dem Weg. Der Mann – offenbar Wall-Street-Banker – setzte ein strahlendes Lächeln auf und schickte mich irgendwo in die Pampa. Offenbar hatte er nicht die leiseste Ahnung, wo genau das Dig Inn ist. Aber er dachte sich wohl: Lieber schicke ich einen Fremden in die falsche Richtung, als ihm die Enttäuschung zuzumuten, ihn nirgendwohin zu schicken. So ist New York. Ständig trifft man dort auf Leute, die einem überschwänglich anbieten: »Ihr müsst uns unbedingt mal in unserem Haus in den Hamptons besuchen!« Was so viel heißt wie: »Ich wollte nur kurz erwähnen, dass wir ein Haus in den Hamptons haben. Aber lasst euch bloß nicht einfallen, jemals dort aufzukreuzen.«

Die kulturellen Codes von Amerikanern und Europäern sind sehr verschieden. Einmal besuchten Valerie und ich eine Kunstausstellung im Austrian Culture Forum NYC. Als wir uns vor einer Skulptur stehend leise unterhielten, sprach uns plötzlich der Direktor des Forums, Michael Haider, an. »Verzeihen Sie mir, aber habe ich da gerade einen vertrauten Dialekt gehört?«, wandte er sich schmunzelnd zu meiner Frau. »Darf ich Sie beide zu einem Kaffecherl in mein Büro einladen?« Natürlich sagten wir zu, und beim Kaffee ergab sich ein lebhaftes Gespräch über kulturelle Unterschiede. »Wissen Sie«, sagte Haider, »ich habe vor meiner Versetzung nach New York acht Jahre lang in Tokio gelebt. Wenn Sie als Europäer nach Japan oder Asien kommen, gehen Sie automatisch davon aus, dass Sie nichts von dem Land verstehen.«

So haben zum Beispiel in Deutschland Tattoos die Funktion von Selbstdarstellung. In Japan outen Sie sich mit einem Tattoo als Yakuza-Mafioso. Wenn also der Rico und die Mandy aus Dresden in einem Restaurant in Kyoto ausnehmend freundlich behandelt werden, dann hat das möglicherweise nichts damit zu tun, dass Japaner so gastfreundlich sind, sondern weil sie denken, die beiden seien die Clan-Chefs der Deutschlandfiliale. »Die japanische Kultur ist ganz offensichtlich so fremd, dass wir das akzeptieren«, fuhr Haider fort. »Und damit kann man irgendwie umgehen. Amerika jedoch erweckt den Eindruck, dass die Menschen dort genauso ticken wie wir in Österreich oder Deutschland. Aber genau das ist ein Trugschluss. In Wirklichkeit versteht man als Europäer die Amerikaner genauso wenig wie die Japaner.«

Nach einem halben Jahr in dem Land musste ich ihm zustimmen. So schnell man zum Beispiel mit Amerikanern ins lockere Gespräch kommt, so schwer ist es, mit ihnen wirklich verbindliche Freundschaften aufzubauen. Das ging nicht nur uns so. Wir haben viele Deutsche kennengelernt, die schon sehr lange in den USA leben und dennoch fast nur andere Europäer als enge Freunde bezeichnen. Das gilt auch für Marcus. »Ich verstehe die Amerikaner auch nach so langer Zeit immer noch nicht wirklich«, erzählte er uns. »Ich hatte einen amerikanischen Kollegen, mit dem ich nach der Arbeit viel unternommen habe. Unsere Familien kannten sich, wir grillten im Sommer zusammen, gingen gemeinsam bowlen, und ich war sogar dreimal mit ihm Skifahren. Nach zwanzig gemeinsamen Jahren im Job wechselte er in eine andere Kanzlei, und ab diesem Zeitpunkt habe ich nie wieder etwas von ihm gehört.« In New York gibt es dafür sogar einen feststehenden Begriff: *Ghosting* – das Abbrechen der gesamten Kommunikation ohne Vorwarnung.

»Wir Amerikaner gehen mit sozialen Bindungen anders um als ihr Europäer«, erklärte uns Kimberly, unsere bis dato einzige amerikanische Freundin. Kennengelernt hatte ich sie bei meinem Workshop im American Comedy Institute. Hauptberuflich berät und coacht sie internationale Unternehmen, wenn es dort Probleme mit kulturellen Unterschieden zwischen den Mitarbeitern gibt. Ihre Biografie ist prädestiniert dafür: Aufgewachsen ist sie im erzkonservativen Alabama. In ihrer Teenagerzeit zog ihre Familie nach Florida. Mit dreißig lernte sie dort einen italienischen Ingenieur kennen, heiratete ihn, bekam zwei Kinder und lebte – bedingt durch seinen Beruf – ein paar Jahre in Italien, in Jordanien und sogar in Deutschland. Vor fünf Jahren ließen sie sich scheiden, und sie zog mit ihren zwei Söhnen nach New York.

»Aufgrund unserer individualistischen Kultur tun wir Amerikaner uns schwer mit engen Freundschaften. Wir wechseln öfter den Beruf und ziehen dafür auch um. Nicht selten sogar Hunderte von Meilen weit weg. All das macht es schwer, soziale Bindungen aufzubauen. Aber gleichzeitig leiden wir auch darunter«, sagt sie. Social Distancing als kulturelle Grundeinstellung sozusagen. Diese fehlenden sozialen Bindungen könnten übrigens auch ein Grund sein, wieso das Land unter einer massiven Opiat- und Psychopharmaka-Epidemie leidet. Fünfzig Millionen Amerikaner werfen regelmäßig das Antidepressivum Prozac ein. Mehr als die Bevölkerung von ganz Spanien! US-Behörden schätzen die Zahl der Medikamentenabhängigen auf mehr als zwei Millionen. Jeder New Yorker, der etwas auf sich hält, hat seinen eigenen Therapeuten. Ohne Depressionen, Angststörungen und Panikattacken gelten Sie in der Stadt fast als abnormal.

Ich hätte nie gedacht, dass ich unter mangelnden sozialen Bindungen leiden würde, denn eigentlich würde ich mich nicht unbedingt als einen geselligen Menschen bezeichnen. Wie viele Komiker bin ich eher ein Einzelgänger. Mein Freundeskreis ist extrem überschaubar, und mit neuen sozialen Kontakten tue ich mich schwer. Ganz im Gegensatz zu Valerie. Die sagt mir immer: »Sei nicht so stur, und sprich einfach mit den Leuten.« Aber für mich ist das nicht einfach. Ursprünglich habe ich deswegen Physik studiert, weil ich es nicht mag, mit Leuten zu sprechen. Am schlimmsten sind für mich Anrufe mit unterdrückter Nummer. Meistens hebe ich dann ab und sage so etwas wie: »Ich habe alles erledigt, aber es ist überall Blut ...«

In Deutschland habe ich unter meinem Einzelgängertum nie gelitten. Im Gegenteil. Ich kokettierte sogar immer ein wenig damit. Nach längerer Zeit in New York wurde mir jedoch immer klarer, dass ich anscheinend viel mehr soziale Kontakte brauche, als ich selbst wahrhaben wollte. Ich vermisste tatsächlich die verbindlichen, engen Freundschaften. So schnell man mit Amerikanern ins Gespräch kommt, so sehr bleiben viele Gespräche an der Oberfläche. Damit will ich nicht sagen, dass Amerikaner oberflächlicher sind. Vielleicht hält uns tatsächlich unsere unterschiedliche Kultur davon ab, eine stärkere emotionale und inhaltliche Tiefe miteinander aufzubauen. Fast alle Menschen, die für längere Zeit ihre Heimat verlassen haben, erzählen, dass man sein eigenes Wesen und seine Beziehung zu seiner Heimat erst dann richtig versteht, wenn man eine Zeit lang in einer anderen Kultur gelebt hat. Vielleicht bin ich ja doch viel deutscher, als ich vor unserer Abreise gedacht habe.

Der antike römische Philosoph Cicero war der Erste, der den Begriff »Kultur« auf das Heranziehen des Geistes bezogen hat. Amüsanterweise wird der Begriff auch bei der Zucht von Bakterien verwendet. Und bei manchen sind Bakterien tatsächlich die einzige Kultur, die sie haben. Man schätzt, dass es auf der Welt etwa sechstausend verschiedene Kulturen gibt. Und da sind die in Ihrem Spülschwamm noch gar nicht mitgezählt. Im Laufe der Historie hat der Kulturbegriff unterschiedliche Bedeutungen gehabt. In der Epoche der französischen Aufklärung wurde *la culture* mit Oper, Malerei und Theater gleichgesetzt. Die deutschen Romantiker dagegen sahen *die Kultur* als eine spezielle Art des Deutschseins an. Für die Engländer wiederum war der Kulturbegriff eine Reaktion auf den Darwinismus. Kultur als eine Wesensart des Menschen, die ihn vom Affen abgrenzte.

Und tatsächlich: Der Grund, weshalb wir die Erde dominieren und Berggorillas eine gefährdete Art darstellen, liegt im Wesentlichen daran, dass wir Menschen komplexe Kulturtechniken entwickelt haben, die uns fundamental von jeder anderen Spezies unterscheiden. Ein Adler kann sein Fressen aus über drei Kilometern Entfernung erkennen, während wir ohne Brille noch nicht mal die Speisekarte lesen können. Trotzdem können wir rascher eine Stecknadel im Heuhaufen finden, weil wir in der Lage waren, Magnete zu erfinden.

Inzwischen leben wir in einer globalisierten Welt. Wir essen überall die gleichen Hamburger und benutzen die gleichen Smartphones. Doch das sagt uns nicht, was es in der jeweiligen Kultur bedeutet, bei McDonald's zu essen oder ein iPhone X zu besitzen. Viele Aspekte unseres Lebens – von der Art, wie wir Freundschaften knüpfen, einen Flug buchen oder mit einem Menschen flirten – sind abhängig von unserer kulturellen Prägung. Grundlegende Emotionen wie Freude, Trauer, Ärger oder Eifersucht haben alle Menschen gemeinsam. Die kulturellen Unterschiede liegen darin, wie sie diese Emotionen verarbeiten, ausdrücken oder bewerten. Einmal habe ich vor einem Restaurant in der Upper West Side zwei Marokkaner gesehen, die so aggressiv aufeinander eingebrüllt haben, dass ich dazwischenging, um den Streit zu schlichten. Dabei stellte sich heraus, dass der eine seinem Landsmann nur den Weg zum Hilton erklärt hat.

Je länger ich in dieser Stadt lebte, desto stärker fiel mir auf, wie grundlegend anders unterschiedliche Kulturen mit ganz alltäglichen Dingen umgehen. Das ist einerseits unglaublich faszinierend und bereichernd, andererseits ist es auch extrem anstrengend. Und ab und an ertappte ich mich dabei, dass ich tatsächlich ein wenig Sehnsucht nach Deutschland hatte. Ich hatte das Gefühl, die Menschen in meinem Heimatland eben doch ein kleines Stückchen besser einschätzen zu können, weil ich mit ihnen auf eigenartige Weise einen Grundkonsens habe, der einzig darauf beruht, dass wir dieselben kulturellen Wurzeln teilen.

In den letzten Jahrzehnten ist unsere Welt immer kleiner geworden. Mittelalter und Moderne liegen heute nur drei Flugstunden voneinander entfernt. In New York oft sogar nur drei Querstraßen. Wenn auf der Fifth Avenue eine voll verschleierte Frau mit ihrem iPad das Bild des neuen Prada-Flagship-Stores auf Instagram hochlädt, dann liegt darin die gesamte Paradoxie unserer Zeit.

New York hat es wie vielleicht keine andere Stadt weltweit immer wieder geschafft, diese Paradoxien miteinander zu vereinen. In New York leben mehr Polen als in Warschau, mehr Iren als in Dublin, mehr Juden als in Jerusalem, und es gibt keinen Ort außerhalb Chinas mit so vielen Chinesen. Heidelberg ausgenommen. Eine Fahrt durch Brooklyn gleicht einer Weltreise, jeder U-Bahn-Waggon einer UN-Hauptversammlung. Auf der Main Street in Flushing / Queens gibt es einen Hongkong-Laden und einen koreanischen Supermarkt. Neben einem chinesischen Tischtenniszentrum befinden sich ein Hindu-Tempel und eine vietnamesische Nagelstudio-Schule; nebenan stehen eine Synagoge und eine Moschee. Um die Ecke ist das kolumbianische Viertel, in dem die Schriftzüge oft nur auf Spanisch sind, zwei Blöcke weiter sind die Schilder auf Hindi.

In dieser Stadt kann es passieren, dass Sie in einem kubanischen Restaurant mit einer lesbischen Schauspielerin aus dem Iran, einem israelischen Arzt und einem pakistanischen Investmentbanker zusammentreffen und mit ihnen bei einem belgischen Bier über den Nahostkonflikt diskutieren. Das aufregende Gefühl, neue Erfahrungen zu machen, neue kulturelle Einflüsse kennenzulernen und nicht im eigenen Saft zu schmoren, macht diese Stadt so attraktiv. Aber eben auch so unglaublich anstrengend. Aus irgendeinem magischen Grund scheint New York die unterschiedlichsten Kulturkreise anzuziehen. Und obwohl jeder die Kultur des anderen in letzter Konsequenz nie so ganz verstehen kann, toleriert man sich dennoch.

Wenn bei uns im Odenwald jemand mit irrem Blick

durch die Stadt läuft und sinnlos vor sich hin brabbelt, dann ist er der Dorfdepp und wird von allen skeptisch beäugt. In New York bist du ein Wall-Street-Banker mit Freisprechanlage, und alle finden das normal.

Die Kultur, in der wir aufgewachsen sind, prägt unsere Sicht auf die Welt viel mehr, als man sich das vorstellen kann. Und auch, wenn wir bis zum Schluss unseres Aufenthalts nicht sicher waren, ob wir in diesem aufreibenden Melting Pot unser ganzes Leben verbringen könnten, und obwohl wir – bis auf Kimberly – nach so langer Zeit immer noch keine engen New Yorker Freunde gefunden haben, sind wir trotzdem der Meinung: Jeder sollte sich einmal in seinem Leben auf New York einlassen. Sei es nur für ein paar Tage. Besser noch, für länger.

ARE WE ON A DATE?

Als ich im Jahr 2005 Valerie kennenlernte und meinen deutschen Freunden erzählte, dass ich jetzt mit einer Österreicherin zusammen bin, haben alle spontan gesagt: Eine Österreicherin? Oh, wie toll! Die erste Reaktion von Valeries österreichischen Freunden war: Ein Piefke? Oh, tut mir leid!

Auch von meiner Seite gab es Missverständnisse. Zum Beispiel war ich der festen Überzeugung, dass jeder Österreicher gut Ski fahren kann. Das gehört in diesem Land einfach zur Kultur. Es gilt die grobe Faustregel: Wenn in der österreichischen Fernsehwerbung ein Typ auftaucht, der nicht richtig sprechen kann, dann ist es irgendein Weltmeister im Abfahrtslauf. Meine Frau wurde noch dazu in Innsbruck geboren, da bekommt jeder zur Geburtsurkunde noch zwanzig Weltcup-Punkte mit dazu. »Du bist bestimmt ein Ass auf der Piste!«, sagte ich gleich am Anfang zu ihr. »Nein, nein … auf Skiern bin ich nicht besonders talentiert«, wiegelte sie ab. Ich nickte belustigt. Wenn Österreicher sagen, sie können nicht besonders gut Ski fahren, dann heißt das, dass sie halt gerade nicht unter den Top 30 der Weltrangliste sind.

Im darauffolgenden Winter verbrachten wir einen Tag am Arlberg. Wir schnallten die Skier an, und ich blickte stolz auf Valerie. Gleich würde sie mir demonstrieren, wie elegant und mühelos man eine schwarze Abfahrt hinunterwedeln kann, wenn man das Skifahren quasi mit der Muttermilch eingesogen hat. Ich sollte mich irren. Valerie stand auf Skiern wie das Leiden Christi und tastete sich im Schneckentempo unsicher nach unten. Pflugbogen … beiziehen … Pflugbogen … beiziehen … – es war erbärmlich. Erst zehn Jahre später habe ich ihr gestanden, wie fassungslos ich in diesem Augenblick war. Eine Österreicherin, die nicht Ski fahren kann – für mich war *das* ein echter Kulturschock. Inzwischen habe ich diesen Schock einigermaßen überwunden. Das Geheimnis einer guten Beziehung soll ja darin bestehen, die Eigenheiten, Fehler und Defizite des anderen zu akzeptieren.

Mit diesem altmodischen Gedanken gibt sich in New York kein Single ab. Wer in dieser Stadt auf Partnersuche ist, will nichts weniger als das Optimum. Überzogene und unrealistische Standards bei potenziellen Partnern zu haben ist die verbreitetste Geschlechtskrankheit in Manhattan. Unsere Freundin Kimberly ist derzeit auch wieder auf der Suche. Frustriert erzählt sie uns, was bei vielen Singles schon als Killerkriterium gilt: »Also, ich bin nicht wählerisch, aber du solltest schon in der Nähe einer N-Train-Station wohnen. Ein- bis zweimal Umsteigen kommt für mich nämlich nicht infrage. Wenn du nicht glutenfrei isst, können wir es übrigens auch gleich vergessen. Und wie findest du eigentlich die aktuelle Staffel von *The Crown*? Das ist mir schon wichtig, dass wir da gleich ticken …«

Wenn man so etwas hört, wundert man sich nicht, dass New York eine Single-Metropole ist. In der Stadt leben sogar deutlich mehr weibliche als männliche Singles. Das macht es für einen suchenden Mann aber nicht unbedingt einfacher. Denn die New Yorker Dating-Regeln sind ähnlich komplex wie der Betrieb eines Kernkraftwerkes. Das fängt schon damit an, dass man als Mann erst mal abklären muss, ob man überhaupt ein Date hat. »Are we on a date or are we just hanging out?« ist eine Frage, an der sich selbst erfahrene Dater die Zähne ausbeißen.

Bei uns im Odenwald war das wesentlich unkomplizierter. In Amorbach hatte man automatisch ein Date, sobald man sich mit einer anderen Person allein im Zimmer befand und nicht mit ihr verwandt war. Oft war sogar Letzteres wurscht. Parship hieß bei uns »Heimatfest«, und nach einer durchknutschten Nacht »war ma zamm«. Wobei die meisten Liebesversprechen aufgrund des starken Bockbier-Einflusses juristisch grenzwertig waren.

In New York kann Ihnen so etwas nicht passieren. Dort müssen Sie Ihre Dates ähnlich penibel abarbeiten wie ein Kampfpilot die Checkliste vor einem Fronteinsatz. Überhaupt ist der gesamte Anbahnungsprozess aufgebaut, als hätte ihn McKinsey durchstrukturiert.

Das erste Treffen findet immer unter der Woche statt und hat eher den Charakter eines Bewerbungsgespräches. Meist fragt sie nach seinen konkreten beruflichen Plänen, seinem sozialen Hintergrund, den Einkommensverhältnissen, der Sozialversicherungsnummer, dem Kinderwunsch, der Blutgruppe und eventuellen Geschlechtskrankheiten. Profi-Dater bereiten daher auch gerne eine kleine zweihundertseitige PowerPoint-Präsentation vor. Ort des Geschehens ist meist eine Bar, weil man dort die Präsentation bequem über den Siebzig-Zoll-Monitor an der Theke abspielen kann. Das erste Kennenlernen endet auf jeden Fall vor Mitternacht, die Verabschiedung erfolgt mit einem Wangenküsschen, und man geht getrennt nach Hause. Für Aufregenderes ist man nach drei Stunden Verhörtechnik à la CIA sowieso viel zu fertig.

Die zweite Kontaktaufnahme erfolgt grundsätzlich durch den Mann. Und zwar exakt zwei Tage nach dem ersten Treffen. Wenn Sie ein ganz verrückter Hasardeur sind, gehen auch mal drei Tage. Nur Idioten melden sich schon am ersten Tag. Denn damit signalisieren sie der New Yorkerin pure Verzweiflung und sind schlagartig uninteressant. Sollte es tatsächlich zum zweiten Date kommen, findet das am Wochenende in einem Restaurant statt. Die Höhe der Rechnung, die der Mann zahlt, korreliert hierbei direkt mit den zu erwartenden Intimitäten. Für einhundert Dollar inklusive Trinkgeld gibt es zum Abschied einen Kuss mit Zunge, bei einhundertfünfzig Dollar ist eventuell noch ein bisschen Gefummel mit dabei, und ab zweihundert Dollar darf der Mann sogar Geschlechtsverkehr vorschlagen. Sie sehen, beim Dating sind New Yorker echte Romantiker.

Spätestens beim dritten Date werden Körperflüssigkeiten ausgetauscht. Falls die Dame damit noch warten möchte, kann sie gerne auf die allgemeinen Dating-Geschäftsbedingungen verweisen. In Anlehnung an den Volkssport Baseball wird der erste vollzogene Akt auch liebevoll als *home run* bezeichnet. Viel Zeit zum Jubeln bleibt allerdings nicht, denn jetzt fängt das Verwirrspiel erst richtig an. Grob gesagt unterscheiden New Yorker zwischen verschiedenen Beziehungskonstellationen: Als *non-exclusive* wird eine Beziehung bezeichnet, während der man parallel noch zwei bis drei andere Partner datet. *Exclusive* hingegen bedeutet eine Beziehung, in der sich beide gegenseitige Treue versprochen haben. Dann gibt es natürlich noch das berühmte *friends with benefits*. Darunter versteht man eine gute Freundschaft, in der es ab und an zu unverbindlichem Sex kommt. Diese Variante ist keinesfalls zu verwechseln mit dem sogenannten *booty call*: Zwei Ex-Dating-Partner, die ansonsten nichts mehr miteinander zu tun haben, verabreden sich zu spontanem Geschlechtsverkehr.

Ich kann Ihnen gar nicht sagen, wie froh ich war, dass ich mit Valerie bereits *exclusive* war und den ganzen Dating-Quatsch nicht mitmachen musste. »Das Nervigste daran ist, dass man ständig den exakten Beziehungsstatus miteinander abklären muss«, verriet uns Kimberly. »Viele in New York wünschen sich ja wirklich einen Partner. Aber dabei gehen sie die Sache so effizient und geschäftsmäßig an, dass so etwas wie Spontaneität oder Emotionalität gar nicht erst aufkommt«, klagt sie. Und das geht sogar innerhalb einer Beziehung weiter. Wenn man nämlich ein Jahr lang *exclusive* ist, erwarten viele Frauen wie selbstverständlich, dass der Mann zu Tiffanys rennt, einen Verlobungsring kauft und um ihre Hand anhält. »Did he already pop the question?«, fragen ihre Freundinnen sofort, wenn sie nach 365,5 Tagen keinen Brillanten an ihrem Finger hat. Selbst die Karatzahl ist bis auf die dritte Nachkommastelle vorgegeben. Der Preis des Ringes muss möglichst genau drei Nettomonatsgehälter des Mannes betragen. Ich sag's ganz ehrlich: Als Physiker bin ich zwar ein rationaler Zahlenmensch, aber *das* wäre selbst mir zu unromantisch. Da fühlt man sich als Mann doch einfach nur benutzt, oder?

Gleichzeitig wird das traditionelle Männerbild in liberalen amerikanischen Großstädten wie New York immer mehr infrage gestellt. 2019 hat sogar der nordamerikanische Psychologenverband in einer Veröffentlichung typisch männliche Eigenschaften wie Erfolgsorientiertheit, Abenteuerlust oder Risikobereitschaft in die Nähe einer psychischen Krankheit gestellt. Der Verband fordert die Männer auf, Gefühle zuzulassen und auch mal Schwäche zu zeigen. Männliches Status- und Konkurrenzdenken dagegen gilt in vielen intellektuellen New Yorker Kreisen inzwischen sogar als »toxisch« und sollte möglichst bald überwunden werden. Flankiert werden diese Forderungen von der Genderbewegung, die in den USA enormen Einfluss hat. Viele ihrer Anhänger vertreten die Meinung, dass das Geschlecht eines Menschen in erster Linie ein soziales Konstrukt darstellt, dass also unsere angeborenen biologischen Eigenschaften wenig bis keinen Einfluss auf unser Geschlecht haben. Neulich erst sah ich in einem Museum auf dem Restroom-Schild unter »Men« und »Women« jeweils den Hinweis »self-identified«. Und da ich tief in mir drin ein extrem femininer Typ bin, war natürlich klar, wo ich aufs Klo gehe. Das fanden die Damen aber gar nicht gut.

Die Diskussion über Geschlechterrollen nimmt in den USA teilweise bizarre Ausmaße an. Kimberlys ältester Sohn ist sechzehn. »Stellt euch vor«, erzählt sie uns, »derzeit wechseln drei seiner Klassenkameraden gerade ihr Geschlecht: Jason identifiziert sich als Vivian, Natalie fühlt sich als Brian, und Ruth vermutet, dass sie eigentlich ein schwuler Robert ist, der sich aber als Meredith identifiziert.«

Natürlich sind Geschlechterrollen gesellschaftlich geprägt. Beim Untergang der Titanic überlebten weit mehr Frauen als Männer, weil viele Männer den Damen den Vorrang zu den Rettungsbooten ließen. Als nach dem 1. Weltkrieg die Gleichberechtigung aufkam, haben sich auch die Überlebenschancen der Frauen bei Schiffsunglücken kontinuierlich verschlechtert. Das nur zur Information, falls Sie Ihren nächsten Gender-Kongress auf der MS Europa abhalten wollen. Die große Frage jedoch ist: Wie sehr sind männliche und weibliche Rollenbilder veränderbar? Oder anders gesagt: Ist es eher unsere biologische Grundausstattung, die zu typisch männlichem oder typisch weiblichem Verhalten führt, oder liegt es doch eher an unserer Erziehung?

Im Tierreich ist das oft einfacher zu beantworten. Wenn man zum Beispiel dem weiblichen Borstenwurm das Gehirn entfernt, wird er automatisch zu einem Männchen.

Muss man mögen. Bei Clownfisch-Familien ist das noch extremer. Wenn das Weibchen stirbt, wechselt das dominante Männchen das Geschlecht. Deswegen ist auch der Film *Findet Nemo* wissenschaftlich gesehen ziemlicher Blödsinn. Denn nach dem Tod von Nemos Mutter hätte sich sein Vater Marlin nicht aufgemacht, um ihn zu suchen. Er hätte sich einfach in Nemos Mutter verwandelt. Und wenn Nemo dann zurückgekommen wäre, hätten sie sich ganz selbstverständlich gepaart. Diesem Nachwuchs wäre Nemo dann Vater und Halbbruder, Marlin dagegen wäre gleichzeitig Opa, Stiefoma und Mutter. Bewohner aus ländlichen Bereichen kennen solche Konstellationen.

Doch zurück zur Genderforschung. Zurzeit ist es sehr populär zu behaupten, dass Jungs deswegen Jungs werden, weil sie mit Bauklötzen und Spielzeugautos aufwachsen, und Mädchen werden Mädchen, weil man ihnen sofort Puppen in die Hand drückt. Aber jeder, der Kinder hat, weiß, dass das so nicht stimmt. Ich habe meinem vierjährigen Neffen nicht deswegen einen Bagger gekauft, um ihn in eine bestimmte Rolle zu drängen, sondern weil er das komplette Kaufhaus zusammenbrüllte, als ich ihm das Barbie-Einhorn in die Hand drückte.

Selbst bei Neugeborenen sind die Geschlechtsunterschiede im Verhalten zu sehen. Männliche Säuglinge schauen länger auf ein Mobile als auf ein Gesicht. Bei Mädchen ist es umgekehrt. Kinder wissen offenbar sehr früh, was sie interessiert. Ich zum Beispiel hatte schon immer einen Hang zu physikalischen Experimenten. Mit sechs habe ich meinem Onkel beim Mittagsschlaf mit einer Lupe einen glühend heißen Sonnenstrahl an seinen Hinterkopf gehalten. Ein Team von Fachärzten hat wochenlang herumgerätselt, was das sein könnte.

Wussten Sie, dass selbst Affenkinder gendermäßig unkorrekt spielen? Wenn man junge Schimpansen in einen Raum voller Spielzeug setzt, gehen die männlichen zu den Autos und die weiblichen zu den Puppen.

Männer und Frauen ticken anders. Sie haben unterschiedliche Interessen, Ziele und Lebensmodelle. Natürlich bestreitet kein seriöser Wissenschaftler den Umwelteinfluss bei der Entwicklung einer Persönlichkeit. Wenn man Mädchen fälschlicherweise eintrichtert, dass sie schlechter rechnen können als Jungs, dann schreiben sie tatsächlich schlechtere Mathe-Noten. Das ist zutiefst falsch. Andererseits gilt auch: Wenn Frauen machen können, was sie wollen, dann beschäftigen sie sich oft mit Dingen, die als »typisch weiblich« gelten.

Wo, glauben Sie, gibt es prozentual mehr Ingenieurinnen: in den USA oder in Saudi-Arabien? Die verblüffende Antwort: In Saudi-Arabien ist der Anteil der Frauen, die Natur- und Ingenieurswissenschaften studieren, fast doppelt so hoch wie in Amerika. In der Sozialforschung bezeichnet man das als »Gender-Equality-Paradox«. Eine Analyse von siebenundsechzig untersuchten Nationen ergab, dass der Anteil weiblicher MINT-Studenten (Mathematik, Informatik, Naturwissenschaft und Technik) umso höher ist, je schlechter es um die Gleichstellung der Frauen im jeweiligen

Land bestellt ist. In Algerien etwa liegt die Frauenquote in den MINT-Fächern bei sagenhaften vierzig Prozent, in den Arabischen Emiraten immerhin noch bei siebenunddreißig Prozent. Bei gleichgestellten Vorzeigeländern wie Finnland oder Norwegen dagegen schrumpft die Quote auf mickrige zwanzig Prozent! Auch das relativ emanzipierte Deutschland dümpelt bei fünfundzwanzig Prozent herum. Je männerdominierter und frauenfeindlicher eine Gesellschaft ist, desto stärker nutzen Frauen offenbar die Chance, aus ihrem traditionellen Lebensentwurf auszubrechen und Berufe zu ergreifen, die eine gute Bezahlung und eine erfolgreiche Karriere versprechen. Salopp gesagt: Wenn Sie als Frau in Saudi-Arabien die Gelegenheit bekommen aufzusteigen, dann studieren Sie nicht Genderwissenschaften mit Nebenfach Feng Shui – dann studieren Sie Maschinenbau.

Während meiner Zeit in New York habe ich mich immer wieder mit Frauen aus der Genderbewegung unterhalten. Fast alle haben den biologischen Einfluss auf das Geschlecht möglichst kleingeredet. Und oft habe ich mich gefragt, warum sie sich so gegen die Vorstellung wehren, dass der Geist von Männern und Frauen unterschiedlich sein könnte. Vielleicht ist es ja die Angst, dass »verschieden« auf ungleiche Behandlung hinauslaufen könnte. Viele Frauen fürchten, wenn offen ausgesprochen wird, dass Männer und Frauen tatsächlich unterschiedlich sind, dann hätten die Männer das bessere Ende für sich.

Und ja, es stimmt: Noch heute haben amerikanische Frauen eine um fünfzehn Prozent niedrigere Chance als

Männer, die Position eines Managers zu erreichen. Von Frauen erwartet man öfter, dass sie ihre Karriere zugunsten von Kindern zurückstellen. Und über das Thema »sexuelle Belästigung« müssen wir gar nicht erst reden. Im Gegenzug heißt das aber nicht, dass es in einer knallharten Leistungsgesellschaft wie der amerikanischen lustig ist, ein Mann zu sein. Und in der Single-Metropole New York ist der Konkurrenzdruck am größten. Wer hier eine »gute Partie« abkriegen will, muss sich richtig ins Zeug legen. Das gibt auch Kimberly zu. »Natürlich achte ich gleich beim ersten Date darauf, was er so beruflich macht, ob er genug verdient und ob er gegebenenfalls mir und meinen zwei Jungs einen guten Lebensstandard bieten könnte.«

Das zeigt auch die Statistik. Wann immer Frauen die Gelegenheit haben, frei unter mehreren Bewerbern zu wählen, entscheiden sie sich für den mit dem höheren Status. Insgeheim wissen alle ganz genau, dass sich die attraktivsten Frauen den Typen aussuchen können. Und sie suchen sich nicht den Busfahrer aus. Die Forderung des amerikanischen Psychologenverbandes, als Mann mehr Schwäche zu zeigen und endlich dieses »toxische« Konkurrenzverhalten abzulegen, klingt zwar nett und engagiert, doch der Dating-Alltag in Amerika sieht eben ganz anders aus. Wenn du eine gute Frau abbekommen willst, musst du performen. Wahrscheinlich hat sogar Michelle Obama nach Baracks zweiter Amtszeit ihren Mann gefragt: »Und? Was haste jetzt vor? Du wolltest ein Buch schreiben, oder? Komm, zeig mir mal ein paar Seiten. Mach ma hinne …«

Inzwischen hat sie selbst ein Buch geschrieben. Ihre Memoiren mit dem Titel *Becoming* wurden zu einem weltweiten Megabestseller. In Zukunft steht der arme Barack also ganz schön unter Zugzwang …

WE ARE PRUDE, BITCH!

Als ich meine Show im Kennedy Center in Washington, D.C. spielte, kam kurz vor der Vorstellung die Stage-Managerin in meine Garderobe und fragte: »Will you drop the f-bomb in your show?« Ich wusste nicht, was das bedeuten sollte, und überspielte meine Ahnungslosigkeit mit einem Scherz: »Natürlich nicht. Das waffenfähige Plutonium haben sie mir bei der Einreise leider abgenommen.« Später erfuhr ich, dass mit der »f-bomb« das Wort F**k gemeint ist. Dieses Wort im öffentlichen Raum auszusprechen ist in Amerika ziemlich heikel. Überhaupt ist in diesem Land alles heikel, was in irgendeiner Weise einen sexuellen Kontext haben könnte.

Wenn Sie schon einmal ein Programm von mir gesehen haben, dann wissen Sie, dass mein Material ziemlich »clean« ist, wie die Amerikaner es bezeichnen würden. Das heißt, es gibt keine Flüche oder sexuellen Ausdrücke. Und wenn doch, dann in einem rein wissenschaftlichen Zusammenhang. Für meine amerikanische Show musste ich jedoch noch einmal zusätzlich mit Sagrotan-Spray durch meine Texte gehen. Besonders bei Firmenveranstaltungen – sogenannten *corporate gigs* – müssen die Gags auf der Bühne klinisch sauber sein. Im November wurde ich zu einem Vortrag bei einer Stiftung, die mathematische Grundlagenforschung fördert, ins kalifornische San Diego eingeladen. Drei Tage vorher rief mich die Pressesprecherin der Stiftung an, um noch kurz über meine angeblich so »cleanen« Inhalte zu sprechen. »Da ist uns beim Durchschauen auf YouTube etwas aufgefallen ...«, meinte sie allen Ernstes.

Konkret ging es um den harmlosen Witz: »Der menschliche Körper ist chaotisch konstruiert. Zum Beispiel verläuft unsere Abwasserleitung direkt durch das Vergnügungsviertel.« Offensichtlich hatte man in der Stiftung Bedenken, dass ich durch diesen Scherz das mathematische Fachpublikum anatomisch schwer irritieren könnte. Schweren Herzens strich ich also dieses sexuelle Teufelszeug aus meinem Programm. Wer weiß, was es sonst unter den Leuten ausgelöst hätte?

Einundsechzig Prozent der Amerikaner halten die Todesstrafe für moralisch vertretbar, aber nur sieben Prozent halten eine außereheliche Affäre für tolerabel. Was eine Menge über die Prioritäten in diesem Land aussagt. Als die Sache von Bill Clinton und Monica Lewinsky herauskam, war das eine nationale Katastrophe. Hätte Clinton seinen Hund vergiftet oder Mexiko den Krieg erklärt, wäre das noch irgendwie okay gewesen. Aber mit einer Geliebten im Oval Office rummachen? Das geht nicht! Ein Mann, der zu so etwas fähig ist, kann kein Land regieren. Anderswo ist man da nicht so zimperlich. Der griechische Premierminister Papandreou kehrte von einer Herzoperation in London mit einer ehemaligen Stewardess im Arm zurück, deren barbusige Fotos gerade die Titelseiten der Boulevardzeitungen zierten. Er ließ sich von seiner Frau scheiden und erklärte die Geliebte zur First Lady. Quasi ein fliegender Wechsel. Kein Grieche scherte sich darum. Dass griechische Politiker ähnlich locker mit Staatshaushalten umgehen wie mit ihren Ehefrauen, steht auf einem anderen Blatt.

Beim Thema »Sexualität« verstehen die Amerikaner keinen Spaß. Nackt in die Sauna zu gehen ist in den USA ein No-Go. Küssen in der Öffentlichkeit ist zwar nicht direkt verboten, wird aber als »öffentliche Zurschaustellung zwischenmenschlicher Zuneigung« (als *Public Display of Affection*, kurz PDA) mit strafendem Kopfschütteln bedacht. In Virginia ist Sex vor der Ehe verboten. Außer mit einem Tier. Das muss allerdings dann weniger als achtzehn Kilo wiegen, und der Sex muss in gegenseitigem Einvernehmen stattfinden.

In Texas gilt es als schweres Verbrechen, mehr als sechs Dildos zu besitzen, was wahrscheinlich irgendetwas mit der maximalen Zahl der menschlichen Köperöffnungen zu tun hat. Als 2004 beim Super Bowl Justin Timberlake Janet Jacksons Leder-Bustier aufriss und dabei für geschätzte 0,003 Sekunden ihre Brust entblößte, war der *nipple gate* wochenlang Gesprächsthema.

Hinter verschlossenen Türen jedoch legen die Amerikaner ihre Hemmungen ab. Big-Data-Experten können inzwischen die wöchentlichen Arbeitslosenquoten in Amerika wesentlich präziser erfahren als Ökonomen, indem sie einfach nur die Zugriffszahlen auf Pornoseiten an einem Montagmorgen auswerten. Bei diesen Analysen tritt Verstörendes zutage. Wenn Sie auf einer amerikanischen Pornoseite »I want to have sex with my ...« eingeben, erscheint als erster Treffer das Wort »mum«. Und ich dachte immer, die Ödipus-Theorie von Sigmund Freud wäre ein urbaner Mythos.

Bei Google fragen amerikanische Männer öfter nach ihrem Penis als nach Leber, Lunge, Nieren, Bauchspeicheldrüse und Herz zusammen. Und nach ihrem Hirn fragen sie praktisch nie. Zwar ist bis auf wenige Ausnahmegenehmigungen Prostitution in den USA illegal, das hindert das Land aber nicht daran, der größte Porno-Produzent der Welt zu sein. Auf die Frage, wie sie die sexuelle Beziehung zwischen zwei Frauen sehen, antworten die meisten amerikanischen Männer: »16:9, Full HD!«

Etwa einhundert Meter von unserem Apartment entfernt befindet sich das Katz's Delicatessen. Jenes Restaurant, in dem die berühmte Orgasmusszene des Films *Harry und Sally* spielt. Obwohl er schon 1989 in die Kinos kam, gibt es immer noch zahlreiche amerikanische Pärchen, die das Katz besuchen, sich dort an exakt den Tisch setzen, an dem Meg Ryan ihren Höhepunkt simulierte, und dann die Szene nachspielen. Sie haben richtig gelesen. Wenn Sie im Katz essen gehen, fällt Ihnen alle fünf Minuten das Pastrami-Sandwich aus der Hand, weil irgendeine Sarah-Lee aus Tennessee ihrem Bob (und leider auch den restlichen Gästen) lautstark vorspielt, wie sich das in ihrem Schlafzimmer so anhört. Die Belegschaft hat sich auf diesen Irrsinn eingestellt und hebt je nach Qualität der Performance Schilder mit Punktewertungen in die Höhe.

Prüderie und Sexbesessenheit stehen für Amerikaner offenbar nicht im Widerspruch. So ist zum Beispiel auch die Zahl der durchgeführten Schönheitsoperationen in diesem Land für einen Europäer verstörend. Mit rund anderthalb Millionen ästhetisch-plastischen Eingriffen liegen die Amerikaner weltweit ganz vorn. Amerika ist das Land der Brustvergrößerungen und der Schamlippenverkleinerungen. Und des *anal bleaching*. Aber fragen Sie mich dazu bitte nicht nach Details.

In New York geht man damit noch einigermaßen diskret um. An der Westküste jedoch wird Hässlichkeit fast als Behinderung eingestuft. Nach meinem Vortrag bei der Mathematik-Stiftung in San Diego gab es noch einen kleinen Umtrunk. Ich mischte mich also unters Volk und traute meinen Ohren nicht. Ganz offen unterhielten sich die Frauen über ihren Schönheitschirurgen. »Siehst gut aus, bei wem warst du?« – war der normale Beginn einer Konversation. Wenn man erwähnt, dass man nichts an sich hat »machen lassen«, gilt man in Kalifornien vermutlich als Freak. Irgendwann ging mir das so auf die Nerven, dass ich – aus Scherz – in die Runde rief: »Also, ich würde bei mir niemals eine Penisverkürzung vornehmen lassen. Denn ich finde, jeder sollte zu seinen Defiziten stehen.« Die Pressesprecherin blickte mich mit eiskalten Augen an, drückte mir meinen Scheck in die Hand und schob mich Richtung Ausgang.

Stand-up-Clubs sind fast die einzigen Orte in Amerika,

an denen wirklich Tacheles geredet wird. Es fiel mir immer wieder auf, wie besessen amerikanische Comedians von Sexthemen sind. Selbst ältere Kollegen reden wie unreife Teenager minutenlang über ihr Geschlechtsteil, über Oralverkehr, über die bizarrsten Sexpraktiken und die damit verbundenen Missgeschicke. Fasziniert und laut kichernd hört das Publikum zu und kriegt sich nicht mehr ein. Mit dem Zünden eines harmlosen kleinen »F-Bömbchens« hat das alles nichts mehr zu tun. Fast hat man den Eindruck, die Comedians wollen mit möglichst extremen sexuellen Ausdrücken gleich das ganze Land moralisch destabilisieren.

Ich saß dann im Backstage und dachte mir: »Hey Leute, werdet erwachsen!« Doch dann klärten mich meine amerikanischen Kollegen auf: »Bei uns ist das öffentliche Aussprechen dieser Worte immer noch ein Tabu. Genau deswegen provozieren wir unser Publikum so gerne damit.«

Und sie haben natürlich recht. Jedes Mal, wenn jemand in einer amerikanischen Talkshow das F-Wort sagt, wird es konsequent weggepiept. Kein Wunder, dass Amerikaner so begeistert sind, wenn sie es endlich mal im ganzen Wortlaut hören können. Noch besser: wenn es gesungen wird. Als US-Rapper können Sie elf Jahre lang wegen Drogenhandel und Raubmord im Knast sitzen, aber sobald Sie den Song »Fuck you bitch, I'm the motherfuckin' nigger that needs a fuckin' blow job« rausbringen, gelten Sie unter den Fans als resozialisiert.

Die sprichwörtliche Prüderie wird gerne auf die Gottgläubigkeit der Amerikaner zurückgeführt. Das stimmt nur bedingt. »Der eigentliche Grund unserer sexuellen Verklemmtheit liegt in der Idealisierung der Familie«, erklärte mir unsere Freundin Kimberly. »Alles, was mit Sex außerhalb der Ehe zu tun hat, wird bei uns als Bedrohung wahrgenommen, weil dadurch angeblich Familien zerstört werden könnten. Wenn zum Beispiel unsere Kids Zugang zu Pornografie haben, bei Sportlern die Rückennummer »69« sehen oder im Fernsehen eine unbekleidete Frau zu Gesicht bekämen, halten das viele meiner Landsleute für eine Entweihung von Sexualität.«

Die Geschichte Amerikas ist bekanntlich geprägt von den Pionieren, die vor rund zweihundert Jahren begannen, das Land zu besiedeln. Ohne Arbeitslosenversicherung, ohne Gewerkschaften, ohne Anschubfinanzierung, ohne soziales Netz. Die Gemeinschaft der Familie war oft das Einzige, worauf man sich verlassen konnte. Wahrscheinlich ist das der Grund, weshalb auch heute das Thema »Familie« noch eine so große Rolle in der US-Kultur spielt. Es gibt kaum eine Sitcom, die sich nicht intensiv damit auseinandersetzt: *Friends*, *Golden Girls*, *King of Queens*, *How I Met Your Mother*, *Two and a Half Men*, *Modern Family*. Selbst in *The Big Bang Theorie* geht es *nicht* um Physik, sondern um das Reibungsverhältnis von vier Nerds, deren Freundschaft einen Familienersatz darstellt.

Im Gegenzug wird alles, was mit Sex zu tun hat, auf der Leinwand tabuisiert oder – wenn es nicht zu vermeiden ist – romantisiert. Denken Sie nur an *Pretty Woman*. Amerikaner lieben diesen Film. Aber sie hassen es, wenn man mit seiner Stamm-Prostituierten auf ihrer Geburtstagsfeier aufkreuzt.

Bereits 1934 trat in den USA der sogenannte Hays Code in Kraft. Eine strenge Richtlinie, nach der in Hollywood-Produktionen keine sexuellen Darstellungen enthalten sein dürfen. Daher ist es auch nicht erstaunlich, dass die US-Serie *Sex and the City*, die 1998 herauskam, einschlug wie eine Bombe. Öffentlich über Sex zu reden war nämlich auch zu diesem Zeitpunkt in den USA immer noch ein totales Tabu. Doch dann kamen plötzlich vier moderne New Yorkerinnen an und offenbarten erstmals im Fernsehen ihre sexuellen Eskapaden, Träume und Wünsche. »Ihr Europäer habt *Sex and the City* vielleicht als Satire gesehen«, sagt Kimberly. »Für uns war es ein Dokumentarfilm.« Produziert und gesendet wurde die Serie übrigens von dem Bezahlsender HBO. Die einzige Möglichkeit, um an der strengen amerikanischen Medienaufsicht vorbeizukommen. Fun Fact am Rande: Obwohl es die ganze Zeit um schlüpfrige Themen ging, hatte Sarah Jessica Parker eine Anti-Nackt-Klausel in ihrem Vertrag.

In der Hinsicht waren wir Deutschen schon immer progressiver. Stolz erzählte ich Kimberly, dass es für deutsche Serienschauspielerinnen absolut kein Problem sei, ab und an mal ihre nackte Brust zu zeigen. »Das mag schon sein«, erwiderte sie. »Allerdings macht das eure Fernsehserien auch nicht besser ...«

Schon vor einhundertfünfzig Jahren schrieb Alexis de Tocqueville: »Es gibt sicher kein Land auf der Welt, wo die

Ehebindung höher respektiert oder das Glück in der Ehe höher geschätzt wird.« Das ist auch heute noch der Fall. In Amerika wird deutlich mehr und deutlich früher geheiratet als in Europa. In Washington tummeln sich zahlreiche konservative Lobbygruppen, die traditionelle *family values* hochhalten und einen enormen Einfluss auf die Innenpolitik des Landes ausüben. Alles, was die Familie bedrohen könnte, ist diesen Organisationen ein Dorn im Auge: Scheidungen, Stammzellenforschung, Pornos und Sexualkunde an der Highschool. Sogar Empfängnisverhütung sehen viele erzkonservative Amerikaner skeptisch, weil sie in ihren Augen unnatürlich ist. Andererseits, Insulin ist ebenfalls unnatürlich. Oder McDonald's. Oder, dass jemand übers Wasser gehen kann.

Das Schlimmste jedoch, was man in den USA machen kann, ist abzutreiben. Selbst viele liberale Amerikaner lehnen Schwangerschaftsabbrüche kategorisch ab. Gleichzeitig haben die meisten von ihnen kein Problem mit der Todesstrafe. Klingt absurd, ist aber so.

Betrachtet man dieses Paradox jedoch durch die Familienbrille, dann zeigt sich die Logik dahinter. Der amerikanische Publizist Eric T. Hansen schreibt dazu in seinem Buch *Planet America*: »Abtreibung ist Mord, die Todesstrafe aber nicht. Denn eine Abtreibung zerstört die entstehende Familie, und Gesetze, die Abtreibung zulassen, verringern folglich den Wert der Familie. Bei der Todesstrafe ist es umgekehrt. In Amerika wird nur Mord unter Todesstrafe gestellt. Und Mörder zerstören Familien. Das heißt, Gesetze, die Mörder in Schutz nehmen, verringern also ebenso den Wert der Familie.«

Ein weiteres pikantes Thema in der amerikanischen Gesellschaft ist die gleichgeschlechtliche Liebe. Als 2005 der Kinofilm *Brokeback Mountain* herauskam, liefen christlich-konservative Kreise in den USA Sturm. Zwei schwule Cowboys, die auch noch Ehebruch gegenüber ihren Frauen begingen, brachten die Leute auf die Barrikaden. »Homosexualität ist eine Rebellion gegen Gott!«, schimpften damals viele Amerikaner. Was natürlich Quatsch ist. Wenn überhaupt irgendjemand eine offene Rebellion gegen Gott anzettelt, dann sind es nicht homosexuelle Viehtreiber, sondern die Leute von der NASA. Denn die schießen seit Jahrzehnten Raketen in den Himmel.

Im Juni 2015 legalisierte der Supreme Court gegen den erbitterten Widerstand konservativer Kräfte die Homo-Ehe in allen Bundesstaaten. Eine äußerst sinnvolle Entscheidung, wenn Sie mich fragen. Und darüber hinaus auch noch eine uramerikanische. Denn laut US-Verfassung soll ja gerade jeder Amerikaner nach seinem persönlichen Glück streben dürfen. Was also können wahre Amerikaner dagegen haben, wenn zwei Menschen des gleichen Geschlechts ihr Glück tatsächlich finden und den Bund der Ehe eingehen wollen? Auch hier kommen wieder die vermaledeiten *family values* ins Spiel. Denn für konservative Amerikaner ist »Ehe« eben nicht nur ein Wort, es ist ein Symbol für die traditionelle Familie: für Vater, Mutter und Kind.

Glücklicherweise sind wir in Europa auch in dieser

Hinsicht deutlich liberaler. Selbst in konservativen Kreisen. Kurz nach meiner Rückkehr aus den USA erzählte ich meinen Eltern von meinen Erfahrungen mit der amerikanischen Prüderie. Worauf mein Vater meinte: »Also, ich verstehe die Amis nicht. Was kann man schon groß dagegen haben, dass Schwule heiraten dürfen?«

»Echt jetzt?«, fragte ich überrascht.

»Klar doch. Wenn sie eine nette Frau finden, warum nicht?«

RESTROOMS

MEN
(SELF-IDENTIFIED)

←

WOMEN
(SELF-IDENTIFIED)

→

PC HAT NICHTS
MIT COMPUTERN ZU TUN

Jedes Jahr im Herbst gibt es einen Tag, an dem die Amerikaner die Entdeckung Amerikas feiern. Als ich am 12. Oktober 2019 recht unbedarft der Supermarktkassiererin bei Whole Foods einen schönen Columbus Day wünschte, meinte sie: »Kolumbus war ein ekelhafter, imperialistischer Ausbeuter. Es ist eine Schande, dass dieser Tag seinen Namen trägt …«

Noch vor wenigen Jahren hatten die Amerikaner mit dem Mann kein großes Problem. Fünfhundert Jahre lang war Christoph Kolumbus ein Held. Man hörte kein böses Wort über ihn. Im Gegenteil. Man hat Städte, Schulen und Straßen nach ihm benannt. In New York gibt es sogar einen Kreisverkehr, der seinen Namen trägt: der Columbus Circle an der Südspitze des Central Parks. Seit 1992, dem fünfhundertsten Jahrestag der Entdeckung Amerikas, steht der italienische Seefahrer mehr und mehr unter Beschuss. Er wurde von einem Helden zu einem Dämon. Was interessant ist, denn er war ja die letzten fünfhundert Jahre tot. Während dieser Zeit hat er meines Wissens nichts Böses mehr gemacht. Inzwischen haben einige Bundesstaaten den Columbus Day sogar umbenannt in *Indigenous Peoples' Day.*

Was ich noch irritierender finde, denn ich kann mir kaum vorstellen, dass es die indigenen Völker Amerikas so toll finden, dass ihr Nationalfeiertag exakt auf das Datum fällt, an dem Kolumbus gelandet ist.

Die Tendenz, historische Personen, Namen oder Ausdrücke aus dem Sprachschatz zu verbannen, hat sich in den USA zu einer Art Volkssport entwickelt: »Sag auf keinen Fall Merry Christmas. Das könnte nämlich Leute beleidigen, die keine Christen sind! In New York sagen wir *Happy Holidays*!« Ich bin mal gespannt, wann sie den *Valentine's Day* abschaffen. Denn immerhin ist die perfide Methode, Frauen mit Blumen und Schokolade gefügig zu machen, zutiefst sexistisch und diskriminierend. In den Anfängen der Corona-Pandemie wurde gar darüber diskutiert, ob man die Krankheit denn tatsächlich »Wuhan-Grippe« nennen dürfe, da sich dadurch Menschen chinesischer Herkunft herabgesetzt fühlen könnten.

Wenn man länger in den USA lebt, dann realisiert man, wie durchdrungen dieses Land von politischer Korrektheit ist. Besonders an den Universitäten ist das extrem ausgeprägt.

An manchen amerikanischen Unis darf das Buch *Huckleberry Finn* nicht mehr behandelt werden, weil Mark Twain ganz oft das Wort »Negro« benutzt hat. Und das ist ein Wort, das man in den USA nicht mehr sagen darf. Ein Literaturwissenschaftler aus Alabama hat eine bereinigte Fassung erstellt, in der alle »Negros« und »Nigger« gestrichen waren. Vorteil: Aus einem dicken Schinken wurde ein Reclamheft.

Nachteil: Keiner verstand mehr, worum es in dem Buch geht. Was doppelt bescheuert ist, denn indem man diese Bücher des historischen Kontextes beraubt, tut man so, als hätte es die Diskriminierung nie gegeben. Das ist Verdrängung und keine Aufarbeitung.

Entstanden ist die Political Correctness in den Achtzigerjahren. Damals bildete sich an amerikanischen Universitäten eine Bewegung, die – vollkommen zu Recht – forderte, Menschen nicht aufgrund ihrer Hautfarbe, einer Behinderung oder einer bestimmten sexuellen Orientierung zu diskriminieren. Zu diesem Zeitpunkt bestand in dieser Hinsicht großer Handlungsbedarf. Stockkonservative Kräfte bestimmten damals die Debatten. Offene Intoleranz gegenüber Minderheiten war gesellschaftlich akzeptiert.

Glücklicherweise haben sich diese Verhältnisse massiv verbessert. Sowohl in Deutschland als auch in Amerika. Eigentlich hätten wir allen Grund, froh darüber zu sein und uns locker zu machen. Paradoxerweise passiert genau das Gegenteil. Je offener und toleranter unsere Gesellschaft wird, umso mehr versucht man, mit politisch korrekten Sprachregelungen den Eindruck zu erwecken, wir lebten immer noch in den schlimmsten Zeiten der Siebziger- und Achtzigerjahre. Heute ist selbst die Benutzung des Wortes »black« in vielen amerikanischen Bildungseinrichtungen heikel. Wenn Sie in der Uni-Mensa gefragt werden, wie Sie Ihren Kaffee wollen, dann sagen Sie am besten: »African American.«

Im Jahr 2013 hat das US-Department of Justice and

Education die Antidiskriminierungsstatuten erweitert und dafür gesorgt, dass schon jede Ausdrucksweise, die »nicht willkommen« ist, unter sexuelle Belästigung fällt. Mit anderen Worten: Jeder kann heute seine subjektiven Gefühle als objektiven Grund für eine Belästigungsklage ins Feld führen. Und je länger dieser Zirkus andauert, desto sicherer zerstört man die größte Errungenschaft unserer abendländischen Kultur: Sagen zu dürfen, was man denkt. Auch, wenn es dumm, falsch, beleidigend und unerträglich ist. Darf man bei den Paralympics buhen? Ist es diskriminierend, dass es keine Autobahnschilder in Blindenschrift gibt? Oder dass die meisten öffentlichen Statuen Männer zeigen, die auf weiblichen Pferden sitzen?

Schon längst ist die politische Korrektheit der amerikanischen Universitäten zu uns nach Deutschland übergeschwappt. Als ich vor zwanzig Jahren als Komiker angefangen habe, war es vor allem wichtig, Gags zu schreiben, bei denen die Leute lachen. Das ist heute total aus der Mode geraten. Heute erwarten die Leute, dass man Gags schreibt, bei denen die richtigen Leute lachen. Wenn man zum Beispiel einen Witz über Greta Thunberg oder Carola Rackete macht, dann ist das nicht gut. Da lachen nämlich die falschen Leute. Früher konnte man noch über Angela Merkel Witze machen. Das ist heute auch problematisch. Denn da könnten eventuell die Leute von der Neuen Rechten lachen. Witze über Trump gehen. Oder über Ostdeutsche. Über Moslems lieber nicht. Schon alleine aus gesundheitlichen Gründen.

Als ich anfing, hat man als Kabarettist noch ehrliche und direkte Kritiken bekommen: »Ebert kalauerte sich durch den Abend«, hat vor Jahren mal eine große deutsche Tageszeitung geschrieben. »Flach und uninspirierend«, titelte eine andere. Daher habe ich die ersten paar Jahre auch immer ohne Pause gespielt, weil sonst im zweiten Teil der Saal leer gewesen wäre. Doch mit den Jahren wurde es besser. Einmal meinte ein Redakteur zu mir: »Ich kann mir das gar nicht erklären, aber für Ihr Talent läuft's überraschend gut ...« Inzwischen bewertet man Künstler mehr und mehr danach, ob sie sich zu irgendetwas Gutem positionieren. Für Vielfalt, gegen Rechts, für Seenotrettung, gegen Plastiktüten, fürs Klima, gegen Kohle. Wer zu alldem nichts sagt, macht sich bereits verdächtig. Noch vor einem Jahr unterhielt ich mich mit einem Journalisten über die neue Show eines deutschen Kollegen. »Na ja, ich hätte mir schon gewünscht, dass er eine etwas klarere politische Haltung artikuliert«, sagte er. Meine Güte, der Mann ist Pantomime.

Während meiner bisherigen Bühnenkarriere habe ich mir nie groß die Frage gestellt, ob ein Witz der »falschen« oder der »richtigen« Seite nutzen könnte. Und ob ich bestimmte Dinge auf der Bühne sagen kann, um ja nur niemanden zu diskriminieren. Das hat sich in den letzten Jahren immer mehr verändert. Und das finde ich fürchterlich. Ein falscher Nebensatz aus dem Zusammenhang, und man läuft Gefahr, einen Shitstorm zu kassieren oder sogar seine Karriere zu riskieren. Ich weiß von einigen Kollegen, dass sie sich dieselben Sorgen machen.

Ganz am Anfang unserer USA-Reise habe ich mich darauf gefreut, die zahlreichen Erfahrungen, die wir machen werden, in ein neues Bühnenprogramm einzubauen. Parallel dazu beobachtete ich aus der Ferne die Entwicklung in meinem Land. Der Meinungskorridor wurde in dieser Zeit eindeutig enger. Eine Studie des Allensbach-Instituts zeigt, dass inzwischen nur noch jeder fünfte Deutsche glaubt, man könne seine Meinung in der Öffentlichkeit frei äußern. Selbst im Freundeskreis sind viele inzwischen vorsichtig. Die Gründe dafür mögen vielfältig sein. Auf jeden Fall haben wir ein Klima geschaffen, bei dem viele Angst haben, irgendetwas zu sagen, weil es von irgendjemandem falsch ausgelegt oder weil sich jemand beleidigt fühlen könnte.

Irgendwie vermisse ich Leute wie Karl Lagerfeld, Helmut Schmidt oder Niki Lauda. Alte weiße Männer, denen es egal war, was andere von ihren Aussagen hielten. Dass die Menschen sie genau dafür schätzten, offenbart, wie groß unsere Sehnsucht nach ein bisschen Wahrhaftigkeit und Geradlinigkeit in einer Welt voller angepasster Herdentiere ist. »Wer Jogginghosen trägt, hat die Kontrolle über sein Leben verloren«, war Lagerfelds berühmtester Satz. Von Prinz Philip, dem Duke of Edinburgh, ist die folgende Begebenheit bekannt: Bei einer öffentlichen Veranstaltung verriet ihm einmal ein Zwölfjähriger seinen größten Berufswunsch: Astronaut! Daraufhin beugte sich der Ehemann der englischen Königin zu dem kleinen Bub hinunter und sagte: »Vergiss es, mein Junge. Für einen Astronauten bist du viel zu fett ...« Politisch vollkommen unkorrekt. Aber lustig.

Nicht, dass wir uns falsch verstehen. Natürlich ist jede Form von Diskriminierung inakzeptabel. Da gibt es auch heute noch durchaus abschreckende Beispiele. Als wir im Flieger nach Amerika saßen, kam am Anfang die Durchsage: »Hallo, mein Name ist Cordula Hartmann, und ich werde Sie heute sicher nach New York bringen …« Und da sagte doch tatsächlich ein Typ hinter mir: »Um Gottes willen, eine Frau am Steuer – ich steige aus!« Ich drehte mich zu ihm um und sagte laut und deutlich: »Was bitte ist Ihr Problem? Natürlich kann eine Frau genauso gut ein Flugzeug fliegen wie ein Mann!« Dann fügte ich noch etwas leiser hinzu: »Sie muss ja auf dem JFK nicht rückwärts einparken …« Das war ein Witz. Aber solche Scherze dürfen Sie heutzutage nicht mehr machen. In Amerika kann Sie eine solche Aussage tatsächlich die Karriere kosten.

Selbst auf New Yorker Comedy-Bühnen gibt es Tabuthemen. Ich habe bei einem Auftritt ins Publikum gefragt, ob sehbehinderte Menschen auch die Haufen von ihrem Blindenhund aufsammeln müssen. Und wenn ja, wie? Da war die Stimmung aber richtig im Keller! Und als ich dann auch noch fragte, ob sich ein Transgender halb auf einen Frauenparkplatz stellen darf, kamen die ersten Pfiffe. Es ist wirklich absurd. Ein Land, in dem die Redefreiheit groß in der Verfassung steht, diskutiert inzwischen ernsthaft darüber, ob man in Anwesenheit einer Frau das Wort »Brüste« in den Mund nehmen darf. Wohlgemerkt nur das Wort. Selbst die Frage »Wo kommst du her?« wird an manchen amerikanischen Unis als Diskriminierung empfunden. Denn dadurch könnten ja pauschale ethnische Vorurteile hochkommen. Na und? Immer wenn Amerikaner mitbekamen, dass ich Deutscher bin, hieß es: »Oh, ihr Deutschen seid so irrsinnig effizient.« Ganz ehrlich, ich habe mich dadurch noch nie rassistisch beleidigt gefühlt.

In den USA ist man da anderer Meinung. »Don't judge a book by its cover« heißt es dann immer. Aber was ist die Alternative? Soll ich wirklich erst alle Bücher lesen? Was soll diese übertriebene Vorsicht? Martin Luther King hat bereits vor Jahrzehnten gesagt: »Wir müssen aufhören, dem weißen Mann die Schuld zu geben.« King versuchte, Menschen die Wichtigkeit persönlicher Verantwortung und Selbstbestimmung trotz rassistischer Barrieren nahezubringen und sie zu ermutigen, sich nicht in die hilflose Opferrolle zurückzuziehen. Heute ist das nicht mehr modern. Wir leben in einer Zeit, in der sich jeder benachteiligt, beleidigt oder diskriminiert fühlt. »Mama, ich bin gemobbt worden!« – »Nein, mein Junge, du bist einfach nur ein kleines Arschloch.«

In Wahrheit löst die Inszenierung als Opfer kein einziges Problem. Man unterdrückt damit nur unbequeme Debatten. Denn die Probleme sind ja nicht weg, nur weil man sie nicht mehr aussprechen darf. Mit Sprachregelungen und Redeverboten ändert man die Welt nicht. Im Gegenteil. Wer die Konfrontation von Ideen verhindert, tut dies aus Angst vor der Schwäche des eigenen Standpunkts. Die frühere US-Außenministerin Condoleezza Rice, die heute in Stanford lehrt, wird noch deutlicher: »Political Correctness ist eine ernst zu nehmende Bedrohung für die Existenz von

Universitäten. Wenn ich höre, dass Studenten sich wohlfühlen wollen, hört bei mir der Spaß auf. Es ist nicht meine Aufgabe, dafür zu sorgen, dass sich Leute in meinen Kursen wohlfühlen, im Gegenteil – es ist mein Job, sie dazu zu bringen, die Wohlfühlzone zu verlassen. Sie müssen sich mit Ideen auseinandersetzen, die nicht in ihr Weltbild passen.«
Denn viele wissenschaftliche Erkenntnisse waren zum Zeitpunkt ihrer Entstehung ebenfalls politisch völlig unkorrekt. Haben Affen und Menschen gemeinsame Vorfahren? Wird Kindbettfieber durch Ärzte ausgelöst, die sich nicht die Hände gewaschen haben? Sind Frauen genauso klug wie Männer?

Für die meisten waren das damals vollkommen unverschämte Fragen. Aber in der Wissenschaft geht es nicht darum, Gefühle von anderen nicht zu verletzen. Wissenschaft versucht, den Dingen auf den Grund zu gehen. Und dabei findet sie immer wieder Sachen heraus, die den Leuten nicht passen. Das heißt natürlich nicht, dass alle politisch unkorrekten Ideen automatisch klug sind. Aber wenn wir keine dummen Ideen zulassen, kriegen wir die klugen eben auch nicht mit.

Im Jahre 2009 gab es an der Harvard University einen großen Skandal. Der damalige Präsident Lawrence Summers gab öffentlich zu bedenken, dass Männer unter anderem auch deswegen häufiger in naturwissenschaftlichen und mathematischen Spitzenpositionen zu finden sind als Frauen, weil die statistischen Intelligenzverteilungen von Männern und Frauen unterschiedlich sind. Im Durchschnitt haben Frauen zwar den gleichen IQ wie Männer, in den äußeren Grenzbereichen jedoch sind Männer überrepräsentiert. Salopp gesagt gibt es unter Männern mehr Genies, aber auch mehr Idioten. Über einem IQ von einhundertvierzig findet man siebenmal mehr Männer als Frauen. Dieses Phänomen ist in der Forschung unbestritten und durch seriöses Datenmaterial zigfach bestätigt worden. Lawrence Summers musste dennoch seinen Hut nehmen, da seine Aussage angeblich diskriminierend war. »An den Eliteunis der US-Ostküste wird *diversity* hochgehalten. Bei Hautfarbe und Geschlecht – aber eben nicht bei Meinungen.« Ein Harvard-Professor für Evolutionsbiologie verriet mir dies unter vorgehaltener Hand. Dabei sollten doch gerade Universitäten Orte der Denkfreiheit sein. Dumme Gedanken mit eingeschlossen.

Die Methode der Wissenschaft ist deswegen so erfolgreich, weil sie unvoreingenommen und unideologisch an Fragen herangeht, deren Antworten uns vielleicht verstören oder sogar ärgern könnten. Sind Gotteserscheinungen nichts weiter als epileptische Anfälle? Sind die Thesen der Genderforschung mit naturwissenschaftlichen Erkenntnissen vereinbar? Könnten mehr Leben gerettet werden, wenn man seine Organe auf eBay versteigern dürfte?

Noch vor wenigen Monaten wurden solche Diskussionen allenfalls in philosophischen Proseminaren oder auf der YouTube-Universität erörtert. In Zeiten der Pandemie jedoch müssen wir uns plötzlich in der Realität mit extrem brisanten, politisch unkorrekten Fragen auseinandersetzen:

Ist es erlaubt, fundamentale Freiheitsrechte einzuschränken, um eine Seuche einzudämmen? Wie hoch darf der volkswirtschaftliche Schaden sein, um Menschenleben zu retten?

Für Finanzminister Olaf Scholz war noch im April klar: »Ich wende mich gegen jede dieser zynischen Erwägungen, dass man den Tod von Menschen in Kauf nehmen muss, damit die Wirtschaft läuft. Solche Abwägungen halte ich für unerträglich.« Und auch der Gouverneur von New York, Andrew Cuomo, twitterte zur selben Zeit: »Man kann einem Menschenleben keinen Wert beimessen.« Aus ethischer Sicht haben beide natürlich recht. Und politisch korrekt sind deren Aussagen sowieso. In der aktuellen Situation ist es jedoch nur schwer möglich, diese Abwägungen nicht anzustellen. Selbstverständlich ist ein Menschenleben nicht mit Geld aufzuwiegen. Das ändert aber nichts an der Tatsache, dass in der medizinischen Praxis die Rettung von Menschen einen Preis hat. Wenn zu wenige Beatmungsgeräte für zu viele Patienten verfügbar sind, müssen Ärzte wohl oder übel abwägen, bei wem sich die Behandlung »lohnt« und bei welchem Patienten nicht.

Dazu kommt, dass die Aussage »Menschenleben vor Wirtschaftskraft« einen ganz wesentlichen Aspekt ignoriert: Denn natürlich tötet auch eine ökonomische Krise Menschen. Ärmere Menschen sind statistisch gesehen kränker, sie sterben früher oder nehmen sich mitunter aus Verzweiflung sogar das Leben. Wenn die Wirtschaft zusammenbricht, bricht im Übrigen auch das Gesundheitssystem zusammen. Beatmungsgeräte können nicht mehr betrieben werden, es kommt zu Lieferstaus bei Medikamenten, und an die Entwicklung eines Impfstoffes ist erst recht nicht mehr zu denken. In Wahrheit geht es also nicht um eine Abwägung zwischen Wirtschaft und Leben, sondern zwischen Leben und Leben. Und diese Abwägung ist unfassbar schwer. Denn sie rüttelt an einem Tabu.

In den letzten Jahren hatten wir den Luxus, diese Abwägungen nicht mehr machen zu müssen. Insgeheim gingen wir davon aus, dass die Party endlos weitergeht. Doch eine Gesellschaft, die keine großen existenziellen Probleme mehr hat, bauscht anscheinend kleine Probleme immer mehr auf. Die politische Korrektheit hat unsere Gesellschaft durchdrungen wie eine schleimige Hautkrankheit. In der Corona-Krise offenbart sich, wie absurd und irrelevant die Diskussionen über die Wichtigkeit von genderneutralen Toiletten, Geschlechtergerechtigkeit oder überkorrekten Sprachregelungen sind.

Corona wirft uns zurück auf das Wesentliche. Ist es wirklich sinnvoll, mehr Gender-Lehrstühle zu haben als Lehrstühle für Pharmazie? Wollen wir das fachlich beste Team oder doch lieber das »ethnisch diverseste«? Und schmälert es tatsächlich die Qualität eines wissenschaftlichen Artikels über einen neuen Impfstoff, wenn darin eine Testgruppe als »people of color« bezeichnet wird?

»Krisen wirken vor allem dadurch, dass sie alte Phänomene auflösen, überflüssig machen«, sagt der Zukunftsforscher Matthias Horx. Wenn wir dieser Krise also etwas Positives abgewinnen können, dann ist es die Chance, uns endlich wieder mit realen und akuten Problemen zu beschäftigen, statt uns in endlosen Scheindebatten über Pseudoprobleme aufzureiben. Es bleibt zu hoffen, dass besonders der universitäre Bereich wieder zu dem zurückfindet, was ihn eigentlich ausmachen sollte: sich vorurteilsfrei und unideologisch mit wissenschaftlichen Fakten auseinanderzusetzen, statt mit politisch korrekten Regeln zu versuchen, unsere Gesellschaft umkrempeln zu wollen.

BORN
TO BE WILD

Der Winter in New York ist grässlich. Wochenlang eisige Temperaturen, Schneestürme, die die Straßen in einen matschigen, knöcheltiefen, graubraunen Brei verwandeln. Regelmäßig fällt die Subway aus, sogar das Stromnetz bricht hin und wieder für ein paar Stunden zusammen, weil irgendwo in New Jersey ein schneebedeckter Baum auf eine Überlandleitung gefallen ist. Doch der Winter im Big Apple erfüllt eine wichtige gesellschaftliche Funktion. Er sorgt dafür, dass die Weicheier, die in die Stadt kommen, schnell wieder verschwinden. Jedes Jahr ziehen Tausende ambitionierte Neuankömmlinge nach New York. Ein einziger harter Winter reicht aus, um die Herde wieder auszudünnen. So zieht etwa die Hälfte des Rudels nach kurzer Zeit weiter in den klimatisch angenehmeren Süden Amerikas oder gleich an die Westküste. Diejenigen, die bleiben, vermischen ihr zähes Blut mit dem der Einheimischen. Das Ergebnis ist eine Bevölkerung, durch deren Adern Frostschutzmittel fließt.

Auch Valerie und ich haben anfangs überlegt, im Winter die Stadt zu verlassen und stattdessen die drei, vier schlimmsten Monate im sonnigen Kalifornien zu verbringen. Doch dann haben wir uns besonnen. Immerhin heißt das Buch *Broadway statt Jakobsweg*. Wer entschleunigen will, kann ja gerne nach San Diego ziehen. Nicht mit uns! Harte Hunde wie wir bleiben in New York. Auch wenn einem der Blizzard ins Gesicht weht und der Schneematsch einem unerbittlich die Beine hochkriecht.

Nur ein einziges Mal wurden wir schwach. In der ungemütlichsten Zeit im Februar entschlossen wir uns zu einem viertägigen Roadtrip in wärmere Gefilde. Wir buchten einen Flug nach Austin/Texas, mieteten uns dort ein Auto und erkundeten die Gegend. Texas ist ein Bundesstaat, den wir ohnehin schon lange besuchen wollten. Fragt man nämlich einen Amerikaner, was man von seinem Land gesehen haben muss, um Amerika wirklich zu verstehen, dann kommt meist wie aus der Pistole geschossen: »Fahr nach Texas.« Und der Ausdruck »wie aus der Pistole geschossen« ist hier nicht nur ein Wortspiel. Texaner lieben Waffen. In fast jedem Walmart finden Sie gleich neben der Abteilung für Babybekleidung eine gut sortierte Auswahl an Revolvern, Pistolen und Jagdflinten. Lediglich Sturmgewehre gibt es dort seit 2015 nicht mehr zu kaufen. Die Nachfrage war einfach zu gering.

Selbst als Ausländer kriegt man in vielen Läden direkt ein Jagdgewehr *to go*. Ohne große Überprüfung. Für einen Revolver gilt oft eine zweiwöchige »Cool-down-Periode«. Damit soll verhindert werden, dass Sie nach einem Streit mit Ihrer Frau im Affekt eine Magnum kaufen, um die Auseinandersetzung auf texanische Art zu lösen. Um »runterzukommen«, gibt Ihnen der Waffenhändler Ihres Vertrauens also erst mal zwei Wochen Bedenkzeit. Wenn Sie dann immer noch auf Ihre Gattin sauer sind, hat er anscheinend nichts mehr dagegen. Fast jeder zweite Amerikaner hat eine Schusswaffe im Haus. In Texas liegt der Anteil mit ziemlicher Sicherheit deutlich höher. Zwar wird im Land immer wieder über schärfere Waffengesetze diskutiert, doch die National Rifle Association, eine Art amerikanische Version des ADAC, ist unglaublich stark.

Wenn es hart auf hart kommt, hamstern wir Deutschen Klopapier, Franzosen decken sich mit Rotwein und Kondomen ein, und der Amerikaner füllt seine Waffenvorräte auf. Jeder hat eben so seine Prioritäten. Alleine im März 2020 wurden in den USA 2,5 Millionen Waffen gekauft. Fünfundachtzig Prozent mehr als im Vorjahresmonat.

Am Tag nach unserer Ankunft in Texas überraschte mich Valerie mit einem Schießkurs bei der »Range at Austin«, einem der zahlreichen öffentlichen Schießstände rund um die Stadt. In einem einstündigen *pistol shooting package* sollten wir zu »Dirty Harrys« ausgebildet werden. Wir betraten die Lobby, die mehr nach der Leistungsschau einer südamerikanischen Militärdiktatur aussah. Buchstäblich ÜBERALL in dem Showroom hingen Schusswaffen. Unzählige Gattungen, auf Hochglanz poliert, perfekt ausgeleuchtet, in schicken Glasvitrinen. Über einem besonders teuer aussehenden Schnellfeuergewehr lief ein Erklärvideo, in dem zwei Typen den Lauf des Modells sorgfältig mit Speckstreifen ummantelten, was uns etwas verwundert zurückließ. Dann gaben sie fünf, sechs ordentliche Salven auf eine Pappfigur ab, die innerhalb von Sekundenbruchteilen bis zur Unkenntlichkeit zerstört war. Am Ende der zweiminütigen Demonstration nahmen sie von dem glühend heißen Lauf den durchgebratenen Speck ab, grinsten in die Kamera und schoben ihn sich genüsslich in den Mund.

»Hi, I'm Jeff«, tönte es plötzlich hinter uns. »I'm your instructor and we're gonna have a lot of fun today!« Jeff sah tatsächlich aus wie das Klischee eines professionellen Scharfschützen: Bürstenhaarschnitt, drahtige Figur, messerscharfe eisblaue Augen. »Ihr schießt heute mit einer Glock, einem österreichischen Fabrikat«, sagte er. »Sehr verlässlich, sehr robust, einfach zu bedienen.« Ich blickte Valerie aus dem Augenwinkel an, verkniff mir aber einen nahe liegenden Vergleich. Das letzte Mal hatte ich 1988 eine Waffe in der Hand. Während meiner Bundeswehrzeit ging ich in die Geschichte der 12. Panzerdivision Veitshöchheim als der mit Abstand schlechteste Schütze der Kompanie ein. Damals war ich sogar ein bisschen stolz darauf. Nachdem Valerie und ich jeweils fünf Magazine mit der Glock verballert hatten, blickte Jeff auf Valeries Zielscheibe und pfiff beeindruckt durch die Zähne »Wow! Du bist ein echtes Naturtalent!« Dann schaute er sich meine Zielscheibe an – und konnte seinen verächtlichen Blick kaum verbergen.

Als wir die Range wieder verlassen wollten, kamen wir mit einem Texaner ins Gespräch, der mit einem beängstigenden Arsenal an eigenen Waffen ebenfalls auf der Range trainierte.

»Wisst ihr, jeder gute Amerikaner sollte sich selbst verteidigen dürfen!«, erklärte er uns.

»Aber Gewalt ist doch keine Lösung«, wandte ich vorsichtig ein.

»Wenn Gewalt keine Lösung wäre, dann wären bei euch die Nazis immer noch an der Macht.«

»Aber die meisten Schusswaffenopfer kommen durch Unfälle ums Leben«, entgegnete ich. »Viele von euch werden von Kleinkindern erschossen.«

Auch das war für ihn kein Argument: »Hätte man die Kinder schon früher mit der Waffe ausgebildet, würde so was nicht passieren.«

»Und was ist mit Hunden?«, konterte ich. »Letztes Jahr wurden zehn Amerikaner von ihren Hunden erschossen!«

»Wenn die Hunde in Notwehr gehandelt haben, ist das okay.«

Spätestens an der Stelle wusste ich, weshalb es heißt: *Don't Mess with Texas* (Leg dich bloß nicht mit Texas an). Oder wie es der Komiker Judah Friedlander einmal ausdrückte: »Laut 1. Zusatzartikel der Verfassung hat jeder das Recht, seine Meinung zu sagen. Laut 2. Zusatzartikel darf jeder eine Waffe besitzen und sie auch benutzen, wenn einem die Meinung des anderen nicht passt.«

Der Bundesstaat Texas ist fast doppelt so groß wie Deutschland und hat rund fünfundzwanzig Millionen Einwohner. Offizielles Staatstier ist das Gürteltier, das amerikanische Gegenstück zum deutschen Igel. Lebend habe ich während unseres Besuches in Texas kein einziges gesehen.

Dafür sieht man sehr viele Gürteltiere überfahren am Straßenrand liegen. Fast hat man das Gefühl, Texaner legen es bewusst darauf an, die armen Tiere mit ihren Pick-ups über den Jordan zu befördern. Was jedenfalls mit der gruseligen Begeisterung der Einheimischen zur Todesstrafe korrelieren würde.

Seit 1976 hat der Staat Texas sage und schreibe fünfhundertachtundfünfzig Personen exekutiert und hält damit die unangefochtene Spitzenposition in den USA. Die einzigen Bundesstaaten, in denen in den letzten fünfzig Jahren noch niemand durch ein Gerichtsurteil vom Leben in den Tod befördert wurde, sind Kansas und New Hampshire. Falls Ihnen also in Dallas die Idee kommt, jemanden umzubringen, dann nehmen Sie besser die Interstate 35 und fahren ins nahe gelegene Kansas.

Die martialische Unverdrossenheit, mit der die Texaner fleißig die Giftspritze aufziehen, steht im krassen Gegensatz zu ihrer Freundlichkeit im Alltag. Solange Sie nicht über Atheismus, Waffengesetze, mexikanische Einwanderer, vegetarische Ernährung oder Todesraten von Gürteltieren reden, sind Texaner die herzlichsten und großzügigsten Menschen, die man sich vorstellen kann.

Einmal wollten wir in der New Yorker Met die Premiere der *Zauberflöte* besuchen. Unglücklicherweise war die Vorstellung restlos ausverkauft. Trotzdem machten wir uns auf den Weg in der Hoffnung, vielleicht doch noch Karten an der Abendkasse zu bekommen. Vergeblich. Wir wollten schon wieder aufbrechen, als plötzlich ein älterer Herr mit Anzug, überdimensionalem Hut und Cowboy-Boots – Typ »J.R.« aus der Fernsehserie *Dallas* – ins Foyer stürmte, zwei Logenkarten für jeweils fünfhundert Dollar in die Höhe hielt und mit breitem Südstaaten-Akzent in die Runde rief: »Mir ist leider ein kurzfristiger Termin dazwischengekommen, und deshalb gebe ich die zwei Karten für einhundert Dollar her.« Zwei Wallstreet-Schnösel witterten ihre Chance und flachsten: »Sie müssen wohl Sue Ellen wieder in die Klinik bringen? Haha. Wir würden die Karten gerne nehmen. Allerdings nur für achtzig Dollar.« Darauf blickte er die beiden etwa drei, vier beunruhigend lange Sekunden an, drehte sich dann zu Valerie und sagte so laut, dass es alle hören konnten: »Entschuldigen Sie Ma'am. Hätten Sie vielleicht die Güte, mir die Karten für *fünf* Dollar abzukaufen?« So sind Texaner. Leg dich besser nicht mit ihnen an.

Auch wenn Texas das absolute Extrem darstellt, so ist der trotzige Wunsch vieler Amerikaner nach Selbstverteidigung, Unabhängigkeit und Eigenverantwortung im ganzen Land zu spüren. Amerikaner haben ein tiefes Misstrauen dem Staat gegenüber. Sie mögen es nicht, wenn sich die Regierung in ihre Angelegenheiten mischt. Selbst dann nicht, wenn es Sinn machen würde. In New Hampshire beispielsweise wird Ihnen per Gesetz die Freiheit zugestanden, ohne Gurt Auto zu fahren. Denn das offizielle Motto dort lautet: *Live Free or Die* (wobei in dem Fall *Drive Free and Die* noch besser passen würde). Insgeheim träumen Amerikaner immer noch von dem Lifestyle ihrer Vorfahren, die in ihren

Planwagen den Westen eroberten, Mais pflanzten, Rinder züchteten und sich gegen Hurrikans wappneten.

Amerika wurde auf der Idee des Individualismus aufgebaut. Auf dem Prinzip der unveräußerlichen Rechte des Einzelnen. Ein Land, in dem es dem Menschen freistand, sein Glück zu machen, weiterzukommen, nicht aufzugeben und etwas durch Leistung zu erreichen. Die Pioniere und Glücksritter des Wilden Westens betrachteten ihr persönliches Selbstwertgefühl als das höchste Gut. In der Überzeugung, dass niemand Anspruch auf nur eine Minute ihres Lebens hat. Egal, wer diesen Anspruch erhebt. Daher sind Amerikas Filmhelden auch oft Figuren, die das Gesetz »selbst in die Hand nehmen«: Charles Bronson in *Ein Mann sieht rot*, Clint Eastwood in *Grand Torino* oder Sylvester Stallone in *Rambo*.

Für uns Deutsche ist dieser trotzige Freiheitsdrang schwer zu verstehen. Der liberale Gedanke ist bei uns ohnehin eine Randerscheinung. Für einen freiheitsliebenden Amerikaner ist selbst das Grundsatzprogramm der FDP nahe am Sozialismus. Bei uns ist eben im Zweifel alles gesetzlich geregelt. Es gibt in Deutschland sogar staatliche Behörden für Innovation. Was miteinander etwa so vereinbar ist wie eine goldene Hochzeit mit Gerhard Schröder.

In einer amerikanischen Zeitschrift las ich, dass mehr als zwei Millionen US-Bürger ernsthaft glauben, dass sie durch ihre Tattoos intelligenter geworden sind. Wenn man das bei uns herausgefunden hätte, würde das Bildungsministerium sofort einen Ausschuss einberufen, in dem man darüber diskutiert, Tattoo-Studios zu subventionieren, um das Intelligenzniveau der Deutschen anzuheben.

Wir verorten unsere Parteienlandschaft nach Kategorien wie »links« oder »rechts«. Amerikaner unterscheiden Parteien danach, ob sie sich einmischen oder nicht. Thomas Jefferson, einer der Gründerväter der Vereinigten Staaten, sah Gleichheit vor allem in »Chancengleichheit«. Die uramerikanische Idee, dass ein armer Mann durch harte Arbeit reich werden kann, ohne dass ihn jemand daran hindern darf. Kein Feudalherr und erst recht keine Regierung. Wenn er es allerdings *nicht* schafft, darf er genauso wenig auf den Staat vertrauen.

Als sich im Frühjahr abzeichnete, dass es wohl über Monate keine Kultur- und Theaterveranstaltungen mehr geben wird, haben viele meiner amerikanischen Kollegen als Erstes versucht, Jobs außerhalb des Kulturbetriebs zu bekommen. Sie bewarben sich als Auslieferer bei Amazon oder als Lagerarbeiter bei Whole Foods oder Trader Joe's. In Deutschland dagegen forderten viele meiner freiberuflichen Kollegen als Erstes staatliche Hilfsgelder und Unterstützungsmaßnahmen. Der Wunsch und die Überzeugung, dass die Politik für unser persönliches Wohl sorgen und unsere Probleme lösen soll, ist bei uns viel stärker ausgeprägt.

Derzeit sitzen im Deutschen Bundestag siebenhundertneun Abgeordnete. Das amerikanische Repräsentantenhaus hat nur rund vierhundert Mitglieder. Etwa genauso viele wie die russische Duma. Nur der chinesische Volkskongress ist größer als der unsrige. Wäre Deutschland ein Fußballspiel, so würden auf dem Feld zwanzig Schiedsrichter stehen, die drei Spieler herumkommandieren. Und auch, wenn in extremen Zeiten wie diesen gewisse staatliche Hilfsprogramme nötig sind, so finde ich es dennoch seltsam, was wir unserer Regierung alles so zutrauen. Haben wir doch in den letzten Jahren tagtäglich gesehen, wie hilflos, ineffizient und teuer dieser Apparat agiert, wenn es um die Umsetzung konkreter Projekte geht: Energiewende, Asylrecht, Mautsystem, Digitalisierung, E-Mobilität, Bildungsreform, Klimaschutz, Griechenlandrettung, Wohnungsbau, Elbphilharmonie, Stuttgart21, Berliner Flughafen.

Inzwischen hat Deutschland das höchste Steuer- und Abgabenaufkommen der Welt, aber gleichzeitig verrotten unsere Schulen und Unis, staatliche Großprojekte scheitern reihenweise, während gleichzeitig Unsummen in wirkungslose Maßnahmen gepumpt werden. Jeder, der einigermaßen gut mit Geld umgehen kann, hat die leise Vermutung: Unser Staat nimmt Geld ein, steckt es dann in eine Konfettikanone und drückt ab. Ein kleiner Teil davon kommt an, der Rest soll einfach nur für gute Stimmung sorgen.

Und natürlich macht der amerikanische Staat mit Steuergeldern genauso viel Quatsch wie der deutsche. Der Unterschied aber ist: Den meisten Amerikanern ist das im Gegensatz zu uns Deutschen vollkommen bewusst. Die Forderung selbst von vielen armen Amerikanern nach »weniger Staat« kommt nicht daher, dass arme Amerikaner naiv an den amerikanischen Traum glauben, sondern dass sie wissen, wie schlecht der Staat mit Geld umgeht.

Der Ökonomie-Nobelpreisträger Milton Friedman hat bereits 1980 in seiner Publikation *Free to Choose* gezeigt, dass es nur vier grundsätzliche Wege gibt, Geld auszugeben:

Gib dein Geld für dich aus.
Gib dein Geld für andere Leute aus.
Gib das Geld anderer Leute für dich aus.
Gib das Geld anderer Leute für andere aus.

Wenn man Geld für sich ausgibt, dann sucht man nach dem höchsten Wert für den niedrigsten Preis (zehn Tage Mallorca im Viersternehotel für einhundertneunundneunzig Euro). Wenn man sein Geld für andere Leute ausgibt, achtet man zwar immer noch auf den Preis, aber man weiß oft nicht, ob es den anderen interessiert. Daher bekommt der Schwager die hässliche Billigkrawatte zu Weihnachten. Wenn man das Geld von anderen Leuten ausgibt, fällt es schwer, der Versuchung zu widerstehen, auf den Preis zu achten. »Schatz, die neue Handtasche von Louis Vuitton MUSSTE ich einfach haben! Bist du jetzt böse?« Und wenn man das Geld von anderen Leuten für andere ausgibt, fallen alle Hemmungen. »Wir haben da noch einen Steuerüberschuss von fünf Millionen Euro. Mit dem Geld könnten wir doch eigentlich McKinsey beauftragen, damit die für 4,8 Millionen Euro eine Studie erstellen, die uns dann sagt, was man mit den fünf Millionen Euro hätte Sinnvolles anfangen können.« Fast alle Regierungsausgaben fallen in die letzte Kategorie. Doch das hören wir Deutschen nur sehr ungern. Als ich 2011 in meinem Bühnenprogramm »Freiheit ist alles« auf diese Tatsache hingewiesen habe, wurde ich von vielen meiner Landsleute als neoliberaler FDP-Clown bezeichnet. Es war mein bislang erfolgloesestes Programm.

»Ihr Deutschen habt so viel Angst vor der Freiheit«, sagte mir einmal Kimberly, die einige Zeit in Deutschland lebte. »Für euch sind Dinge wie Selbstbestimmung und Eigenverantwortung gleichbedeutend mit Rücksichtslosigkeit und Egoismus.« Und ja, wir haben ein wirklich gutes soziales Netz in Deutschland. Im Gegensatz zu den USA muss man sich bei uns schon sehr anstrengen, um durch das Raster zu fallen. Dafür bin auch ich sehr dankbar. Doch der hohe Grad an staatlicher Fürsorge und Rundumversorgung hat eben auch eine Kehrseite: Er hält Menschen in Abhängigkeiten. Und er schwächt ihren Drang, Verantwortung für sich selbst zu übernehmen. Für eine mündige Gesellschaft ist das fatal. Denn glückliche Sklaven sind bekanntlich die größten Feinde der Freiheit.

Wenn ich sehe, wie klaglos und unkritisch viele Bundesbürger die fundamentalen Einschränkungen unserer Freiheitsrechte während der Pandemie hingenommen haben, wie wenig darüber diskutiert wurde, ob die drakonischen Maßnahmen unserer Regierung verhältnismäßig, alternativlos oder gar im Einklang mit unserem Grundgesetz stehen, dann finde ich das beklemmend. Laut einer im April 2020 durchgeführten Studie des Forsa-Instituts empfanden fünfundachtzig Prozent der Deutschen die Einschränkung ihrer Grundrechte als angemessen. Dazu kommentierte Forsa-Chef Professor Manfred Güllner: »Diese Mischung aus Angst und Gehorsam führt dazu, dass man im Augenblick fast alles akzeptiert. Das ist vielleicht ein Gen der Deutschen.«

Doch wie sagte schon Benjamin Franklin: »Wer die Freiheit aufgibt, um Sicherheit zu gewinnen, wird am Ende beides verlieren.« So schlimm muss es freilich nicht kommen. Trotzdem sollten wir uns selbst in der größten Krise darüber im Klaren sein, dass der Staat ein gefährliches Spielzeug ist. Er wird benutzt, um Kriege zu führen, Volkswirtschaften zu ruinieren, Ideologien durchzusetzen und die Herrschenden zu bereichern. Kann irgendjemand nach einem Jahrhundert mit Hitler, Mao oder Stalin behaupten, dass zu wenig Staat gefährlicher ist als zu viel?

In dem amerikanischen Filmklassiker *High Noon* spielt Gary Cooper einen Ex-Marshall, der auf die Ankunft eines Schurken wartet, der ihm in früherer Zeit ewige Rache geschworen hat. Coopers Dilemma: Er hat gerade eine Quäkerin, gespielt von Grace Kelly, geheiratet und ist zu ihrem Glauben konvertiert. Damit ist er praktisch zum Pazifisten geworden. Was also soll er tun? Soll er seinen neuen Glauben ernst nehmen und dem Kampf aus dem Weg gehen? Soll er die Stadt verlassen, aber damit die ganze Gemeinde im Stich lassen? Oder soll er zur Waffe greifen und sein Gelübde brechen, aber dafür die Welt vom Bösen befreien? Natürlich ist der Western eine Metapher. Er zeigt auf, dass es im Leben eine Menge Situationen gibt, die nicht eindeutig mit »Ja« oder »Nein«, mit »Gut« oder mit »Schlecht« beantwortet werden können. *High Noon* wurde kurz nach dem Ende des Zweiten Weltkrieges von Fred Zinnemann gedreht, einem aus Österreich geflohenen Juden. Das Fazit des Films: Auch wenn es falsch ist, zur Waffe zu greifen, so ist es dennoch manchmal nötig, um Schlimmeres zu verhindern.

Unzählige US-Filmdramen, Theaterstücke und Fernsehserien beschäftigen sich in verschiedenen Varianten mit diesem Thema. Darf man in bestimmten Situationen Regeln brechen? Wann ist Handeln wichtiger als Reden? Gibt es Konstellationen, in denen das Rechtssystem versagt? Wie hilflos kann ein Staat sein? Wie fehlerbehaftet sind Gesetze? Können zwei Menschen vollkommen unterschiedlicher Meinung sein und trotzdem beide recht haben?

Über diese Brüche und Widersprüche diskutieren Amerikaner seit jeher leidenschaftlich. Amerika lebt geradezu von diesen Brüchen. Es gehört zum genetischen Code dieser Nation, dass sie sich ihrer eigenen Unvollkommenheit bewusst ist. Die amerikanische Verfassung ist sich – wie vielleicht keine andere sonst – der Unvollkommenheit des Individuums bewusst. Sie möchte den Menschen nicht zum Guten verändern und ihn erziehen, sondern akzeptiert seine Schwächen und rechnet sogar damit, dass Menschen fehlbar, widersprüchlich, inkonsequent und dämlich sein können.

Wenn bei uns Brüche und Widersprüche auftreten, können wir das fast nicht ertragen. Die deutsche Gesellschaft ist – wie vielleicht keine andere sonst – auf Konsens aufgebaut. Bei jedem größeren Thema sind wir besessen davon, eine ideale Lösung zu finden, der ausnahmslos alle zustimmen. Und wir geben nicht eher Ruhe, bis das passiert ist. Das amerikanische Prinzip »Let's agree to disagree« ist für uns Deutsche das Eingeständnis von Versagen.

Amerika ist in vielen Dingen verbesserungswürdig. In vielen Dingen durchaus verbesserungswürdiger als Deutschland. In der HBO-Serie *The Newsroom* wird der von Jeff Daniels gespielte Nachrichtensprecher Will McAvory von einer patriotischen College-Studentin gefragt, warum Amerika »the greatest country in the world« sei. In seiner berühmten Antwort, die millionenfach auf YouTube angeklickt wurde, zerlegt er mit einer Reihe von Fakten den Traum der etwas naiven Studentin.

Derzeit liegt Amerika auf Platz fünfzehn im *Human Development Index*, auf Platz achtunddreißig in der Lebenserwartung und dreiundvierzig Länder haben eine geringere Säuglingssterblichkeit. Obwohl die USA die meisten Nobelpreise einheimsen, haben sie dennoch eine deutlich geringere Alphabetisierungsrate als wir. In Amerika gibt es fast fünfzehntausend Schusswaffentote pro Jahr, über zwanzig Hinrichtungen, und über fünfzig Millionen Amerikaner gelten als medikamentenabhängig.

The greatest country in the world führt die Welt in drei Kategorien an:

1. Anzahl der inhaftierten Bürger pro Kopf.
2. Anzahl der Erwachsenen, die glauben, dass Engel real sind.
3. Verteidigungsausgaben.

Alles zusammengenommen keine wirklich herausragenden Beweise, um als das großartigste Land der Welt zu gelten. Dennoch liebe ich es! Und das, obwohl mir drüben tagtäglich die Probleme und Defizite des Landes vor Augen geführt wurden. Erst recht während der Corona-Krise. Die desaströse Gesundheitsvorsorge, die Kluft zwischen Bildung und Wohlstand und das fehlende soziale Netz waren selbst für einen freiheitsliebenden Menschen wie mich schwer zu ertragen. Der amerikanische Staat ist hart, mitleidslos und unerbittlich zu seinem Volk. Aber er maßt sich wenigstens nicht an, besser als seine Bürger zu wissen, was gut für sie ist. Es soll Menschen geben, denen genau das wichtiger ist als staatliche Rundumversorgung und soziale Absicherung.

Auf der Fahrt durch die endlosen Weiten der texanischen Prärie spürt man diesen Spirit, und man fühlt sich fast automatisch zurückversetzt in die Zeit, in der die ersten Siedler mit ihren Planwagen den Wilden Westen erobert haben. Ab und an weht ein Reisigbüschel über die Straße, in der Ferne sieht man eine verstreute Rinderherde, und alle fünf Meilen macht das Auto einen kleinen Hüpfer, weil man schon wieder ein totes Gürteltier übersehen hat.

JOY
OF DRIVING

Bekanntlich haben Amerikaner eine Reihe von deutschen Worten in ihren Sprachschatz übernommen: »Kindergarten« zum Beispiel. Oder »Rucksack«. Der vielleicht typischste deutsche Ausdruck allerdings ist das Wort »Fahrvergnügen«. Anfang der Neunzigerjahre startete Volkswagen eine große US-Werbekampagne, in dem sie diesen urdeutschen Ausdruck benutzt haben. Und obwohl dieses Wort zu dem Zeitpunkt kein Amerikaner so richtig aussprechen konnte, wurde es zu einem der drei großen Inbegriffe der deutschen Seele: Weltschmerz, Blitzkrieg, Fahrvergnügen.

Ich kann mich noch genau an mein erstes Auto erinnern: einen VW Golf I, Modell L, Baujahr 1978 in Manilagrün mit satten fünfzig PS! An meinem zwanzigsten Geburtstag übergab mir mein Vater feierlich den Wagen, weil er sich nach zehn Jahren Golf I etwas ganz Verrücktes gegönnt hat: einen Golf II. In Calypso Metallic. Als ich meinem achtzehnjährigen Neffen ein verblichenes Foto zeigte, auf dem ich in meiner besten Karottenjeans vor unserer Garageneinfahrt neben dem manilagrünen PS-Monster posierte, fragte er nur: »Aha, ein Golf L. Und wofür steht das L?«

»Das L steht für Luxus.«

»So wie du damals ausgesehen hast, hätte ich eher gedacht, es steht für Loser …«

Für mich bedeutete dieser VW Golf L die Welt. Denn mit einem Mal konnte ich fahren, wohin ich wollte, mit wem ich wollte und wann ich wollte. Jeder, der auf dem Land aufwächst, weiß, was ich meine. Mit der Aushändigung des Führerscheins erlangte man nicht nur die Lizenz, eine Blechkiste zu steuern, man erlangte buchstäblich eine neue Form der Freiheit.

Vielleicht vergöttern wir Deutschen deswegen unsere Autos. Weil sie für uns eine Art Freiheitssymbol sind. Autofahren ist für uns sogar eine der wenigen Aktivitäten, bei denen wir Gefahr und Risiko akzeptieren. Wenn Sie als Amerikaner eine gewisse Todessehnsucht in sich spüren, dann fahren Sie nach Wyoming, binden einem Bullen die Hoden zusammen, setzen sich auf seinen Rücken und versuchen, möglichst lange oben zu bleiben. Wir Deutschen hingegen stillen unsere Todessehnsucht auf der Autobahn, weil es zu unserem verfassungsmäßigen Grundrecht gehört, den Familienausflug im Opel Zafira mit der Geschwindigkeit einer Mittelstreckenwaffe zu absolvieren. Tempo hundertdreißig gilt für uns allenfalls innerhalb geschlossener Ortschaften.

Die USA mögen vielleicht das Land der unbegrenzten Möglichkeiten sein; die unbegrenzte Möglichkeit, schnell Auto zu fahren, gehört definitiv nicht dazu. Selbst auf einem top ausgebauten achtspurigen Highway darf man nur mit maximal 70 mph entlangzuckeln. Das sind gerade einmal 112 km/h. Aber wundersamerweise halten sich alle daran. Selbst wenn weit und breit keine *speed control* zu sehen ist.

Ich habe mich lange Zeit gewundert, warum sich amerikanische Autofahrer so diszipliniert und regelkonform verhalten. Bis ich auf unserer Texasreise kurz nach Austin wegen zu hoher Geschwindigkeit von der *highway patrol* angehalten wurde. Bei uns in Deutschland nimmt man die Autorität eines Polizisten nicht so richtig ernst. Wenn man hier bei einer Verkehrskontrolle angehalten wird, fühlt sich das immer ein bisschen so an, als hätte man ein Buch in der Stadtbibliothek einen Tag zu spät abgegeben. Eine derartig gechillte Atmosphäre können Sie beim Zusammentreffen mit einem amerikanischen *police officer* komplett vergessen.

Als hinter mir das schwarz-weiße Auto mit der Sirene und dem *pull-over*-Schild auftauchte, fühlte ich mich augenblicklich in den Film *No Country for Old Men* versetzt. Javier Bardem spielt dort einen psychopathischen Serienkiller, der als Cop verkleidet einem arglosen Autofahrer ein Bolzenschussgerät an die Stirn setzt und abdrückt.

Die Ironie an der Geschichte: Jeder *police officer*, der Sie irgendwo in der Pampa anhält, kennt natürlich ebenfalls diesen Film und weiß, welche Todesängste Sie gerade ausstehen. Ich möchte nicht ins Detail gehen, aber nach dem Ereignis in Texas bin ich nie wieder zu schnell gefahren. Obwohl das Tempolimit auf amerikanischen Überlandstrecken wirklich absurd ist. Vor allem, weil die Entfernungen irrsinnig sind. Wenn Sie laut Google Maps über die Interstate

80 von New York nach Los Angeles fahren würden, kämen Sie nach rund zweiundvierzig Stunden an. Pinkelpausen nicht mit eingerechnet. Wenn Sie von Frankfurt aus zweiundvierzig Stunden lang in eine Richtung fahren, sind Sie irgendwo im Iran.

Wie bereits erwähnt, waren wir von der endlosen Weite in Texas sehr angetan. Nach fünf, sechs Stunden im Auto jedoch ließ unsere Euphorie mehr und mehr nach. Denn die unglaubliche Weite der texanischen Prärie … zieht sich. Es gibt dort einfach wenig, woran sich das menschliche Auge orientieren und gegebenenfalls erfreuen könnte. Das war offenbar auch den Amerikanern bewusst. Daher haben sie am Straßenrand ständig irgendwelche Schilder mit angeblichen Sensationen aufgestellt, um die Gegend flippiger wirken zu lassen. Sogenannte *roadside attractions*. »Besuchen Sie das tote Gürteltier von Pine Grove!« oder: »Grenzenloser Spaß mit der berühmten Holzplanke von Brookshire – nur noch 135 Meilen!«

Natürlich gibt es auch in Deutschland vollkommen öde Roadside Attractions, aber man kommt wenigstens schneller hin. Erwähnt sei an dieser Stelle die Grube Messel. Ein rechteckiger Aushub in der Nähe von Darmstadt, der unverständlicherweise von der UNESCO zum Weltnaturerbe erklärt wurde, weil dort ein paar Fossilien aus dem Eozän gefunden wurden. Wow! Ich stelle mir vor, wie ein Amerikaner zum ersten Mal in seinem Leben Europa besucht und nach den Besichtigungen von Akropolis, Eiffelturm und Petersdom nach Darmstadt fährt und dort in einen nichtssagenden Bombenkrater aus dem Eozän glotzt. Bei der blöden Holzplanke von Brookshire gibt's wenigstens einen McDonald's. Natürlich einen Drive Thru'. Denn Amerikaner sind ganz versessen darauf, in ihrem Auto sitzen zu bleiben, bei buchstäblich allen Tätigkeiten. In Las Vegas gibt es sogar *Drive-Thru' Wedding Chapels.* Da kann man sich quasi im Vorbeifahren trauen lassen. In fünf Minuten ist der Spaß dann vorbei. Die nachfolgende Scheidung kann man dann zwei Querstraßen weiter im *Drive-Thru' Court* erledigen.

Selbst, wenn wir das nicht gerne zugeben, aber auch wir Deutschen wollen möglichst viel Zeit in unserem Auto verbringen. Zusammengerechnet sitzt angeblich jeder Bundesbürger in seinem Leben über vier Jahre hinter dem Steuer. Sogar diejenigen, die überhaupt kein Auto besitzen. Viele von uns stört das gar nicht. Ich jedenfalls konnte als Zwanzigjähriger nicht genug davon bekommen, in meinem manilagrünen Golf möglichst lange durch die Gegend zu cruisen. Doch auch aktuelle Studien zeigen: Wenn deutsche Männer die Möglichkeit haben, nach Hause zur Familie zu fahren oder in den Stau, dann zögern sie nicht lange und fahren den Umweg. Weil wir eben unsere Autos lieben! Und diese Leidenschaft wird sogar vom Staat gefördert. In Deutschland können Sie für jeden gefahrenen Kilometer auf dem Weg zur Arbeit 30 Cent von der Steuer absetzen. Deswegen ziehen auch sehr viele Deutsche möglichst weit von ihrem Arbeitsplatz weg, um mit dem Pendeln richtig Geld zu verdienen.

Während meiner Abwesenheit wurde in Deutschland

intensiv über die Abschaffung des Verbrennungsmotors diskutiert. »Dem E-Auto gehört die Zukunft« – davon sind viele in unserem Land überzeugt. »Keiner wird in zehn, fünfzehn Jahren noch mit diesen dreckigen Spritschleudern herumfahren.« Nach unserem Roadtrip durch den Süden der USA muss ich massiv widersprechen. Zwar wird auch in den liberal-akademischen Zirkeln in New York, Boston oder Washington über Elektromobilität, Energieeffizienz und Ressourcenschonung geredet, im Rest des Landes jedoch gilt: »Gib Gummi. Size matters!« Achtzylinder-Pick-ups und SUVs mit Hubräumen von der Größe einer Gefriertruhe und dem cw-Wert einer Eichenschrankwand dominieren das Bild im ländlichen Bereich. Die Gallone Benzin ist spottbillig. Erst recht, seit die USA massiv auf Fracking setzt und sich damit weitgehend von anderen ölexportierenden Ländern unabhängig gemacht hat.

In der Nähe von La Grange, einem kleinen Kaff auf halber Strecke zwischen Austin und Houston, besuchten wir das am Straßenrand groß beworbene »Historische Donut-Museum«, das vollkommen zu Recht in keinem Touristenführer auftaucht. Im McDonald's gegenüber kamen wir kurz mit Bill ins Gespräch. Einem ansässigen Farmer, der mit seinem Rauschebart und seinem Cowboyhut aussah wie in einem Musikvideo von ZZ-Top. Als ich ihm erzählte, dass unsere Regierung gerade den Verbrennungsmotor plattmachen will, lachte er laut auf. »Haha, ihr Deutschen seid echt lustig. Aber gut für uns. Dann gibt's in Detroit bald wieder mehr Arbeitsplätze.«

»Für uns sind Autos in erster Linie Gebrauchsgegenstände«, erklärt uns Bill und kratzt sich an seinem Zauselbart. »Keiner von uns hat ein Problem, seinen Wagen an Freunde zu verleihen.« Verblüfft schaue ich ihn an. Die meisten Deutschen würden wahrscheinlich eher ihre eigene Frau verleihen. Denn das Auto ist uns heilig. Mein Vater zum Beispiel käme niemals auf die Idee, in seinem Wagen (inzwischen ein Golf 7 in flippigem Muskatbraun) zu essen. Selbst wenn er fünf Tage in einer Vollsperrung stünde. Essen im Auto ist für meinen Vater Blasphemie. Das tut man nicht. Heiraten im Auto wäre irgendwie noch okay, aber essen? No way! Noch schlimmer wäre für ihn nur noch, im Auto etwas zu trinken. Das muss er aber auch nicht, denn die Wahrscheinlichkeit, dass er während der zweieinhalb Kilometer zu seinem Kegelclub plötzlich dehydriert, ist relativ gering.

In den USA ist das aufgrund der bereits erwähnten Entfernungen anders. Eine Fahrt durch New Mexico ohne Wasservorräte ist glatter Selbstmord. Im Vergleich zu Deutschland ist Amerika ein extrem dünn besiedeltes Land. Nur etwa zwei Prozent der Gesamtfläche sind bebaut. Deswegen ist das Auto dort eine Art erweiterter Wohnraum. Man isst, man trinkt, man macht die Steuererklärung, kriegt Kinder, lässt sich scheiden. Man lebt quasi im Auto.

»Wie viele Becherhalter habt ihr Deutschen denn eigentlich in euren Autos?«, fragte uns Bill, als wir zusammen den McDonald's verließen.

»Äh, keine Ahnung«, sagte ich. »Ist das wichtig?«

»Aber sicher doch!«, sagte er und deutete auf einen dreckverschmierten Ford Pick-up, der fast den gesamten Parkplatz einnahm. »Mein F150 hier hat leider nur sechs. Aber der Dodge Caravan meiner Frau hat siebzehn!«

»Wow! Also, wir in Deutschland achten bei der Ausstattung eher auf Dinge wie Seitenaufprallschutz, Bremsassistenten oder ein Lenkrad ...«

Doch solche Details interessierten den guten Mann nicht im Geringsten. Amerikanischen Autobesitzern ist es viel wichtiger, in ihren Autos möglichst viele Getränke griffbereit zu haben. Ich bin mir sicher, wenn die Fahrzeugdesigner bei Dodge irgendwann mal auf den Trichter kommen, in die Hutablage auch noch einen Pizzasteinofen einzubauen, kann die Konkurrenz einpacken. In Deutschland würde sich so ein Auto nie durchsetzen. Mein Vater ist ja schon in seiner Ehre gekränkt, wenn er Automatik fahren muss. Eine *cruise control* ist für ihn im Grunde so etwas wie eine Kastration. Selbstfahrende Autos sind für uns Deutsche deswegen so unattraktiv, weil wir selbst entscheiden wollen, gegen welchen Baum wir fahren.

Ich weiß, ich weiß. Die sprichwörtliche deutsche Autoverrücktheit ist auch ein Klischee. Natürlich ist nicht jeder Deutsche ein Autonarr. Aber jeder Amerikaner glaubt das.

Ich jedenfalls habe mich in der Hinsicht sehr verändert. Zwanzig Jahre auf Tour – mit stundenlangen Staus, endlosen Wanderbaustellen und Vollsperrungen – haben mein »Fahrvergnügen« ziemlich abkühlen lassen. Als wir vor einigen Jahren für einen Kurzurlaub nach Miami geflogen sind, warf der Grenzbeamte nach unserer Ankunft einen kurzen Blick auf meinen Pass und sagte fröhlich: »Hey man, you're German! What's your favorite car?«

Dummerweise habe ich sein Spiel nicht mitgespielt und stattdessen geantwortet: »Sorry Sir, I'm not interested in cars ...«

Da verfinsterte sich auf einmal seine Miene, und er erwiderte misstrauisch: »Sie haben keine Lieblingsmarke? Dann können Sie unmöglich Deutscher sein!«

Schlagartig erkannte ich den Ernst der Lage und versuchte, den Schaden zu begrenzen: »Ich muss mich entschuldigen, Sir. Aber nicht jeder Deutsche ist ein ...«

»KEEP YOUR HANDS WHERE I CAN SEE THEM!«, fiel er mir schroff ins Wort. Kurz darauf wurde ich in einen Nebenraum gebracht, und dort gab es dann einen kleinen Routinecheck. Etwa vier, fünf Stunden lang. Offenbar hielt man mich für einen potenziellen Terroristen. Und was das angeht, verstehen die Amerikaner noch weniger Spaß als mit 1,3 mph zu schnell durch Texas zu zuckeln.

Das ist jetzt ein kleiner Tipp: Sollten Sie von einem Beamten der *border control* jemals nach Ihrer Lieblingsautomarke gefragt werden, sagen Sie meinetwegen: »Einen manilagrünen Golf I, Modell Loser mit dreiundfünfzig Becherhaltern.« Das ist immer noch klüger, als zu antworten: »Interessiert mich nicht!« Oder noch schlimmer: »Porsche NINE ELEVEN ...«

NO CHILD
LEFT BEHIND?

Der zweite Tag unseres Roadtrips führte uns nach Houston. Als Wissenschaftskabarettist war natürlich klar, dass ich dort unbedingt einen kurzen Stopp einlegen musste, um das berühmte NASA Space Center zu besuchen. Auf dem Gelände befindet sich der Mission Operations Control Room 2, von dem aus 1969 die erste Mondlandung koordiniert wurde. Etwa fünf Meilen vor unserem Ziel sah ich am Straßenrand ein riesiges Schild mit der Aufschrift: »Beyond reasonable doubt – JESUS IS ALIVE!«

Wenig später fuhren wir auf das Gelände des Space Centers. Der Parkwächter, ein junger Latino, wies uns einen Parkplatz zu, und wir zahlten ihm die fünf Dollar. Im Weggehen sah ich kurz auf sein Namensschild. »Jesus« stand darauf. Und er war zweifellos am Leben.

Die Geschichte der amerikanischen Raumfahrt ist stark geprägt von zwei Deutschen: Wernher von Braun konstruierte die Saturn-V-Rakete, der deutschstämmige Eugene Francis Kranz koordinierte lange Jahre als Flugdirektor das gesamte Apollo-Programm. Vielleicht sind die Amerikaner deswegen so beeindruckt, wenn sie mitbekommen, dass man aus Deutschland kommt und dort Physik studiert hat.

Meist erzählen sie einem dann, dass sie ja auch deutsche Vorfahren haben. Einen Cousin von einem Schwippschwager, der einen Schwiegervater hat, dessen Urgroßmutter mit einem Mann verheiratet war, der aus Düsseldorf kam.

Auf jeden Fall haben Naturwissenschaftler aus »Good Old Germany« in Amerika einen super Ruf. Dieses Renommee besteht nicht erst seit der Apollo-Mission, sondern reicht bis ins 19. Jahrhundert zurück. In dieser Zeit war Deutschland *das* wissenschaftliche Zentrum der Welt. In Berlin strömten Tausende von Zuhörern zu den öffentlichen Vorträgen von Alexander von Humboldt. In den Labors der Charité entdeckte Robert Koch den Tuberkelbazillus und den Milzbranderreger. Rudolf Virchow begründete die moderne Pathologie und die Hygiene. Max Planck, Albert Einstein und Hermann von Helmholtz gaben sich in der Preußischen Akademie der Wissenschaften die Klinke in die Hand, und die Mathematiker der Universität Göttingen waren in der Welt praktisch konkurrenzlos.

Was heute fast keinem mehr bewusst ist: Damals war die Sprache der Wissenschaft nicht Englisch, sondern Deutsch. Jede mathematische, medizinische oder naturwissenschaftliche Veröffentlichung, jedes Fachbuch wurde zu dieser Zeit in deutscher Sprache verfasst. Wer vor einhundertzwanzig Jahren bildungsmäßig auf der Höhe der Zeit sein wollte, musste Deutsch lernen. Und wenn wir es vor achtzig Jahren nicht komplett vermasselt hätten, dann hätte ich auf den Bühnen von New York, Washington oder San Francisco mit meiner eigenen Sprache auftreten können. Weil es mein eigenes Land wäre.

Was die naturwissenschaftliche Bedeutung angeht, hat Deutschland inzwischen merklich an Boden verloren. In dem aktuellen »Shanghai-Ranking« der weltweit besten Universitäten nehmen amerikanische und britische Unis die ersten zehn Plätze ein. Die erste deutsche steht auf Platz siebenundvierzig, die Uni Heidelberg. Aber dafür haben wir immerhin die meisten Soziologie-StudentInnen im siebenunddreißigsten Semester.

Gemessen am Bruttosozialprodukt investiert Deutschland mit circa fünf Prozent etwa genauso viel Geld in Bildung wie die USA. Dennoch haben amerikanische Spitzenunis deutlich mehr Budget zur Verfügung, da sie sich hauptsächlich über nichtstaatliches Fundraising finanzieren: Wohlhabende Privatleute, Unternehmen und Stiftungen pumpen Milliarden Dollar in den Bildungsbereich. Stanford, Yale oder Princeton sind keine Areale, auf denen einfach nur ein paar Hörsäle, Bibliotheken und Labors stehen – es sind komplette Städte. Das Campusgelände von Stanford ist so groß wie Bad Vilbel. Das Vermögen der Harvard Universität entspricht etwa dem Bruttoinlandsprodukt von Lettland. Und jeder ist dort auf Spitzenleistung getrimmt. In Berkeley etwa kriegst du als Professor nur einen festen Parkplatz, wenn du einen Nobelpreis gewonnen hast. Das ist doch mal ein Anreiz. »Was hat Sie dazu getrieben, die Gravitationskonstante neu zu definieren?« – »Isch wollt einfach nimmer mi'm Bus zur Arbeit fahrn …«

Seit 1901 haben die USA in den Kategorien Physik, Chemie, Medizin und Wirtschaft mehr als die Hälfte aller vergebenen Nobelpreise abgeräumt. Darüber hinaus hat Amerika auch einen überdurchschnittlich hohen prozentualen Anteil an jungen Leuten, die eine Hochschule besuchen. Laut OECD-Bildungsbericht von 2014 lagen die USA mit einem Bevölkerungsanteil von 43,1 Prozent Hochschulabsolventen auf Platz fünf. Platz 1 ging an Russland mit 53,5 Prozent; Deutschland liegt mit 28 Prozent weit hinten.

Angesichts dieser Zahlen finde ich es erstaunlich, dass viele meiner Landsleute die Amerikaner pauschal als ungebildet bezeichnen. Natürlich wissen tatsächlich eine Menge Amerikaner nicht, wo genau auf der Landkarte die Ukraine liegt oder dass Griechenland nicht die Hauptstadt von Paris ist. Andererseits: Kennen Sie die Hauptstadt von Arkansas? Können Sie neben Peking, Shanghai (und neuerdings auch Wuhan) noch drei, vier andere Millionenstädte in China nennen? Wurde Michael Kohlhaas von Heinrich von Kleist geschrieben, oder war es umgekehrt? Als 2016 der kubanische Staatspräsident starb, schnappte ich in der Frankfurter U-Bahn ein Gespräch auf: »Ey, Castro ist tot.« – »Echt? Der mit den Atommülltransporten?« – »Ja, und in der Deutschen Oper spielen sie jetzt Aida.« – »Krass. Wie kriegen die nur das Schiff da rein?«

Wir lachen uns kaputt, wenn wir hören, dass die Bewohner im Mittleren Westen glauben, die Erde wäre nur siebentausend Jahre alt. Aber gleichzeitig erklären wir, dass wir die Anna-Lena natürlich nicht impfen werden, weil der Nutzen ja schließlich nicht bewiesen ist. Und Lebensmittel, in denen Gene drin sind, kommen sowieso nicht auf den Tisch! »Sag mal, kann ich eigentlich beim Lichtfasten mit einer Energiesparlampe besser abnehmen?«

Im November 2019 stellte die CSU-Fraktion im Bayerischen Landtag einen Antrag, in dem untersucht werden sollte, ob man Antibiotika durch Homöopathie ersetzen kann. Dem Antrag stimmten geschlossen alle CSU-Abgeordneten und alle Freien Wähler zu. Von den zweiunddreißig Abgeordneten der Grünen stimmten neunundzwanzig mit »Ja«, die restlichen drei enthielten sich ihrer Stimme.

Auch wenn wir in vielen Bereichen zwar immer noch hervorragende Forschungseinrichtungen haben, darf man nicht vergessen, dass sich das wissenschaftliche Innovationsklima in Deutschland eindeutig verschlechtert hat. So wird seit Jahrzehnten die Biotechnologieforschung verzögert, verhindert und sogar öffentlich diffamiert. Pharmariesen verkörpern das Böse, Gentechnik gilt als Hochrisikotechnologie, und Stammzellenforschung wird pauschal als unethisch bezeichnet. Früher galt Deutschland aufgrund seiner pharmazeutischen Industrie als »Apotheke der Welt«. Dieses Renommee haben wir schon lange verloren. Nun, da es darum geht, möglichst schnell einen Impfstoff zu entwickeln, zahlen wir für unsere jahrzehntelange Ignoranz einen hohen Preis.

Und das liegt eben auch an der wissenschaftsfeindlichen Grundhaltung großer Bevölkerungsschichten. Ein kulturell gebildeter Mensch in Deutschland kennt sich aus mit Kant, Mozart oder Schiller. Aber nicht mit Heisenberg, Darwin oder Gauß. Bildung und Kultur sind Arte-Themenabende. Über serbokroatische Käseschachtelfabrikanten. In Schwarz-Weiß.

Sehr selten werden die Naturwissenschaften mit Kultur in Verbindung gebracht. Wenn Sie auf einer x-beliebigen Party in Deutschland fragen: »Wie viele von euch können das Zweite Gesetz der Thermodynamik beschreiben?« Dann ernten Sie mit hoher Wahrscheinlichkeit ratloses, belustigtes Kopfschütteln. Aber diese Frage entspricht in der Welt der Naturwissenschaften ungefähr der Frage: Können Sie mir sagen, worum es grob in Goethes *Faust* geht? So kommt es, dass viele, die hierzulande als gebildet gelten, oft nicht wissen, warum der Erdkern heiß ist, was exponentielles Wachstum bedeutet oder worin der Unterschied zwischen Bakterien und Viren besteht. Salopp gesagt wissen viele deutsche Intellektuelle von der naturwissenschaftlichen Welt nicht viel mehr als unsere jungsteinzeitlichen Vorfahren. Und nicht wenige davon sind sogar noch stolz darauf. Dieselben Leute, welche die Amis für ungebildete Dorftrottel halten, weil sie denken, dass *Rigoletto* ein Frischkäse ist, erzählen mit breiter Brust, dass sie Physik und Chemie in der 7. Klasse abgewählt haben. Wer braucht denn schon so was?

Seit ich denken kann, feiern wir Deutschen unsere Literaturnobelpreisträger, aber ignorieren unsere natur- und ingenieurswissenschaftlichen Überflieger. Wenn uns Amerikaner dafür bewundern, dass Deutschland das Land der Kernspalter und Autobauer ist, blicken wir verschämt zur Seite.

Seit Neuestem scheint sich das zumindest zu verändern. In Zeiten von Corona stieg die Wertschätzung für Wissenschaft und Forschung in der deutschen Bevölkerung sprunghaft an. Und mal ehrlich: Wer hätte gedacht, dass ein Virologe der Charité-Klinik einmal mehr Twitter-Follower haben würde als Mario Barth?

Als ich im NASA Space Center auf der Zuschauertribüne des Mission Operations Control Room 2 saß und auf die blinkenden Computermonitore hinabblickte, stellte ich mir vor, wie wohl mein Leben verlaufen wäre, wenn ich während meines Physikstudiums in die USA gegangen wäre. Das wäre problemlos möglich gewesen. Die Universität Würzburg, an der ich studierte, bot jedem Studenten nach bestandenem Vordiplom die Möglichkeit, zwei Semester in Amerika zu studieren. Mein alter Studienfreund Karl zum Beispiel ging für ein Jahr nach Kalifornien an die UCLA, ein anderer Kommilitone besuchte die University of New Mexico in Albuquerque. Ich hingegen blieb die gesamten sechs Jahre in Würzburg. Mir fehlte zu der Zeit einfach der Mut. Und auch die finanziellen Mittel meiner Eltern waren begrenzt.

Wäre mein Leben anders verlaufen, wenn ich damals den Sprung über den Großen Teich gewagt hätte? Gut möglich. Vielleicht würde ich ja heute nicht auf der Zuschauertribüne des Control Room 2 sitzen, sondern unten an einem der blinkenden Computerterminals. Und wenn ich ganz ehrlich bin, dann bereue ich es im Nachhinein schon sehr, dass ich damals zu feige war. Aber wenigstens habe ich fünfundzwanzig Jahre später mein US-Austauschjahr nachgeholt.

Im Laufe der letzten Jahrzehnte ist Studieren in den USA immer teurer geworden. Für die Columbia University in New York liegen die jährlichen Studiengebühren bei über sechzigtausend Dollar. Dagegen ist Harvard mit einundfünfzigtausend Dollar fast schon ein Schnäppchen. Die Kosten führen dazu, dass derzeit etwa siebzig Prozent aller Collegeabsolventen hoch verschuldet sind. Die Gesamtverschuldung der Studentendarlehen liegt aktuell bei fast 1,6 Billionen Dollar und gilt in den USA als ein massives gesellschaftliches und ökonomisches Problem.

Gleichzeitig ist die Qualität amerikanischer Bildungseinrichtungen extrem heterogen. In Deutschland ist die erste Frage: »Was hast du studiert?« In den USA fragt man eher: »Wo hast du studiert?« Denn die Wahl der Hochschule ist von entscheidender Bedeutung. Ich möchte nicht diskriminierend sein, aber wenn Sie die Grand Canyon University of Phoenix als Bachelor in Grill-Management und Gewürzklöppeln verlassen, dann haben Sie auf dem Arbeitsmarkt gegen einen frischgebackenen Molekularbiologen vom MIT in Cambridge keine so guten Karten.

Selbst die Frage, in welchem Teil Amerikas Sie aufwachsen, ist für Ihre Bildungschancen von zentraler Bedeutung. Wenn Sie in einer Region mit guten öffentlichen Bildungseinrichtungen wie zum Beispiel Washington, D.C. oder San José in Kalifornien geboren werden, sind Ihre Chancen doppelt so hoch, die soziale Leiter hochzusteigen, als in Chicago/Illinois oder Charlotte/North Carolina. Und zwar unabhängig von Ihrer Herkunft. North Carolina ist übrigens die Heimat der Venusfliegenfalle. Eine fleischfressende Pflanze, die das Paradigma der natürlichen Nahrungskette vollkommen über den Haufen wirft. Vermutlich hat es deswegen die Evolutionstheorie in den dortigen Schulen so schwer.

Auch Alabama ist kein guter Ort, um bildungstechnisch richtig durchzustarten. Zwar hat man dort die ersten Apollo-Raketen gebaut, aber man darf dort auch inzestuös heiraten und bekommt in der Schule beigebracht, dass die Erde in sieben Tagen erschaffen wurde. Für einen Luft- und Raumfahrttechniker aus dem Odenwald wäre folglich Alabama die erste Wahl.

Die extreme Konzentration auf eine Bildungselite, die in den USA in wenigen Kaderschmieden herangezüchtet wird, hat eindeutig eine Kehrseite. Sie schafft Ungleichheiten. In den USA wird sehr viel Wert auf herausragende Talente gelegt. Hochbegabtenförderung findet bereits in sogenannten Honor-Kursen auf der Middle School statt. Besonders kluge Kinder werden bestärkt und gefördert. Die Besten erhalten nicht selten Stipendien, die es ihnen unabhängig von ihrem sozialen Status ermöglichen, an den teuren Eliteuniversitäten studieren zu können. Gleichzeitig gehen erschreckend viele amerikanische Schüler ohne irgendeinen Abschluss ab.

Dreißig Prozent erreichen kein *high school diploma.* Und da keine Differenzierung von Schularten existiert, gibt es nur hopp oder top. Entweder, du schaffst die Highschool, oder du stehst buchstäblich mit leeren Händen da.

»Euer Bildungssystem in Deutschland ist einfach viel, viel besser.« Das haben mir drüben die Leute immer wieder versichert. Ich weiß ehrlich gesagt nicht, ob das wirklich stimmt. Vordergründig wirkt es sicherlich so, als ob wir in Deutschland das fairere System haben. Unser Land bietet je nach Begabung unterschiedliche Schularten an, der Staat steckt viel Geld in Bildungsoffensiven und Integrationsworkshops, und das Studium in Deutschland ist weitgehend kostenfrei.

Die nackten Zahlen jedoch zeigen ein anderes Bild. Laut einer aktuellen OECD-Studie gibt es kaum ein westliches Land, in dem die soziale Herkunft der Eltern einen so großen Einfluss auf die Bildungszukunft der Kinder hat, wie in Deutschland. Während fast jedes dritte Kind mit deutschen Eltern ein Gymnasium besucht, schafft das nur jedes zehnte Kind mit türkischen. Bei anderen Migrantengruppen ist der Anteil teilweise noch niedriger. Eine Migrantengruppe allerdings trotz diesem Trend: die Asiaten. Sage und schreibe vierzig Prozent der Kinder von eingewanderten Vietnamesen besuchen ein Gymnasium. Und das meist schon nach der ersten Einwanderergeneration.

In den USA sieht es ähnlich aus. Auch hier dominieren die asiatischen Einwanderergruppen die Leistungstests der Schulen und Universitäten. Obwohl sie nur rund fünf Prozent der amerikanischen Bevölkerung ausmachen, sind fünfzehn Prozent aller Harvard-Absolventen asiatischer Herkunft, in Stanford sogar über siebzehn Prozent.

Ein asiatisch-stämmiger Comedian erzählte mir einmal: »Das typische Klischee, das es über uns Chinesen in den USA gibt, lautet: Wir wollen alle Mediziner werden. Und es stimmt!«

»Es ist doch toll, einen Beruf anzustreben, in dem man Menschen helfen kann«, antwortete ich.

»Haha. Menschen zu helfen ist das Letzte, worum sich unsere Eltern scheren. Sie schicken uns an die Columbia, weil man als Mediziner innerhalb von nur einer Generation seinen Status komplett drehen kann. Dafür arbeiten sie Tag und Nacht, und das Gleiche erwarten sie von uns. Mexikanische oder italienische Restaurantbesitzer sind stolz, wenn ihre Kinder das Geschäft übernehmen. Für einen Chinesen käme es einer Kapitulation gleich, wenn der Sohn den Dim-Sum-Laden weiterführen wollte.« Rückblickend ist diese Aussage unfreiwillig komisch. Da schicken uns die Chinesen ein Virus, und gleichzeitig drängen sie ihre Kinder zum Medizinstudium. Man liefert sozusagen Problem und Lösung als Komplettpaket.

Das amerikanische und das deutsche Bildungssystem könnten unterschiedlicher nicht sein. Und gleichzeitig kämpfen beide Systeme mit ähnlichen Problemen. Beide schaffen es nicht, Kinder aus bestimmten sozialen Gruppen auf ein Bildungsniveau zu bringen, das sie verdienen. Die Initiative *No Child Left Behind*, die von George W. Bush ins

Leben gerufen wurde, um das allgemeine Bildungsniveau an Schulen zu heben, ist krachend gescheitert. Schwierigkeiten mit der Finanzierung, bürokratische Hürden sowie eine unklare Datenerfassung bei Leistungstests machten dem Projekt den Garaus. Die Ergebnisse der aktuellen PISA-Studie zeigen ein ähnliches Bild in Deutschland.

Den Asiaten ist das offenbar egal. Sie schaffen es auf wundersame Weise, in beiden Systemen Spitzenleistungen zu erbringen. Vor hundert Jahren war die Sprache der Wissenschaft Deutsch. Heute ist sie Englisch. Es könnte gut sein, dass in zwanzig Jahren im Mission Operations Control Room 2 Mandarin gesprochen wird. Und dann heißt es nicht mehr »Houston, we have a problem« sondern: »Einmal die 17 mit Wan-Tan-Suppe und als Dessert den Antikörpertest.«

BLACK
AND WHITE

Bis auf das NASA Space Center ist Houston eine ziemlich unattraktive Business-Stadt mit monotonen Bürogebäuden, langweiligen Restaurantketten und unpersönlichen Kongresshotels. Auch die Umgebung ist nicht gerade idyllisch. In Amerika ist die Region vor allem als Zentrum der Ölraffinerie bekannt, was ihr nicht unbedingt einen Eintrag in die »100 Most Romantic Honeymoon Hotspots« einbrachte. Kurz gesagt: Wir mussten da weg. Und zwar schnell. Spontan kamen wir auf den Gedanken, einen Abstecher ins benachbarte Louisiana zu machen. Landschaftlich einer der schönsten Staaten der USA – mit ausgedehnten Zypressenwäldern, Seenplatten und den weltbekannten Sumpflandschaften des Mississippi-Deltas. Selbst im Februar lagen die Temperaturen noch bei sommerlichen sechsundzwanzig Grad. Herrlich!

»Wenn wir schon hier sind, könnten wir doch eigentlich mal campen!«, meinte Valerie überschwänglich. »Nur wir und die Natur. Kein fließendes Wasser, keine Elektrizität. Und morgens buddeln wir ein Loch, das wir als Toilette benutzen. Das wird ein totales Abenteuer!« Verständnislos blickte ich meine Frau an. »Dir ist schon klar, dass du gerade meine Kindheit im Odenwald beschrieben hast?« Rein metaphorisch, versteht sich. Wenn meine Eltern erführen, dass wir zum Campen gehen, würden sie wahrscheinlich sagen: »Junge, was ist nur mit dir passiert? Wir haben so hart geschuftet, damit du nie wieder dieses Leben führen musst.«

Verstehen Sie mich recht, ich finde Natur toll. Aber eben nur, wenn man nach dem Naturerlebnis in einem normalen Bett schlafen kann. Und da brauche ich auch kein Fünfsternehotel. Ein einfaches Motel tut es auch. In die habe ich mich drüben tatsächlich ein wenig verliebt. Du fährst den ganzen Tag durch die Natur, und am Abend machst du halt an einem dieser typisch amerikanischen Übernachtungsmöglichkeiten mit klangvollen Namen wie Red Roof Inn, Travelodge oder Kate's Lazy Meadows. Die Nacht zu läppischen neunundvierzig Dollar. Alles ist ein wenig heruntergekommen, die Klimaanlage funktioniert nicht richtig, die Matratzen sind durchgelegen, und nachts wird man von zersplitterndem Holz und gellenden Schreien geweckt. »Nimm bitte das Gewehr runter, Wilbur! Ich tue alles, was du sagst ...« Ich mag diese Atmosphäre. Im Badezimmer hört man die Kakerlaken rascheln, und der Duschvorhang erinnert ein wenig an den von Bates' Motel in *Psycho*. Toll!

In der Nähe von Baton Rouge übernachteten wir in einem Zimmer, in dem der Besitzer stolz das Schild angebracht hatte: »Dieses Gebäude ist historisch und enthält krebserregende Substanzen!« An dem Punkt überdachte ich dann doch zum ersten Mal den Camping-Vorschlag meiner Frau.

Im Ranking der lebenswertesten Staaten des Landes hält

Louisiana seit Jahrzehnten die rote Laterne hoch: Vorvorletzter in Bildung und Wissenschaft, zweitschlechtester Staat in Wirtschaftskraft, Schlusslicht in »Opportunity«. Kurz gesagt: Wenn Sie sich als Raketenforscher selbstständig machen wollen, dann gibt es circa neunundvierzig andere Staaten, in denen Sie damit bessere Erfolgschancen haben.

Als typischer Südstaat hat Louisiana einen relativ hohen Anteil an afroamerikanischen Einwohnern. Es sind die Nachfahren der früheren Sklaven, die dort auf den Plantagen gearbeitet haben. In New Orleans, heute eine der weltoffensten Städte des Landes, befand sich 1840 der größte Sklavenmarkt Amerikas. Dieses dunkle Kapitel ist auch heute noch präsent. Etwa fünfzig Meilen vor New Orleans befindet sich am Westufer des Mississippi die »Oak Alley Plantation«. Ein sorgfältig restauriertes und für die Öffentlichkeit zugängliches Anwesen, das zeigt, wie vor einhundertsiebzig Jahren ein typischer Plantagenbesitzer gelebt hat. Wir standen auf der sonnendurchfluteten Terrasse des prachtvollen Besitzes und blickten beklommen auf die zweihundert Meter entfernt liegenden Holzhütten, in denen damals bis zu zweihundert Sklaven lebten.

Louisiana gilt als *red state* – als Bundestaat mit einer traditionell konservativen Mehrheit. Zwar stimmte man 1996 auch mal für den Demokraten Bill Clinton, doch das wird bei vielen als eine Art Ausrutscher gesehen. 2016 errang Donald Trump hier 58,09 Prozent der Stimmen.

»Die Liberalen von der Ost- und Westküste halten uns Südstaatler für zurückgebliebene Hinterwäldler«, erzählte uns George, der Motel-Betreiber. »Ja, ich habe Trump gewählt. Aber ich bewundere ihn nicht«, fuhr er fort und richtete dabei seine rote Baseballkappe mit dem bekannten Slogan »Make America Great Again«. »Im Gegenteil. Ich fand es fürchterlich, wie er sich während des Wahlkampfes über einen behinderten Journalisten lustig gemacht hat. Seine Protzereien, seine frauen- und ausländerfeindlichen Äußerungen sind unerträglich. Aber im Gegensatz zu Hillary und den anderen Schnöseln in Washington hat er die Verluste und das Leid von einfachen Arbeitern angesprochen. Er ist arrogant und unverschämt, aber für die vielen arbeitslos gewordenen Kohlebergwerker, Automobilbauer und Ölarbeiter fand er die richtigen Worte.«

Inzwischen zeigen Umfragen, dass in den USA die Zugehörigkeit der politischen Richtung die Nation stärker spaltet als der Rassismus. Vor fünfzig Jahren wären viele weiße Amerikaner nie auf die Idee gekommen, in ein schwarzes Viertel zu ziehen. Heute vermeiden sie es, in Regionen überzusiedeln, in denen politisch Andersdenkende leben. 1960 gaben nur fünf Prozent der Amerikaner an, es würde sie stören, wenn ihr Kind ein Mitglied der anderen Partei heiraten würde. Inzwischen liegt der Anteil bei fast vierzig Prozent. In den letzten Jahren ging mir in Deutschland das immer aggressivere politische Lagerdenken mehr und mehr auf die Nerven. Und dann bin ich nach Amerika gekommen und habe gesehen: Dort ist es genauso.

Im April 2020, in der Corona-Shutdown-Phase, ging der Dokumentarfilmer Ami Horowitz durch das ausgestorbene New York und stellte Passanten eine suggestive Frage: »Wie viele Corona-Tote wären Sie bereit zu akzeptieren, wenn es Donald Trump die Wiederwahl kosten würde?« Auch wenn die Umfrage natürlich nicht ganz ernst gemeint und erst recht nicht repräsentativ war, so antworteten viele New Yorker: »Trump ist gefährlicher als Corona. Deswegen würde ich jede Todeszahl akzeptieren.«

Zwar liegen viele New Yorker Liberale mit der Demokratischen Partei im Streit, aber was sie eint, ist der Hass auf Trump und seine republikanischen Wähler. Bei den Konservativen sieht es ähnlich aus: Auch die sind untereinander zerstritten, aber pflegen gleichzeitig ihre Verachtung gegenüber den Demokraten.

In New Yorker Stand-up-Clubs habe ich erlebt, wie Comedians über Leute wie George herziehen und sie von der Bühne herunter als Rednecks, als ignorante Hillbillys, ja sogar als White Trash – als weißen Abschaum – bezeichnen. Ich denke, das ist destruktiv. Denn Menschen ändern sich nicht, nur weil sie von jemandem verachtet werden.

Insgeheim weiß jeder: Sobald man wirklich das Gespräch mit Menschen sucht, lösen sich ein paar der schlimmsten Vorurteile auf. Schnell bezeichnen wir jemanden pauschal als rassistisch, als böse oder als dämlich. Aber die allermeisten Menschen sind eben nicht pauschal. Menschen sind komplex und widersprüchlich. Nehmen Sie zum Beispiel den ehemaligen Radprofi Lance Armstrong. Dieser Mann hat siebenmal die Tour de France gewonnen, und er war siebenmal gedopt. Er war ein Betrüger, keine Frage. Aber parallel dazu hat er sich in der Krebsforschung engagiert und im Laufe der Zeit über einhundert Millionen Dollar aufgebracht. Er hat also gewissermaßen Drogen für einen guten Zweck genommen. Für Charity. Ist Lance Armstrong also ein guter oder ein schlechter Mensch?

Unterm Strich muss man sagen: Lance Armstrong war kein schlechter Kerl, aber er wurde trotzdem von der amerikanischen Gesellschaft ausgestoßen. Weil Amerikaner keine Betrüger mögen. Okay, das ist natürlich Quatsch. Er ist weg vom Fenster, weil sich in Amerika kein Mensch für Fahrradfahrer interessiert. Wäre Lance Armstrong ein NBA-Star gewesen, der die New York Knicks zur Meisterschaft geführt hätte, wäre den Amis das Doping egal gewesen.

Wir alle sind zutiefst widersprüchlich und komplex. In unseren Bewertungen, in unseren politischen Einstellungen, in unserem gesamten Leben. Die Gründungsväter der USA waren Sklavenhalter, und gleichzeitig haben sie so etwas zutiefst Humanistisches wie die amerikanische Verfassung geschrieben.

Eines der berührendsten Bücher, das ich während meiner Zeit in den USA gelesen habe, ist die Biografie von Trevor Noah, dem Moderator von *The Daily Show* auf Comedy Central. Trevor, mittlerweile ein Superstar der amerikanischen Comedy-Szene, wuchs in Südafrika als Sohn einer schwarzen Mutter und eines weißen Vaters während der Rassentrennung auf. Eigentlich dürfte er gar nicht existieren, denn ein »Mischlingskind« zu bekommen war in Zeiten der Apartheid illegal. Deswegen trägt sein Buch auch den

Titel *Born a Crime* (übersetzt in etwa: Als Verbrechen geboren). Gleich zu Anfang erzählt er, dass sich seine Mutter mit ihm nur in der Öffentlichkeit sehen lassen konnte, indem sie eine Nachbarin bat, die ebenfalls ein Mischling war, sich als seine Mutter auszugeben. (»Mischlingen« war es komischerweise erlaubt, eigene Kinder zu bekommen. Verstehe einer den Rassismus.) So ging der kleine Trevor also regelmäßig mit einer völlig fremden Frau durch den Park, während seine eigene Mutter zehn Meter hinter den beiden hinterherschlich und so tun musste, als habe sie mit ihrem eigenen Sohn nichts zu tun.

Das Beeindruckende an Trevor Noah ist, dass er seine Lebensgeschichte ohne den geringsten Hauch von Verbitterung erzählt. Wenn er in seinen Stand-ups über den Rassismus in unserer Zeit spricht, tut er das stets mit einem versöhnlichen Augenzwinkern.

In meiner Kindheit bin ich zum Glück ohne Fremdenfeindlichkeit aufgewachsen. Was nicht schwer war, denn bei uns im Odenwald gab es praktisch keine Ausländer. Vermutlich, weil da keiner hinwill. Wenn Sie einen Amorbacher fragen, ob er Rassist ist, dann sagt er: »Weiß ich nicht. Ich hatte noch keine Gelegenheit dazu.« Den einzigen Ausländer, den ich in meiner Kindheit zu Gesicht bekam, war Giovanni, der Besitzer der Eisdiele »Dolomiti«. Aber der war praktisch Amorbacher. Im Winter fuhr er zwar für ein paar Monate nach Sizilien (keine Ahnung, was er dort machte), aber wenn er im Frühling wieder zurückkam, war es so, als ob ein Familienmitglied nach Hause kommt.

»Aber ihr macht euch doch in Amorbach immer total darüber lustig, dass die Kirchzeller von Geburt aus dämlicher sind. Ist das etwa kein Rassismus?«, wandte Valerie einmal ein. »Natürlich nicht«, erwiderte ich, »denn das entspricht ja schließlich den Tatsachen.« Evolutionsbiologen glauben übrigens, dass der Kirchzeller das *Missing Link* zwischen einem Menschen und einem Odenwälder ist. Der einzige Quastenflosser, der sprechen kann. Und das ist überhaupt nicht rassistisch gemeint! Immerhin sind Quastenflosser faszinierende Lebewesen. Zum Beispiel verfügen sie über ein Gelenk im Schädel, mit dessen Hilfe sie den Oberkiefer gegenüber dem hinteren Schädelteil anheben können, um so bei der Nahrungsaufnahme die Maulöffnung zu vergrößern. Was dem Kirchzeller in der Grillsaison einen riesigen Vorteil verschafft.

Das war natürlich ein Witz. Und natürlich gefällt es Kirchzellern überhaupt nicht, dass die ganze Region sie für ein bisschen doof hält. Andererseits haben sie auch keine wirklich guten Gegenargumente.

Wissenschaftlich gesehen ist der Rassebegriff übrigens ziemlich schwammig. Wir alle neigen dazu, Menschen nach ihren äußerlichen Erscheinungsmerkmalen zu unterteilen. Nach Augenform, Körperbau oder Hautfarbe. Aber diese Merkmale reichen keinesfalls aus, um Menschen nach Rassen zu gruppieren. Zum einen sind alle Menschen genetisch gesehen sowieso zu über 99 Prozent identisch. Zum anderen sind die genetischen Unterschiede innerhalb dieser Gruppen viel größer als die Unterschiede zwischen den Gruppen selbst. Das bedeutet, dass ein Weißer und ein Schwarzer oftmals eine größere Übereinstimmung in ihrem Erbmaterial haben als zwei Schwarze oder zwei Weiße.

Würden Außerirdische die Menschheit studieren und unser Erbmaterial analysieren, dann kämen sie ganz sicher nicht auf Kategorien wie arisch, jüdisch, schwarz, weiß oder asiatisch. Bei diesen Definitionen handelt es sich um recht willkürliche Einteilungen, die sich genetisch nicht begründen lassen. Könnten wir alle unseren Stammbaum zurückverfolgen, würden wir sogar feststellen, dass wir erstaunlich eng miteinander verwandt sind. Wenn wir weit genug zurückgehen, finden wir sogar irgendwann einen Vorfahren, der in ausnahmslos allen unseren Stammbäumen auftaucht. So gesehen sind wir alle miteinander verwandt. Chinesen, Brasilianer, Australier. Sogar die Kirchzeller. Wenn überhaupt, dann gibt es nur eine einzige Rasse: den Menschen. Und das ist keine gutmenschenhafte »Wir-haben-uns-alle-lieb-Romantik«, sondern eine wissenschaftlich abgesicherte Tatsache.

Wie sehr in Amerika der Rassismus gegen die schwarze Bevölkerung immer noch ausgeprägt ist, vermag ich auch nach meinem Aufenthalt in den USA nicht zu beurteilen. Jedenfalls habe ich während meiner Zeit in den USA keine Situation erlebt, die ich als rassistisch angesehen hätte. Was natürlich nicht bedeutet, dass dieses Phänomen nicht mehr existiert. Nichtsdestotrotz finde ich, dass sich das Land wirklich Mühe gibt, sein zweifelhaftes Erbe aufzuarbeiten. Zwar werden jedes Jahr bei der Oscarverleihung Stimmen laut, dass angeblich viel zu wenige schwarze Schauspieler in Hollywood berücksichtigt werden. Doch die Daten zeigen ein anderes Bild. Nach der letzten Oscarverleihung habe ich mir einmal die Mühe gemacht und die ethnische Verteilung aller prämierten Haupt- und Nebendarsteller der letzten fünfundzwanzig Jahre analysiert. Dabei ergab sich, dass dreizehn Prozent aller Oscarpreisträger schwarz waren. Diese Quote entspricht ziemlich genau dem schwarzen Bevölkerungsanteil in den USA.

Und natürlich: Es sitzen immer noch überproportional mehr Schwarze als Weiße im Gefängnis. »Doch auch hier gibt es Gründe, optimistisch zu sein«, schreibt der schwarze Schriftsteller Coleman Hughes in dem Online-Magazin *Quillette*. »Von 2001 bis 2017 ist deren Inhaftierungsrate um vierunddreißig Prozent zurückgegangen. In dieser Zeit stieg die Zahl der schwarzen Studenten, die einen Bachelor-Abschluss erworben haben, um zweiundachtzig Prozent. Heute haben siebenunddreißig Prozent der schwarzen Amerikaner im Alter von fünfundzwanzig bis vierunddreißig Jahren einen College-Abschluss. Wäre das schwarze Amerika ein eigenes Land, würde es sich hinsichtlich des Bildungsniveaus zwischen Deutschland und Spanien einordnen.«

Einige mögen an der Stelle vielleicht einräumen, dass die schrecklichen Unruhen nach dem gewaltsamen Tod von George Floyd durch einen weißen Polizisten in Minneapolis doch wohl Beweis genug für den nicht überwundenen Rassismus in den USA darstellt. Doch mit einer solchen Schlussfolgerung muss man vorsichtig sein. Zwar werden Schwarze tatsächlich immer noch häufiger Opfer von Polizeigewalt; gleichzeitig gehören sie zu der Bevölkerungsgruppe mit der höchsten Kriminalitätsrate und geraten somit auch häufiger in gewaltsame Konflikte mit der Polizei. Im Laufe der letzten zwanzig Jahre hat man unzählige Daten zu dem Thema erhoben und ausgewertet. Eine aufwendige Metastudie in dem wohl renommiertesten Wissenschaftsmagazin *Nature* kommt zu dem Fazit, dass man aus den Daten keine eindeutigen Beweise für strukturell rassistisch motivierte Polizeigewalt herleiten kann.

Der Tod von George Floyd fiel in eine Zeit, in der vierzig Millionen Amerikaner durch Corona ihren Job verloren haben, davon überdurchschnittlich viele Afroamerikaner. Zweifellos hat die Pandemie die vorhandenen gesellschaftlichen und sozialen Spannungen massiv verschärft. Der Vorfall in Minneapolis war möglicherweise der letzte Tropfen, der das Fass zum Überlaufen brachte.

Noch vor hundert Jahren waren viele Weiße tatsächlich ein Volk von Rassisten. Ein Großteil unserer Vorfahren dachte wirklich, dass sie einer Herrenrasse angehören. Dass also ein genetischer Wesenszug dafür verantwortlich ist, dass Weiße wertvoller und höherstehender sind als Schwarze, Indianer oder Juden.

Heute ist das in großen Teilen nicht mehr so. Weder in Amerika noch bei uns. Wenn man sich mit Deutschen unterhält, die die Flüchtlingspolitik unserer Regierung kritisieren, sagen die allermeisten eben nicht, dass Nordafrikaner oder Syrer die »falschen« Gene haben, sondern sie machen sich Sorgen, dass sie aus Kulturen kommen, in denen Werte wie Menschenrechte, Rechtsstaatlichkeit oder Religionsfreiheit nicht besonders hoch geachtet werden. Es besteht ein grundsätzlicher Unterschied zwischen einem weißen Rassisten, der alle Ausländer als Verbrecher sieht, und einem weißen Familienvater, der ein wenig unruhig wird, wenn ihm seine Tochter ein Bild von der Familie ihres neuen Freundes zeigt, auf dem alle Frauen voll verschleiert sind.

Kulturelle Vielfalt ist wunderbar, wenn es um Malerei, um Poesie oder ums Kochen geht. Aber kaum jemand würde Zwangsehen, Genitalverstümmelung oder Sklaverei als faszinierende Kulturleistungen ansehen. Es ist keine Kultur, Frauen zu steinigen, Schwule an Baukränen aufzuhängen oder Juden als »Köterrasse« zu verunglimpfen. Der jüdische Bestsellerautor Yuval Noah Harari schreibt dazu in seinem Buch *21 Lektionen für das 21. Jahrhundert*: »Ich halte es für falsch, Zuwanderungsgegner pauschal als Nazis zu bezeichnen, so wie es genauso falsch ist, Zuwanderungsbefürwortern vorzuwerfen, sie würden kulturellen Selbstmord begehen. Für beide Positionen gibt es gute und weniger gute Argumente.«

Doch anstatt diese Positionen miteinander zu diskutieren, stehen wir uns immer unversöhnlicher gegenüber und erklären uns gegenseitig für irre. Bist du ein linksgrünversiffter Gutmensch oder ein rassistischer AfDler? Über die Flüchtlingsfrage zerbrechen langjährige Freundschaften, ja sogar Familien. Nach dreißig Jahren ist dieses Land wieder geteilt. Nicht mehr in Ost- und West, sondern in Dinkel- und Dunkeldeutschland.

Vielleicht trägt die Corona-Krise dazu bei, dass wir uns wieder mehr auf unsere Gemeinsamkeiten konzentrieren. In der Hochphase der Pandemie jedenfalls waren die üblichen parteipolitischen Kleinkriege auf Facebook nahezu verschwunden. Die gesellschaftliche Kluft, die meine Heimat in den letzten Jahren durchzogen hat, ist für viele unerträglich. Und deswegen müssen wir wieder miteinander reden, statt mit Pauschalurteilen aufeinander loszugehen.

Darauf weist auch immer wieder der schwarze Comedian Dave Chappelle hin. Etwa, wenn er auf der Bühne eine der eindrücklichsten Geschichten des amerikanischen Rassismus erzählt: Versetzen Sie sich kurz in die frühen Fünfzigerjahre in den USA. In dieser Zeit reiste ein 14-jähriger schwarzer Junge von Chicago nach Mississippi, um seine Verwandtschaft zu besuchen. Seine Mutter gab ihm einen Rat mit auf den Weg: »Wenn dir in Mississippi ein weißer Mann in die Augen blickt, schau weg.« Der Junge kam also an und verbrachte einige Zeit bei seiner Familie. Als er eines Tages mit ein paar Kumpels vor einem Gemischtwarenladen abhing, kam eine weiße attraktive Frau vorbei, und er pfiff ihr hinterher. So berichtete es im Nachhinein die junge Frau. Vier Tage später stürmte eine Gruppe weißer Männer ins Haus der Familie und zerrte den Vierzehnjährigen vor den Augen seiner Verwandtschaft aus dem Bett. Er wurde nie wieder lebend gesehen.

Der Name des schwarzen Jungen war Emmett Till. Sie

fanden seine Leiche ein paar Tage später in einem Bach an ein Rad gebunden, so fürchterlich misshandelt und aufgedunsen, dass seine Verwandten ihn nur noch an seinem Ring identifizieren konnten. Ein abscheuliches Verbrechen, bei dem die Täter straflos davonkamen und danach in Interviews noch stolz von ihrer Tat erzählten.

Einen Tag später traf Emmetts Mutter aus Chicago ein. Und sie war ein verdammt harter Knochen. Inmitten ihres schlimmsten Albtraumes besaß diese Frau die Weitsicht, an alle zu denken. Sie sagte: »Lasst den Sarg meines Sohnes offen. Die Welt muss sehen, was sie meinem Kind angetan haben!« Und so kam es, dass alle großen Zeitungen der USA dieses Foto brachten. Das Bild eines zerschlagenen, aufgedunsenen Gesichtes auf dem Titelblatt. Das löste einen wahren Dominoeffekt aus.

Jeder denkende und fühlende Amerikaner sah dieses Bild und sagte sich: So kann es nicht weitergehen! Es muss besser werden in diesem Land. Und es wurde besser. Die landesweiten Proteste gelten zusammen mit dem Busboykott der Bürgerrechtlerin Rosa Parks als Beginn der schwarzen Bürgerrechtsbewegung.

Die bittere Ironie an der Geschichte aber kommt erst noch. Im Jahre 2017 gab Carolyn Bryant, die schöne weiße Frau von damals, auf ihrem Sterbebett zu, dass sie gelogen hatte. Emmett Till hatte ihr nicht nachgepfiffen. Die erste Reaktion, die einem in diesem Moment hochkommt, ist: Du verlogenes, rassistisches Miststück! Doch wenn man länger darüber nachdenkt, dann muss man einräumen, dass es wohl sehr schwer für diese Frau gewesen sein muss, so eine abscheuliche Wahrheit über sich selbst öffentlich zuzugeben und Buße abzulegen. Und es ist tatsächlich absurd. Diese Frau hatte gelogen, und diese Lüge führte zu einem Mord; und dieser Mord wiederum setzte eine Reihe von Ereignissen in Gang, die die Bedingungen der Schwarzen in den USA Stück für Stück verbesserten.

Wie kann es sein, dass eine Lüge die Welt zu einem besseren Ort machen kann? Auch Lance Armstrong hat betrogen, aber durch seinen Betrug hat er die Krebsforschung auf ein neues Level gebracht. Damit möchte ich nicht sagen, dass Lügen und Betrügen okay sind. Alles, was ich sagen will, ist: Die Welt ist oft nicht so simpel, wie wir sie gerne hätten. Die große Stärke unserer abendländischen Kultur liegt im Diskurs, dem Ertragen von unterschiedlichen Meinungen und der Fähigkeit, Widersprüche miteinander zu vereinen. Unsere Kultur lebt von der Einsicht, dass keiner die absolute Wahrheit gepachtet hat.

Dadurch – und nur dadurch – ist eine Entwicklung zum Besseren möglich. Nehmen Sie unsere Geschichte. Innerhalb von nur zwei, drei Generationen gelang es uns, von einer in weiten Teilen rassistischen zu einer in weiten Teilen weltoffenen und toleranten Gesellschaft zu werden. Und trotzdem denken wir immer noch, dass kulturelle Eigenheiten und Vorurteile in Stein gemeißelt sind. Wenn Sie Fotos von Afghanistan oder dem Iran aus den Siebzigerjahren sehen, haben die Frauen dort keine Burkas getragen, sondern Miniröcke. Und das kann durchaus in zwanzig Jahren wieder so sein. Kulturen sind veränderungsfähig. Weil Menschen veränderungsfähig sind.

Meine Oma wurde im Dorf noch bespuckt, weil sie ein uneheliches Kind hatte. Meine Eltern sind im Glauben aufgewachsen, dass Homosexualität eine Krankheit ist. Das hat sich komplett verändert. Inzwischen ist meine Mutter sogar der Meinung, dass schwule Paare Kinder adoptieren dürfen. »Ich hatte lange das Vorurteil, ein Kind braucht unbedingt eine Mutter und einen Vater«, hat sie mir neulich gestanden. »Und dann habe ich mir überlegt: Dein Vater hat eigentlich null zu deiner Erziehung beigetragen. Da kann das Geschlecht der Eltern doch keine so große Rolle spielen, oder?«

Nach vier Tagen im Süden der USA flogen wir wieder zurück nach New York. Im Schnelldurchlauf hatten wir ein deutlich anderes Leben kennengelernt als das in Manhattan, Brooklyn oder Queens. Viele Amerikaner sind ohnehin der Meinung, dass New York eigentlich nicht Amerika ist. Doch auch Texas oder Louisiana ticken vollkommen anders als Montana, Kentucky oder Colorado. Je mehr man von diesem Land sieht, desto stärker wird einem bewusst, wie heterogen, vielschichtig und widersprüchlich es ist. Oberflächlich betrachtet ist es das Land von McDonald's, Country Music und Baseball. Gleichzeitig hat Amerika eintausendsiebenhundert Symphonieorchester, siebeneinhalb Millionen Opernbesucher und fünfhundert Millionen Museumsbesucher pro Jahr. Laut Umfragen hegen sechzig Prozent der Weißen keine Vorurteile gegenüber Schwarzen. Neunundvierzig Prozent der Amerikaner sind gegen Waffen. Achtunddreißig Prozent wollen die Todesstrafe abschaffen, und vierundsechzig Prozent glauben, jeder habe das Recht auf eine Krankenversicherung.

Die USA brachten sechsundfünfzig Wirtschaftsnobelpreisträger hervor, neunundsechzig Nobelpreisträger in Chemie und dreiundneunzig in Physik. Gleichzeitig halten fast neunzig Prozent der Amerikaner die Evolutionstheorie für unbewiesenen Mumpitz, vierunddreißig Prozent bezweifeln, dass die Erde rund ist, und sieben Prozent glauben, dass braune Kühe Schokomilch geben. Amerika ist das Land des knallharten Turbo-Kapitalismus genauso wie das Land der großzügigsten Philanthropen. In Portland / Oregon sehen die Menschen aus, als wären sie von ihren Eltern aus dem North-Face-Katalog bestellt worden, in La Grange / Texas dagegen laufen die Leute herum wie in dem Film *No Country for Old Men*. An der Ostküste ist man eher bürgerlich und kultiviert (oder wie es Leute von der Westküste ausdrücken: eingebildet und elitär). In Louisiana ist der Besitz einer Smith & Wesson ein Statement für Freiheit. Wenn Sie in New York eine Smith & Wesson besitzen, sind Sie entweder Polizist oder Crack-Dealer.

DAS Amerika gibt es nicht. Und genau *das* finde ich so großartig an diesem Land.

WE ARE
THE CHILDREN

Es gibt einen Grund, weshalb wir unser USA-Abenteuer so mühelos realisieren konnten: Wir haben keine Kinder. Das war von uns beiden eine sehr bewusste Entscheidung, die bei Valeries konservativer Familie anfangs auf ziemliche Irritation stieß. »Warum habt ihr keine Kinder?«, wurde ich ständig auf Familienfesten gelöchert. Wahrheitsgemäß sagte ich: »Ich schätze, es liegt daran, dass wir verhüten.«

Ein Leben ohne Kinder macht vieles einfacher. Zum Beispiel steht in unserem Badezimmer der Rohrreiniger direkt neben dem Mundwasser. Weil wir lesen können. Außerdem wollten wir ein selbstbestimmtes Leben führen. Das ist mit Kindern nur schwer möglich. Da ist jeder Tag so ähnlich wie bei Schrödingers Katze. Man weiß erst nach dem Aufstehen, ob es so wird oder so. Physik im Alltag sozusagen. Kinder haben relativ wenige Atome, da sind Quanteneffekte noch spürbar.

»Im Alter werdet ihr es massiv bereuen, keine Kinder zu haben«, meinten sogar meine Eltern. Die aktuelle Forschung allerdings sagt etwas anderes. Vor einigen Jahren haben IT-Spezialisten Google-Anfragen statistisch ausgewertet. Dabei fanden sie heraus, dass viermal mehr Menschen mit Kindern die verzweifelte Frage stellten, ob es denn normal sei, es zu bereuen, Kinder bekommen zu haben, als es Menschen gab, die es bereuten, keine Kinder bekommen zu haben. Kein Wunder, denn Kindererziehung ist zu einer echten Herkulesaufgabe geworden. Man muss ja auf so vieles achten. Soll das werdende Kind mit Mozart beschallt werden oder doch lieber mit Rammstein? Ist der Kita-Platz auch für Hausstauballergiker geeignet? Und erst die vielen Gefahren, denen die Kleinen im täglichen Leben ausgesetzt sind! »Papa, kann ich eine Dose Thunfisch aufmachen?« – »Ja, aber bitte zieh deinen Helm auf!«

Rückblickend ist es eigentlich ein Wunder, dass ich damals als Kind überlebte. Zum Beispiel hatten wir noch ein Auto ohne Sicherheitsgurt. Bis ich drei Jahre alt war, saß ich in unserem VW-Käfer auf dem Schoß meiner Mutter. Wenigstens ist sie selbst nicht gefahren. Mein Kinderbett war mit einem Lack versiegelt, von dessen Ausdünstungen die Fliegen tot von der Wand fielen. Wenn ich raus zum Spielen ging, hatten meine Eltern keine Ahnung, wo ich war. Und als mir Udo Butscheck aus der 5b den linken Schneidezahn ausgeschlagen hatte, wurde er von meinem Vater weder verklagt, noch haben ihn seine Eltern zum Kinderpsychologen geschickt.

Soweit ich mich erinnern kann, wurde in meiner Familie auch nicht groß über Probleme gesprochen. Zum Beispiel hatte der Bruder meines Opas aufgrund von Kinderlähmung ein zu kurzes Bein. Das wurde in meiner Familie aber NIE thematisiert. Als Kind habe ich lange gedacht: Na ja, die Leute aus dem hessischen Teil des Odenwaldes gehen eben so komisch.

Wenn man eine mehrmonatige Auszeit nimmt, hat man plötzlich viel Zeit, sich Gedanken über sein bisheriges Leben zu machen. Warum bin ich so, wie ich bin? Woher kommt mein beruflicher Ehrgeiz? Wieso habe ich ein Talent für Komik? Mein Vater zum Beispiel ist überhaupt nicht lustig. Dafür hatte unser Nachbar sehr viel Humor.

Die letzten zwanzig Jahre habe ich gearbeitet wie ein Irrer. Zweihundert Shows im Jahr, Buchprojekte, TV-Sendungen, Kolumnen, Vorträge, Talkshows, Interviewtermine, und, und, und …

In den USA hatte ich plötzlich zum ersten Mal genug Zeit, mich zu fragen: Wieso tue ich mir Jahr für Jahr diesen Stress an? Was treibt mich eigentlich? Inzwischen denke ich, zum Teil ist es die unterschwellige Angst zu verarmen. Ich komme aus sehr kleinen Verhältnissen. Ständig mussten wir aufs Geld schauen. Jeder noch so kleine Luxus war »Verschwendung«. Mittlerweile habe ich mehr Geld verdient, als ich mir jemals hätte vorstellen können. Doch paradoxerweise ist meine Angst, ich könnte nicht genug Geld zum Leben haben, nicht weniger geworden. Und ich gebe es ehrlich zu: Obwohl ich genug Rücklagen gebildet habe, trägt die Corona-Krise auch nicht unbedingt dazu bei, meine Ängste zu lindern.

In Valeries Familie hatte man diese Existenzängste nicht. Beim Thema »Geld« ist man etwas entspannter. Bei einer der ersten Einladungen von Valeries Verwandten habe ich sie danach gefragt: »Du, sag mal, was genau arbeitet eigentlich dein Schwager …?«

»Puuh … also ich glaube, der macht was mit Werbung … oder Coaching … aber so genau weiß ich es nicht …«

»Und warum ist er dann zu Hause? An einem Dienstagnachmittag?«

»Na ja, er muss sich ja noch um seine Mietshäuser kümmern … Und die Jagdpacht in der Steiermark macht auch viel Arbeit …«

Das einzige Mal, an dem mein Vater an einem Dienstagnachmittag nach Hause kam, war, als er auf der Arbeit einen Teil seines Ringfingers verlor. Und selbst da musste man ihn praktisch zwingen, einen halben Tag freizunehmen. Auch mit Lob ging mein Vater sehr sparsam um. »Waaas? Nur eine Drei in Mathe?? Willscht du dei Mudder ins Grab bringe???« Solche Sätze gab es in der Familie meiner Frau nicht. Dort wurden und werden die Kinder konsequent ermutigt und positiv bestärkt. »Stell dir vor, der Stanislaus hat sich letzte Woche ohne fremde Hilfe aus dem Internet die neue GoPro für fünfhundert Euro bestellt. Mit gerade mal dreizehn Jahren! Du, ich bin so stolz auf ihn.«

Nennen Sie mich altmodisch, aber ich finde, damit bereitet man seine Kinder nicht unbedingt auf die Härte des späteren Lebens vor. In Deutschland wurde in den letzten Jahren sehr viel von überbesorgten Helikoptereltern gesprochen. Das ist aber kein Vergleich zu den USA, dem Mutterland der Überbehütung. In Illinois ist es gesetzlich untersagt, Kinder unter vierzehn Jahren allein zu Hause zu lassen. Vermutlich, weil sie sich sonst über Papas Waffenschrank oder Muttis Psychopharmaka hermachen würden. Die New Yorkerin Lenore Skenazy beging 2008 das unglaubliche Verbrechen, ihren neunjährigen Sohn allein mit der Subway nach Hause fahren zu lassen. Ganze vier Stationen! Die Geschichte sorgte damals für ziemlichen Medienrummel und brachte ihr immerhin den Titel *World's Worst Mom* ein. Klar, wer seine Kinder vier Stationen mit der Subway fahren lässt, gibt ihnen garantiert auch eine Crackpfeife als Einschlafhilfe.

In der gutbetuchten Upper East Side ist es am schlimmsten. Freilaufende Kinder sind dort in etwa so verbreitet wie eine KiK-Filiale in München-Bogenhausen. »Zwischen Park- und Madison Avenue ist Käfighaltung angesagt«, erzählt mir mein Freund Marcus. Einerseits werden die Kleinen dort von allen Gefahren und Herausforderungen des alltäglichen Lebens isoliert, andererseits überfrachtet man sie mit einem durchgetakteten Trainingsprogramm aus Rhetorik-, Programmier- und Mandarin-Kursen, um sie aufs zukünftige Leben vorzubereiten. Wer sich mit sechs Jahren noch niemals mit der Riemann'schen Vermutung oder dem Gödel'schen Unvollständigkeitssatz beschäftigt hat, gilt im Grunde als geistig zurückgeblieben. Die dadurch entstandenen Defizite kannst du praktisch nie mehr aufholen.

Doch wie und zu was sich Kinder entwickeln, ist nicht immer hundertprozentig planbar. Für viele Eltern ist das schwer zu akzeptieren. Die meisten von ihnen sind davon überzeugt, dass man mit genug Förderung buchstäblich jedes Kind zu einem Einstein machen kann. In der Wissenschaft bezeichnet man dies als die »Theorie vom unbeschriebenen Blatt«. Die Vorstellung, dass der gesamte Charakter eines Menschen, seine Intelligenz, seine Ansichten und Vorlieben nur durch äußere Einflüsse beeinflusst und geformt werden. Biologische und genetische Faktoren sollen demnach praktisch keine Rolle spielen. Nach dieser Theorie kann jeder alles werden, was er sich wünscht, sofern er nur dementsprechend darauf vorbereitet und geschult wird. Kein Wunder, dass diese Vorstellung in den USA so beliebt ist. Einem Land, das auf dem Mythos aufbaut: »Du kannst alles erreichen, wenn du dich nur anstrengst!«

Inzwischen jedoch hat die Forschung eindeutig gezeigt: Wir kommen nicht als unbeschriebenes Blatt auf die Welt. Anscheinend gibt es eine Menge Faktoren, die uns von Geburt an mitgegeben werden. Eineiige Zwillinge gleichen sich nicht nur in Aussehen oder Haarfarbe, sondern zeigen auch verblüffende Gemeinsamkeiten in der Berufswahl, bei Hobbys, bei Straffälligkeiten, Scheidungsraten sowie religiösen und politischen Vorlieben.

Auch der IQ eines Menschen ist stark erblich. Sogar fast so stark wie die Körpergröße. Ich sag's ungern, aber wenn Sie als Eltern dumm wie Dachpappe sind, ist es relativ unwahrscheinlich, dass Ihr kleiner Jonathan die Mathe-Olympiade gewinnt. Selbst dann, wenn Sie ihn dreimal die Woche zur Quantenphysikvorlesung schleppen. Nach allem, was die Intelligenzforschung weiß, haben Sie praktisch keine Chance, ein Kind mit einem angeborenen niedrigen IQ intelligenter zu machen. Und wenn wir ehrlich sind, wissen wir das auch. Ich bin mir sicher, manche Eltern gucken ihre Kinder an und denken sich insgeheim: »Hey, ich liebe dich, aber du bist ein bisschen doof.« Oder wie der große Bildungsexperte Gerhard Polt mal gesagt hat: »Wenn eine Sache genetisch versaut ist, kann man es mit Prügel allein auch nicht mehr korrigieren.«

Das heißt allerdings nicht, dass es so etwas wie ein spezielles »Intelligenz-Gen« gibt. Nach einer Analyse des Erbguts von mehr als einer Million Menschen hat eine internationale Forschergruppe 1271 Gen*varianten* gefunden, die wahrscheinlich mit dem Bildungsniveau zusammenhängen. Die Forscher vermuten, dass diese Erbanlagen gut zehn Prozent des schulischen Erfolgs erklären.

Runter geht allerdings immer. Sie können Ihre Kinder problemlos dümmer machen, indem Sie sie nicht fördern oder vernachlässigen. Von getrennt aufgewachsenen Zwillingen wissen wir, dass es einen enormen IQ-Unterschied ausmachen kann, je nachdem, in welchen Verhältnissen die beiden groß werden. In den USA ist diese Schere besonders dramatisch. Wenn der eine Zwilling in einer Familie aufwächst, die zu den 15 Prozent der Ärmsten des Landes gehört, hat er zum Schluss einen um 15 Punkte niedrigeren IQ als sein Bruder, der bei den reichsten fünf Prozent aufwächst.

Die Wissenschaft hat lange gestritten, ob es eher die Gene sind oder die Erziehung, die unseren Werdegang bestimmen. Heute ist die Antwort eindeutig: Gene und Umwelt beeinflussen sich gegenseitig. Wenn Sie zum Beispiel von Geburt an kurzsichtig sind, dann haben Sie statistisch gesehen einen etwas höheren IQ als Normalsichtige. Warum? Weil kurzsichtige Menschen im Laufe ihres Lebens andere Fähigkeiten entwickeln mussten, um ihr Handicap auszugleichen. Das bedeutet natürlich nicht, dass Sie schlauer werden, wenn Sie sich die Augen schlechtlasern lassen.

Auch Schönheit ist sowohl genetisch als auch durch äußere Einflüsse bedingt. Wer einmal in Beverly Hills war, der weiß: Mit einem guten Schönheitschirurgen können Sie locker zwanzig Jahre jünger aussehen, mit einem schlechten zwanzig Jahre älter. Weil hübsche Kinder in der Regel besser benotet werden als hässliche, sind sie im späteren Leben erfolgreicher. Natürlich gibt es auch da Ausnahmen. Ich zum Beispiel war tatsächlich ein eher unattraktives Kind. Aber man kennt das ja aus dem Tierreich: Wenn aus einer kleinen hässlichen Larve nach dem Verpuppungsprozess plötzlich und vollkommen unvermutet ein übler, schlecht gelaunter Käfer wird.

Gene und Umwelt sind untrennbar miteinander verwoben. Sie bedingen einander und wirken im Zusammenspiel. Wer wir sind, entscheidet eine Mischung aus Vererbung, Evolution, Umwelteinflüssen und Zufall. Ist also mein beruflicher Ehrgeiz das Produkt meiner DNA oder entspringt er meiner Angst, im Odenwald versauern zu müssen? Wer kann das schon wissen?

Ich komme aus einer Familie, in der keiner außer mir Abitur hat, geschweige denn ein abgeschlossenes Studium. Niemand in meinem Umfeld hat mich jemals dazu animiert, etwas Höheres anzustreben. Kein einziges Familienmitglied hat nach der Schule seinen Geburtsort verlassen. Und keiner verspürte in irgendeiner Form den Drang, einen unüblichen Lebensweg einzuschlagen, berufliche Risiken auf sich zu nehmen oder gar ein Jahr in New York zu leben. Ich habe nicht die leiseste Ahnung, warum ich so bin, wie ich bin. Und wenn wir ehrlich sind, gilt das für uns alle. Rückblickend konstruieren wir uns gerne unsere Biografien. Besonders bei Dingen, die nicht so gelaufen sind, wie wir erhofft haben. Wir erklären unser Scheitern, unser Zögern, unsere Ängste und Defizite mit Vorliebe damit, dass Papa uns eben nicht genug Liebe gegeben hat oder Mama unsere eigentlichen Potenziale nie erkannt und gefördert hat.

In der Familie meiner Frau ist diese Vorstellung jedenfalls verbreitet. Vielleicht neigen sie deswegen auch dazu, ihre Kinder bei vielen Dingen übermäßig zu loben und sie zu bestätigen. Und zur Ehrenrettung von Valeries Familie muss ich zugeben: Dadurch haben sie auch eine Menge äußerst erfolgreicher Leute hervorgebracht: Mediziner, Hochschullehrer, Architekten, Kaufleute, Investmentbanker und Diplomaten. Denn intensive Unterstützung, Förderung und ein tendenziell »helikopterartiger« Erziehungsstil erhöhen laut Studien tatsächlich die Erfolgschancen von Kindern.

Ausnahmen gibt es natürlich immer. Einmal besuchten wir Philipp, einen der vielen Verwandten von Valeries weitläufiger Familie. Philipp ist Amerikaner, weil sein Vater (irgendein Schwippschwager von Valeries angeheiratetem Großonkel väterlicherseits) lange vor Philipps Geburt in die USA ausgewandert ist und dort eine Amerikanerin heiratete. Philipp lebt in Brooklyn und schlägt sich dort mehr schlecht als recht mit diversen Gelegenheitsjobs durch. Beim Kaffeetrinken jammerte er uns vor, wie viel Potenzial eigentlich in ihm stecke und warum er es aufgrund seiner problematischen Kindheit nicht ausschöpfen kann: »Wisst ihr, ich wuchs in der Upper East Side auf. Meiner Mutter gehören dort ein paar Immobilien. Jeden Samstag schleppten mich meine Eltern zum Dinner ins Plaza Hotel. Abends herrscht dort strenge Anzugpflicht. Einmal vergaß ich mein Jackett, worauf mir der Kellner ein anderes lieh. Das war mir aber viel zu klein und eng, da ich schon immer ein wenig dicklich war. Und so musste ich dann angezogen wie ein Depp drei Stunden lang das Dinner über mich ergehen lassen, und alle haben mich dabei blöd angeguckt …«

Wow! In der Bronx wachsen die Kids mit Bandenkriminalität, drogensüchtigen Müttern, sexuellem Missbrauch und prügelnden Vätern auf. Aber das ist natürlich kein Vergleich zu dem traumatischen Erlebnis, als Zwölfjähriger in einem Fünfsternehotel mit einem zu engen Dinner-Jackett zu Abend essen zu müssen. Da ist der Weg in die Gosse praktisch vorgezeichnet. Wahrscheinlich musste er in diesem Outfit auch noch vier Stationen allein mit der Subway nach Hause fahren.

Der Schriftsteller Rolf Dobelli schrieb in seinem Buch

Die Kunst des guten Lebens: »Wer noch mit vierzig Jahren seine Eltern für seine Probleme verantwortlich macht, ist so verdammt unreif, dass er seine Probleme fast schon verdient hat.« Ich zum Beispiel war Bettnässer. Die ersten zwei Jahre meines Lebens. Aber dann habe ich eine Therapie gemacht. Seitdem bin ich trocken.

Inzwischen legen viele Studien nahe, dass die Art und Weise, wie sich Jugendliche entwickeln, mehr mit ihrem Freundeskreis als mit dem konkreten Verhalten ihrer Eltern zu tun hat. Wenn sich Teenager wirklich an ihren Eltern orientieren würden, dann würden sie nicht auf eine Brücke steigen, um »Lisa, ich liebe dich« auf die Brüstung zu sprayen. Sie würden Wäsche zusammenlegen, Briefmarken sammeln und ihre Einkommensteuer ausrechnen.

Unsere Erziehung ist nicht unser Schicksal. Genauso wenig, wie es unsere Gene sind. Möglicherweise ist es für überbehütende Eltern enttäuschend, dass es kein Patentrezept für die Entwicklung eines glücklichen und erfolgreichen Kindes gibt. Aber würde es uns wirklich gefallen, wenn wir jedes Merkmal und jede Charaktereigenschaft unserer Kinder beeinflussen und festlegen könnten?

Auf der Upper East Side (und auch in Valeries Familie) ist man davon überzeugt. Für diese Klientel gibt es in den USA sogar Samenbanken, die gegen gutes Geld das Sperma von Nobelpreisträgern verkaufen. Ob's funktioniert, sei dahingestellt. Als der Biochemiker George Wald um eine Samenprobe gebeten wurde, erwiderte er nur: »Wenn Sie Sperma haben möchten, das Nobelpreisträger hervorbringt, sollten Sie sich lieber an meinen Vater wenden, einen bettelarmen Einwanderer und einfachen Schneider. Wissen Sie, was *mein* Sperma der Welt geschenkt hat? Zwei erfolglose Gitarristen ...«

DON'T
BE EVIL

Während eines Dinners mit Marcus und seiner Frau unterhielten wir uns angeregt über den immensen Einfluss der Digitalisierung auf unser tägliches Leben. Beim Dessert kam Marcus dann mit folgendem Gedankenspiel daher: »Du musst entweder dein Smartphone für den Rest deines Lebens abgeben, oder du bekommst regelmäßig das neueste Modell mit den aktuellsten Apps, aber dafür muss ein guter Freund von dir sterben. Wie entscheidest du dich?«

Das war natürlich eine rein hypothetische Frage. Aber es wurde richtig heftig diskutiert. Beim Nachhausegehen fragte mich meine Frau: »Du würdest wirklich in Erwägung ziehen, deinen alten Studienfreund zu opfern?«

»Na ja, den sehe ich ja eh kaum. Außerdem lebt der in Aalen, da ist der Verlust des Lebens nicht die schlechteste Alternative.«

New York ist wie fast kein Ort auf der Welt komplett »durchsilikonisiert«. In der Subway starren gefühlte neunzig Prozent der Fahrgäste wie Zombies auf ihre bläulich leuchtenden Monitore; gedatet wird über Tinder oder Hinge; die meisten Gespräche drehen sich um die neueste Netflix-Serie, und ohne Instagram-Account bist du nicht existent.

Zwar gibt es immer noch die für New York so typischen *yellow cabs*, doch die verschwinden mehr und mehr. Uber übernimmt kontinuierlich den Markt. Dessen Fahrer sprechen zwar immer noch kein Englisch, aber man muss ihnen wenigstens nicht mehr sagen, wohin man möchte. Die App erledigt alles.

Bei Whole Foods zahlt man mit seiner Amazon-Prime-App, und natürlich liefert Amazon alles frei Haus. *Delivery* am selben Tag? Vergiss es! Wir wollen die Sachen in vier Stunden. Zwei wären noch besser. Oder gleich jetzt. Ach was, schick es mir, *bevor* ich überhaupt auf die Idee komme, es zu bestellen! Und warum überhaupt noch das Haus verlassen?

Auf gespenstische Weise könnte die Corona-Pandemie unseren Alltag in der Zukunft vorweggenommen haben. Es ist gut möglich, dass die einzigen Menschen, die sich in zehn Jahren in New York noch auf der Straße aufhalten, Amazon-Lieferanten sind. Alle anderen sitzen in ihren Wohnungen und streamen, bestellen, posten, liken oder bloggen irgendwas. Als Kind habe ich mir immer vorgestellt, dass es toll wäre, wenn man die Gedanken anderer Menschen lesen könnte. Dann kam Twitter, und das Elend nahm seinen Lauf.

Auch an Valerie und mir ist diese Entwicklung nicht vorbeigegangen. Wenn man im Ausland lebt, sind Facebook oder WhatsApp natürlich tolle Möglichkeiten, mit der Heimat verbunden zu bleiben. Dennoch entglitt uns mit der Zeit unser Onlineverhalten. Oft saßen wir in unserem

Apartment wortlos nebeneinander und blickten abwesend auf unsere kleinen Kisten. Stundenlang. »Verdammt, ich hab nur noch zehn Prozent Akku. Ich fühl mich so schwach. Und warum ist das verdammte WiFi wieder so langsam ...«

Ab und an versicherten wir uns, dass wir natürlich jederzeit mit diesem Quatsch aufhören könnten. Sprüche, die jeder Junkie halt so dahinsagt. Denn diese verflixten kleinen Biester haben längst die Macht über uns gewonnen. Sie sind wie Viren, die uns als Wirte benutzen. Sie haben sich tief in unser Bewusstsein eingepflanzt und manipulieren unsere Bedürfnisse und Meinungen. Sie verwenden sogar unseren Körper, um sich von einem Ort zum anderen zu bewegen. Vielleicht werden wir in fünfzig Jahren zurückblicken und diese Technologie so sehen wie heute das Rauchen. »Kannst du dir das vorstellen? Im Jahr 2020 haben schwangere Frauen das Internet benutzt. Krass, oder? Na ja, man wusste es eben nicht besser ...«

Im Silicon Valley sieht man das alles deutlich positiver. Dort träumen die High-Tech-Gurus von selbstdenkenden Maschinen, von optimierten Übermenschen, ja sogar von der Unsterblichkeit. Bei Google arbeitet man derzeit gezielt daran, das gesamte menschliche Bewusstsein auf eine Festplatte zu überspielen. Der Daten-Download auf einen neuen Körper wird dann zur Routine. Aber was passiert, wenn ich mein Passwort vergesse? Auf welchem Betriebssystem laufe ich? Kann ich nach einem Feierabendbier abstürzen?

Allein der Facebook-Konzern speichert und analysiert täglich vier Millionen Gigabyte an Daten von seinen 2,3 Milliarden Nutzern. Dadurch weiß Marc Zuckerberg mehr über meine Reisegewohnheiten, meine Zukunftspläne, meine finanzielle Situation und meine sexuellen, religiösen und politischen Einstellungen als Trump und Putin. Sogar mehr als meine Mutter.

Nun, in Zeiten von Corona, erheben immer mehr staatliche Stellen den Anspruch, die Bewegungsdaten der Bevölkerung zu tracken, um das Virus kontrollieren zu können. Dient unser Handy also in Zukunft als Lebensretter oder doch eher als Überwachungstool?

Ein paar Wochen vor dem Ausbruch der Pandemie wurde ich als Gastredner zu einer IT-Konferenz nach San Francisco eingeladen. Veranstalter war ein mittelgroßes IT-Unternehmen, das sich auf Gesichtserkennung spezialisiert hat. Am Abschlussabend sollte ich für die zweihundert eingeladenen Gäste eine kurze, pointierte Keynote halten.

Beim Landeanflug war ich völlig überrascht, wie klein und unscheinbar der Landstrich ist, den man Silicon Valley nennt. Wenn man in Palo Alto über die berühmte University Avenue schlendert, kommt es einem vor, als befände man sich in Prenzlauer Berg. Allerdings mit schönerem Wetter und schnellerem WLAN. Wenig Business-Schnösel, dafür viele Kapuzenpullis, die mit ihrem Tesla beim Fair-Trade-Coffee-Shop vorfahren und Meetings bei allergikerfreundlichen Hazelnut-Cookies abhalten. Wobei sich auch das inzwischen mehr und mehr verändert. Noch vor wenigen Jahren taten im Valley alle so, als wären Softwarekonzerne immer noch kleine Garagenfirmen, die *just for fun* von ein paar befreundeten Tischkicker-Spielern in Badelatschen geführt werden. Alles, was nach Macht, Geld und Protzerei aussah, galt als uncool. Für Facebook trifft das heute noch zu. Deren Zentrale sieht ähnlich spektakulär aus wie ein mittelständischer Hersteller von Cerankochfeldern im Westerwald. Google dagegen baut in Mountain View gerade eine neue Zentrale, die so einschüchternd wirkt wie der Imperiale Sternzerstörer in *Star Wars*.

Nach außen gibt sich das Valley immer noch alle Mühe, zu den Guten zu gehören. *Don't be evil* lautete über viele Jahre der Leitspruch von Google. 2018 hat man ihn stillschweigend gestrichen und durch *Do the right thing* ersetzt.

Vor einiger Zeit entwickelte das saudi-arabische Innenministerium eine Applikation mit dem Namen »Absher«. Unter anderem enthält diese App eine Funktion, die es ermöglicht, Frauen zu überwachen und ihre Reisefreiheit einzuschränken. Männer können bei Absher festlegen, wohin sich eine Frau mit welchen Begleitpersonen bewegen darf. Sie werden umgehend per SMS benachrichtigt, sollten Flughäfen aufgesucht oder saudische Grenzen überschritten werden. Als Amnesty International den Google-Konzern aufforderte, das Programm aus ihren App-Stores zu entfernen, kam die Antwort: Man habe die App geprüft und entschieden, dass sie nicht gegen die Nutzungsbedingungen verstoße. »Do the right thing, baby!«

Gegründet wurde das Valley tatsächlich von IT-Hippies, die von einer gerechten Welt träumten. Ihre Suchmaschinen und Netzwerke sollten Menschen verbinden, Wissen teilen und gemeinsame Erlebnisse schaffen. Die ersten Computerspezialisten vor etwa vierzig Jahren waren von der Idee begeistert, dass Informationen für alle frei zugänglich sein sollten. Wer zu diesem Zeitpunkt in Amerika die Gesellschaft verändern wollte, wurde Programmierer. Bei uns in Deutschland gingen die Weltverbesserer in die Politik. Apple entstand zur gleichen Zeit wie bei uns die Grünen. Oder wie es der Journalist Christoph Keese in seinem Buch *Silicon Valley* treffend ausdrückte: »Joschka Fischer warf Steine, Steve Jobs zertrümmerte Monopole.« In der Apple-Kampagne »Think different« aus dem Jahr 1997 traten die gleichen Helden auf, die auch für die 68er-Generation wichtig waren: Bob Dylan, Martin Luther King, Gandhi. Es ist eine große Ironie, dass das kapitalistische Amerika mit dem Internet etwas erschaffen hat, was den Kommunisten nie gelungen ist: ein frei verfügbares Tool, das allen gehört.

Meine Dinner-Speech bei der Konferenz kam übrigens recht gut an. Ich machte ein paar Scherze über den nicht vorhandenen deutschen Humor, über unsere sprichwörtliche Risikoarmut und natürlich über die Tücken der modernen Technologie. Ein Witz funktionierte besonders gut: »Ich kenne einen Programmierer, der wollte sein Kind ›Username‹ nennen. Und als Zweitnamen ›Password‹. Das schreibt sich allerdings mit acht schwarzen Punkten. Seine Frau fand das doof. Denn sie wollte nicht, dass ihr Sohn alle drei Wochen einen anderen Namen braucht.« Die zweihundert Nerds im Raum lachten sich tot. Danach mischte ich mich unters Volk und plauderte ein wenig mit der amerikanischen High-Tech-Elite. Viele von ihnen erwähnten tatsächlich gerne, dass sie die Welt verbessern wollen, und sehen sich als innovative Querdenker. Doch schon nach wenigen Sätzen ging es dann vorwiegend um Dinge wie Aktienpakete, Firmenbeteiligungen und »disruptive Geschäftsmodelle«.

Der Paypal-Gründer und Risikokapitalgeber Peter Thiel sieht die Entwicklungen im Silicon Valley inzwischen ziemlich skeptisch. In einem Zeitungsinterview gab er zu bedenken: »Das Valley ist kein Ort der Diversität mehr. Es ist eine Blase von Leuten, die alle dieselben Ideen und Meinungen haben und die sehr wenig ihre Position und ihre grundsätzlichen Einstellungen hinterfragen.« Das fängt schon damit an, dass praktisch alle, mit denen ich mich unterhalten habe, davon überzeugt sind, dass Computer schon bald intelligenter sein werden als der Mensch. Einige glauben sogar, dass die Maschinen irgendwann einmal die Herrschaft übernehmen könnten. Zugegeben, das war tatsächlich schon mal der Fall. Immerhin wurde Kalifornien acht Jahre lang von einem Terminator T 800 regiert. Und das könnte auch bei uns in Deutschland kommen. Sind Ihnen schon mal diese ruckartigen Bewegungen von Claus Kleber im *heute-journal* aufgefallen? Vielleicht ist das ja gar kein Mensch, sondern ein Avatar, der auf dem alten Betriebssystem von Florian Silbereisen läuft.

Was als idealistisches Hippieprojekt anfing, hat sich zu einer Monokultur aus hocheffizienten Hipstern gewandelt, die von der Macht der Algorithmen träumen und alle fünf

Minuten davon reden, dass Daten das »neue Gold« seien. Nach einigen Gesprächen hatte ich jedenfalls den Eindruck, dass viele der smarten Jungs von Mountain View die Welt gar nicht mehr verbessern möchten, sie möchten sie dominieren. Das ist ihnen weitgehend gelungen. Von den zwanzig wertvollsten Internet-Firmen der Welt stammen zwölf aus dem Valley. Entstanden sind sie fast alle durch den Einsatz von enorm viel Kapital. Mark Zuckerberg war bei seiner Firmengründung ein mittelloser Student. In seinen Anfangsjahren haben verschiedenste Geldgeber mehr Wagniskapital in seine Firma investiert, als in Deutschland für alle Start-ups zusammen zur Verfügung steht.

Allein die Google-Suchmaschine hat einen Marktanteil von über neunzig Prozent. YouTube ist zehnmal größer als die nächste Videoplattform. Bei den Sozialen Netzwerken liegt Facebook bei rund 70 Prozent Marktanteil. Zusammen mit den unternehmenseigenen Diensten WhatsApp und Instagram hat der Facebook-Konzern eine Marktkonzentration, die ihn nach Google zum zweitgrößten Anzeigenverkäufer im Internet macht. Durch dieses Monopol an Daten haben Facebook, Google und Amazon den größten Einfluss auf die Weltbevölkerung, den Unternehmen je hatten. Und diese Machtkonzentration ist deswegen so gespenstisch, weil sie automatisch und freiwillig abläuft. Denn die gesamte Technologie ist so aufgebaut, dass zwangsläufig Monopole entstehen. Wenn ich zum Beispiel einen Liter Milch kaufe, dann kann ich die Milch trinken. Unabhängig davon, ob ein anderer auch Milch kauft. Wenn ich aber ein Telefon erwerbe, hängt meine Freude darüber entscheidend davon ab, wie viele andere Menschen auch noch ein Telefon gekauft haben. Je mehr Leute im selben Telefon-Netzwerk mitmachen, desto wertvoller wird mein eigenes Gerät.

Genau das passiert im Silicon Valley. In digitalen Märkten entscheiden sich Kunden in der Regel für den Anbieter mit dem größten Netzwerk. Egal, ob sie dort höhere Preise oder schlechteren Service vorfinden. Denn in Netzen hat nicht der bessere Anbieter einen Vorteil, sondern der größere. Mit jedem neuen Nutzer wächst der Vorsprung zur Konkurrenz, und Wettbewerb findet nicht mehr statt. Genau wie ein schwarzes Loch zieht ein Konzern immer mehr Masse an sich, verschluckt alle anderen um sich herum und sorgt für eine Art Highlander-Effekt: Es kann nur einen geben!

Wäre das Silicon Valley ein Land, so wäre es eine größere Volkswirtschaft als die Schweiz. Doch die Unterschiede dort könnten nicht größer sein. Die Obdachlosenquote in der Bay Area ist in den letzten Jahren dramatisch angestiegen. Pausenlos fährt man an Zeltdörfern vorbei, in denen Menschen leben, die sich die absurd hohen Mietpreise nicht mehr leisten können. Eine Einzimmerwohnung kostet mindestens zweitausendvierhundert Euro. Viele Straßen sind durchzogen mit Schlaglöchern, der öffentliche Nahverkehr steht vor dem Kollaps, und das Stromnetz ist so marode, dass es häufig zu Blackouts kommt. Während man in den Konzernzentralen große Ideen über Hyperloops, Unsterblichkeit und autonomes Fahren spinnt, lässt man die eigene Region vor die Hunde gehen.

Themen wie Plastikmüll, Artensterben, globale Ungleichheit, Malaria-, Tuberkulose- oder Diarrhö-Erkrankungen in Entwicklungsländern füllen zwar die Blog-Einträge und Tweets der Techno-Vordenker, aber die meisten von ihnen arbeiten dann doch lieber an der nächsten App für die westliche Mittel- und Oberschicht. Oder machen irgendwas mit »Blockchain« oder mit »Smart«. Und selbst wenn einige Konzerne im Valley mit Datenanalysen oder Videokonferenz-Software nützliche Tools in der Pandemie anbieten, so sind deren Werkzeuge dennoch beschränkt. Cloud-Lösungen und Algorithmen lindern weder Schmerzen, noch produzieren sie Geräte oder entwickeln revolutionäre Ideen.

Wenn es einen Konzern wie Facebook morgen früh plötzlich nicht mehr gäbe, was wären die Konsequenzen für unser praktisches Leben? Auf dem Papier mag Google vielleicht das wertvollste Unternehmen der Welt sein. Aber auch Google produziert nichts. Keine Frühstücksflocken, keine Duscharmaturen und keine Impfstoffe. Natürlich bemüht sich der Konzern, neue Ideen zu produzieren, und investiert in viele Start-ups, die unterschiedlichste Probleme lösen wollen. Doch das macht nur einen geringen Teil seiner Aktivitäten aus.

Achtzig Prozent seiner Umsätze macht Google mit seiner Suchmaschine. Einer Erfindung, die über zwanzig Jahre zurückliegt. Man schiebt Daten hin und her und verkloppt damit Werbung. Das Silicon Valley betreibt Taxiunternehmen ohne Taxis, Hotelketten ohne Hotels und Suchmaschinen ohne eigene Inhalte. Seit Neuestem macht Facebook sogar Politik ohne eigene Politiker.

Vor drei Jahren hielt ich einen Vortrag bei einem schwäbischen Hersteller von Spritzgussmaschinen. Hochkomplexe Apparate von der Größe eines Wohnwagens. Nach meinem Vortrag erzählte mir der Inhaber: »Wisset Se, mir sän letschtes Jahr ins Valley gfahre, um von dene zu lärne. Ich hän dene e Bild von unsrer Maschin gezeicht un gesächt: Könnt ihr des digitalisiere? Da häbbe die mich nur mit große Auche ogeguckt. Da simmer halt widder hoimgfahre und häbbes selbscht gmacht …«

Zweifellos haben sich Algorithmen zu unschätzbaren Werkzeugen entwickelt. Mit ihrer Hilfe können wir Unwetter vorausberechnen, wir können Krebstumore im Frühstadium erkennen, wir können Logistikketten optimieren und mit Leuten aus aller Welt Handel betreiben. Vor einiger Zeit hat mein Nachbar seinen alten Mercedes über eBay verkauft, und der wurde dann zwei Wochen später im Gazastreifen als Autobombe benutzt. Das stimmt natürlich nicht. Kein Araber würde ernsthaft seinen Mercedes in die Luft jagen …

Es gibt sogar eine Art USB-Stick, da spucken Sie drauf, und in Windeseile wird Ihr Genom analysiert. Bei vielen jungen Amerikanern ist das gerade total hip. Die stellen sogar ihr Ergebnis auf Facebook ein mit dem Ziel, einen geeigneten Partner zu finden. »Hey, ich bin homozygot für blaue Augen, wollen wir uns mal treffen?« Zweihundert Euro kostet der Spaß. Etwa so teuer wie eine Playstation.

Klug angewendet, ergeben viele Tools aus dem Silicon Valley durchaus Sinn. Gleichzeitig ist es ziemlich heikel, ihnen zu viele Entscheidungsbefugnisse zu überlassen. Inzwischen gibt es mehrere Fälle, in denen ein NSA-Algorithmus sechsjährige Kinder auf die Terrorliste gesetzt hat. Was man bei manchen Sechsjährigen mitunter sogar verstehen kann. Neulich habe ich bei IKEA eine Durchsage gehört: »Der kleine ›Leck-mich-du-blöde-Kuh-mein-Name-geht-dich-gar-nichts-an‹ möchte aus dem Kinderparadies abgeholt werden …«

Sicher kennen Sie den Satz: »Wenn Ihnen dieses Buch gefallen hat, könnte Ihnen auch dieses Buch gefallen.« Über diesen Empfehlungsalgorithmus generiert Amazon tatsächlich Umsatzsteigerungen. Die unausgesprochene Wahrheit allerdings ist: Amazon hat nicht die leiseste Ahnung, ob dieser Algorithmus tatsächlich klug ist, weil er die Vorlieben der Leser kennt, oder ob sich die Leser einfach nur an den Algorithmus anpassen, weil sie irrigerweise davon ausgehen, dass er klug ist. Ich vermute, eher Letzteres. Wissen Sie, was mir Amazon neulich angeboten hat? Mein eigenes Buch. Und wissen Sie was? Ich hab's tatsächlich bestellt!

Für solche intellektuellen Grenzen und Spitzfindigkeiten interessieren sich im Silicon Valley erstaunlich wenige. Was digitalisiert werden kann, wird digitalisiert. Punkt. Doch dabei ignoriert man, dass viele Dinge in unserem Leben für Daten unsichtbar sind: kritisches Denken, Fantasie, Neugier, persönliche Entwicklung. Eine Maschine ohne Bewusstsein kennt keine Schönheit. Sie kann uns zwar viel zeigen, aber sie hat uns nichts zu sagen. Sie ist wie Mireille Mathieu: Sie singt glühende Liebeslieder auf Deutsch – aber versteht kein Wort davon. Als der deutsche Bauingenieur Konrad Zuse 1941 den ersten Computer erfand, sagte er: »Ich fürchte mich nicht davor, dass Computer so werden wie Menschen. Ich fürchte mich viel mehr davor, dass wir Menschen so werden wie Computer.«

Auf meinem Rückflug von San Francisco nach New York dachte ich lange über meine gesammelten Eindrücke nach. Es stimmt, wir Deutschen hinken den Amerikanern bei der Digitalisierung eindeutig hinterher. Auch vom Wagemut und der Risikobereitschaft des Silicon Valley können wir uns eine Scheibe abschneiden. Gleichzeitig zeigen mir innovative Leute wie der schwäbische Spritzgusshersteller, dass wir Deutschen auch verdammt viel draufhaben. Wir hängen es eben nur nicht so oft an die große Glocke.

Die paar Tage im Valley haben definitiv meine Perspektive ein wenig zurechtgerückt. Vorher blickte ich wie ein Kaninchen vor der Schlange ehrfurchtsvoll auf die smarten Jungs in Kalifornien. Inzwischen ist mir klar, dass dort im Rausch der Algorithmen und Big-Data-Systeme für die guten alten abendländischen Zweifel kein Platz ist. Doch manchmal ist es eben wichtig zu zögern, abzuwägen, ethische Fragen zu diskutieren und eine Idee mehrfach zu überdenken, bevor man sie realisiert.

Derzeit überlassen wir die Deutungshoheit über die Zukunft einer technologiegläubigen Nerd-Elite aus Start-up-Unternehmern, Investoren und Tech-Konzernen an der amerikanischen Westküste. Deren Macht und Größenwahn überfordern uns. Doch es wäre nicht schlecht, wenn wir einen Teil dieser Deutungshoheit zurückgewännen. Oder wie es der Neurowissenschaftler Henning Beck in seinem Buch *Irren ist nützlich!* auf den Punkt brachte: »Die großen Ideen der Welt werden auch in Zukunft nicht digital, sondern analog gedacht. Von Gehirnen und nicht von Algorithmen.«

Vor einigen Jahren wurde der große Fußballlehrer Pep Guardiola gefragt, ob er sich denn vorstellen könne, eine Mannschaft aus Robotern zu trainieren, die man extra für ihn konstruieren und programmieren würde. Und wissen Sie, was er gesagt hat? »Die größte Herausforderung für einen Trainer ist nicht, eine kluge Strategie zu entwickeln. Sondern sie in die Köpfe der Mannschaft zu bekommen.« Und dafür müssen die Spieler die Strategie wirklich verstehen. Und sie müssen sie kreativ anwenden können. Dazu brauchen sie Leidenschaft, Freiheit, Humor, Fantasie und den Mut, Fehler zu machen. Das sind alles Dinge, die kein Computer der Welt kann.

Zurück in New York, habe ich erst mal beschlossen, mir für ein paar Tage ein »Digital Detox« zu verabreichen: kein Google, keine Mails, kein WhatsApp, keine Apps. Aber bevor ich das tat, musste ich nur noch kurz meinen Facebook-Account checken.

WE ARE GOING
TO BUILD A WALL …

… and Mexico is going to pay!«, twitterte einst Donald Trump in seiner bekannt feinfühligen Art. Und als die Mexikaner auf diesen Vorschlag mit einem saloppen »No Señor!« antworteten, zauberte er einen weiteren Kracher aus seinem bunten Potpourri von durchdachten Ideen: »Lasst uns die Mauer zwischen den USA und Mexiko aus Solarpanels bauen! Dann finanziert sie sich quasi von selbst.« Bei diesem Argument kam selbst der weltoffene deutsche Grünwähler kurz ins Grübeln. Einziges Problem an der Sache: Mauern werden bekanntlich senkrecht gebaut, die Sonneneinstrahlung kommt aber von schräg oben. Man müsste also die Solarpanels etwas kippen und würde damit den Mexikanern sogar noch eine Art Rampe bauen, auf der sie dann in hohem Bogen in die USA springen könnten.

Übrigens war Donald Trump nicht der erste US-Präsident, der die mexikanisch-amerikanische Grenze mit einer Mauer schützen wollte. Bereits Bill Clinton brachte die Idee ins Spiel. Selbst Barack Obama dachte am Anfang seiner Amtszeit darüber nach. »Ja gut, aber der hat das ja nicht so gemeint …«, sagen dann viele Deutsche. Trump dagegen könnte die Sache mit der Mauer tatsächlich durchziehen, und das finden wir Deutsche widerlich. Wenn wir Mauern bauen, dann deswegen, um Menschen davon abzuhalten, unser Land zu verlassen, und nicht umgekehrt. Ein vollkommen anderes Konzept.

Auch Papst Franziskus ist von Trumps Vorhaben entsetzt. »Jemand, der Mauern statt Brücken bauen will, ist kein Christ«, sagte er 2017 nach seiner Mexikoreise. Worauf Trump entgegnete: »Wenn man Mauern unmoralisch findet, dann muss man was gegen den Vatikan unternehmen. Der hat schließlich die größte Mauer von allen.« Auch wenn es mir schwerfällt, es zuzugeben, aber in dem Punkt hat er nicht ganz unrecht. Wer sich selbst hinter einem sieben Meter hohen Schutzwall verschanzt, sollte besser nicht mit Backsteinen werfen.

Mauer hin, Mauer her. Nichtsdestotrotz hat der Grenzschutz in den USA einen immens hohen Stellenwert. In dieser Hinsicht ist man in Deutschland etwas lockerer. Was natürlich auch mit unserer Geografie zusammenhängt. Während die USA nur zwei Nachbarländer haben, haben wir Deutsche neun. Wenn man in Deutschland auf einer Autobahn falsch abfährt, kann es sein, dass man sich in einem anderen Land wiederfindet. »Entschuldigung, wie komme ich hier wieder aus Belgien raus?« – »Wieso Belgien? Sie sind in Holland.«

Seit der Flüchtlingskrise 2015 wird bei uns heftig über das Thema »Einwanderung« gestritten. Wie weltoffen können wir sein? Wen und wie viele wollen wir zu uns lassen? Und überhaupt, Grenzschutz sei in einem Land wie

Deutschland ja gar nicht möglich! Dreieinhalb Jahre später sorgte ein Virus dafür, dass es auf wundersame Weise doch ging.

Die USA beschäftigen sich mit diesen Fragen schon seit ihrer Gründung. Die Geschichte der USA ist zwangsläufig auch die Geschichte der Einwanderung. Amerikaner stammen zu 99 Prozent von Migranten ab. In fast jeder amerikanischen Familie erzählt Grandpa an Feiertagen wie dem 4. Juli oder Thanksgiving irgendwelche Heldengeschichten von einem eingewanderten Ur-Großonkel aus Italien, der sich im Meatpacking District mit Gelegenheitsjobs durchschlagen musste, bis er schließlich mit dem Kuchenrezept seiner Großmutter eine Bäckerei eröffnete und mit »Luigi's Homemade Cheesecake« zum Millionär wurde.

Auch viele Hollywoodfilme wie *Der Pate* oder *Spiel mir das Lied vom Tod* sind im Kern Einwanderergeschichten. Der Blockbuster *Titanic* thematisiert explizit neben den ganzen Spezialeffekten und der romantischen Lovestory die Einwanderungswelle zu Beginn des 20. Jahrhunderts. Kein Wunder, dass der Film in Amerika so gut ankam. Im Gegensatz zum Schiff.

Wenn Sie einmal in New York sind, besuchen Sie auf jeden Fall »Ellis Island«. Heute ist es eine Touristenattraktion, aber zwischen 1892 und 1954 kam dort ein Drittel aller Vorfahren der gegenwärtig lebenden Amerikaner an. Valerie und ich besichtigten die vorgelagerte kleine Insel an der Südspitze Manhattans an einem nasskalten, ungemütlichen Sonntagnachmittag im Februar. Zusammen mit etwa

300 durchgefrorenen Touristen wurden wir an der Battery Park Ferry Station auf die »Miss Ellie« gepfercht. Dicht an dicht standen wir bei Schneeregen und minus drei Grad an der Reling und bekamen so schon mal ein authentisches Gefühl davon, was man damals als Einwanderer durchleiden musste. Umringt von gestressten Familien mit laut kreischenden Kindern aus aller Herren Länder, schipperten wir über den aufgepeitschten Hudson River. Bereits nach fünf Minuten ertappte ich mich bei dem Gedanken: »Ich will nach Amerika! Zurück aufs Festland, den erstbesten Job annehmen, um meiner Frau und meinen sechs Kindern endlich ein besseres Leben zu bieten ...«

Glücklicherweise dauerte unser Martyrium nur acht Minuten, dann legten wir direkt vor dem Ellis Island Immigration Museum an. Schnurstracks ging ich ins dortige History Center, setzte mich an einen Computer und durchforstete das Archiv nach möglichen Vorfahren der »Eberts«. Ganz sicher musste es tolldreiste Glücksritter in unserer Familie geben, die damals den Sprung über den Großen Teich gewagt hatten, um in der Neuen Welt alles auf eine Karte zu setzen. Das Ergebnis meiner Recherche ergab exakt – NULL – Treffer. Enttäuscht saß ich vor dem Monitor. Abenteuerlust und Risikobereitschaft standen in meiner Familie anscheinend nie so richtig auf der Liste der Top-Prioritäten. Doch immerhin kann ich mich somit hochoffiziell als stolzer Pionier des Ebert-Clans bezeichnen.

Vor rund einhundertfünfzig Jahren waren die Deutschen tatsächlich die größte Einwanderergruppe. Noch vor den Iren, den Engländern und den Kanadiern. In jener Zeit war New York City nach Berlin und Wien die Stadt mit den meisten deutschsprachigen Menschen. Es gab sogar einen Stadtteil »Little Germany«. Wir Deutschen waren buchstäblich überall. Wir siedelten uns in Kalifornien, Pennsylvania, Ohio, Minnesota und Nebraska an. In Texas nennt man noch heute die Gegend von Houston bis Fredericksburg den »German Belt«.

Damals wie heute waren die Gründe für Immigration vielfältig: politische oder religiöse Verfolgung, fehlende wirtschaftliche Perspektiven im Heimatland oder schlicht und einfach Abenteuerlust. Immer verbunden mit einer gehörigen Portion Wagemut. Manchmal auch mit blankem Irrsinn. Besonders sichtbar ist das an den vielen Auswandererserien im Fernsehen: *Mein neues Leben XXL, Lebe Deinen Traum, Goodbye Deutschland.* Sendungen, in denen Marvin und Vanessa aus Hanau-Bruchköbel gezeigt werden, die ohne die geringsten Portugiesischkenntnisse in Rio de Janeiro eine Apfelweinkneipe eröffnen wollen und dann vollkommen von den Socken sind, dass man auf einem brasilianischen Wochenmarkt keine Ahnung hat, was »Handkäs mit Musik« ist. »Des hätt isch nie gedacht. Die redde da ja ganz annerster …«

Wenn ich in Deutschland Vorträge für Unternehmen, Konzerne oder Universitäten halte, kommt es nach dem offiziellen Teil oft vor, dass man sich noch ein wenig über die politische Situation und die gesellschaftliche Stimmung im Land unterhält. »Die massenhafte Einwanderung von gering qualifizierten Menschen stellt das Land sicherlich vor riesige Probleme«, geben viele Manager, Unternehmensgründer und Professoren unter der Hand zu. »Eines der größten Migrationsprobleme in unserem Land jedoch kommt in der Öffentlichkeit so gut wie nie zur Sprache«, fahren sie dann fort. »Es ist die massenhafte Abwanderung von hochqualifizierten Deutschen.«

Laut einer Langzeitstudie des Bundesinstituts für Bevölkerungsforschung sind seit 2010 mehr als 1,8 Millionen Bundesbürger aus Deutschland ausgewandert. Die Mehrzahl davon hochgebildet. Der Dekan einer großen deutschen Universität sprach mir gegenüber offen von einer »Massenflucht der Klugen«. Nach Angaben der OECD verliert derzeit kein anderer Staat so viele Akademiker wie wir. Ingenieure und Wissenschaftler, aber auch Facharbeiter, Handwerker, Techniker und ehrgeizige Dienstleister. Politisch gesehen stehen die weder links noch rechts. Die sind so liberal, dass selbst der FDP schlecht wird.

Durch Zufall lernte ich in einem Starbucks Ulrike kennen. Beim Bestellen fiel mir ihr deutscher Akzent auf, und so kamen wir ins Gespräch. Sie erzählte mir, dass sie seit acht Jahren als Neurologin bei Weill Cornell Medicine arbeitet, der biomedizinischen Forschungseinheit der Cornell University. »Wenn ich mein Einkommen mit den hohen Lebenshaltungskosten in New York gegenrechne, verdiene ich hier gar nicht so viel mehr als in Deutschland. Aber hier macht es einfach viel mehr Spaß zu arbeiten. Du bekommst eine deutlich bessere Aus- und Weiterbildung, hast mehr

Karrieremöglichkeiten, und das wissenschaftliche Level ist sehr anspruchsvoll. Man bekommt sehr schnell viel Verantwortung bei seinen Patienten, und wenn ich im Labor eine neue Idee habe, ist man total offen, und man lässt mir großen Spielraum, sie auszuprobieren.«

Es ist eigentlich eine Binsenweisheit und erfordert kein großes ökonomisches Fachwissen: Moderne, erfolgreiche Einwanderungsländer schaffen Anreize für Top-Leute. Niedrige Steuern, wenig Bürokratie, exzellente Bildungseinrichtungen. Länder wie die Schweiz, Singapur, Israel, Australien – und ganz weit vorne: die USA.

»Es ist ein ganz bestimmter Typus von Menschen, der nach Amerika einwandert«, erzählt mir Ulrike. »Natürlich sind viele von ihnen gut ausgebildet. Noch entscheidender jedoch ist die spezielle Mentalität, die sie allesamt haben: Sie sind risikobereit, freiheitsliebend und kreativ. Also genau die Klientel, die mit revolutionären, umwälzenden Ideen ein Land entscheidend voranbringen könnte.«

Besonders für Gründer ist Amerika attraktiv. Denn übervorsichtige Absicherung, seitenlange Businesspläne und siebzehn endlose Meetings, bevor irgendetwas entschieden wird, gibt es hier nicht. Man muss hier zwar liefern, aber man bekommt eben auch sehr schnell einen »first shot«. Die USA ziehen deswegen die besten Talente der Welt an, weil dort das Risiko belohnt wird und nicht die Sicherheit. »Alles ist möglich. Alles ist erreichbar«, sagen sie. Was allerdings auch an den ganzen Psychopharmaka liegen könnte.

Deutschland dagegen entwickelt sich mehr und mehr zu einem Land von sicherheitsbedürftigen Angestellten. In den vergangenen Jahrzehnten hat sich der Prozentsatz der Selbstständigen in Deutschland halbiert. Laut einer Studie des Global Entrepreneurship Monitors ist die Gründerquote in Deutschland nicht einmal halb so hoch wie in vergleichbaren Ländern. Es planen nur vier Prozent aller deutschen Erwerbstätigen, ein Unternehmen zu gründen. Das ist im OECD-Ranking Platz 15 von 20. Die meisten nennen als Hauptgrund: »Angst vor dem Scheitern«.

In keinem Industrieland der Welt genießen Zögerer, Angsthasen und Bedenkenträger ein so hohes Ansehen. Statt über Innovationen, Gründungsfieber, Bürokratieabbau und Wagniskapital zu diskutieren, reden wir lieber über Dieselfahrverbote, Mindestlöhne, Frauenquoten und Frührenten. »Hast du schon gehört? Unser Chief Wellness Officer für Gender Equality, Diversity und Work-Life-Balance hatte einen Burn-out …«

Der bekannteste Satz unserer Bildungsministerin lautet: »Wir brauchen nicht 5G an jeder Milchkanne.« Mit Verlaub, aber das ist gleich doppelt bescheuert. Denn gerade die moderne Landwirtschaft ist komplett auf die Digitalisierung angewiesen. Um seinen Stall und seine Felder optimal und effizient bewirtschaften zu können, braucht ein Landwirt im Allgäu 5G nötiger als jeder Hipster im Hamburger Schanzenviertel, der auf Netflix die letzte Staffel von *Game of Thrones* streamen möchte. Aber weil viele unserer Politiker technologisch offenbar beim Fax-Abruf ausgestiegen sind, hat Deutschland eine Netzabdeckung wie Simbabwe. So ist bei der digitalen Zukunftsfähigkeit die Bundesrepublik zwischen 2014 und 2018 unter den neunundzwanzig stärksten Ländern weltweit vom achten auf den zwanzigsten Rang abgefallen. All das ist nicht sehr attraktiv für die Besten der Besten.

Mir hat diese Risikomentalität der Amerikaner schon immer gut gefallen. Daher haben auch Valerie und ich tatsächlich immer mal wieder überlegt, in den USA zu bleiben. Trotz Trump. Übrigens haben viele Immigranten sogar Trump gewählt. Omar zum Beispiel. Ein persischer Freund, den Valerie schon in ihrer Au-pair-Zeit in New York kennengelernt hatte. Omars Familie flüchtete 1979 während der Iranischen Revolution nach Amerika.

»Wie kannst du nur Trump wählen, Omar?«, fragte ich ihn irritiert. »Trump ist gegen Immigranten. Und du bist doch auch einer.«

»Ja. Aber ich bin hier«, sagt er.

»Aber ist dir klar, dass dich in Zukunft noch nicht mal mehr deine Verwandten aus dem Iran besuchen dürfen?«

»Und wenn schon. Die mochte ich eh nie …«

Etwa dreißig Prozent der Hispanics haben sich im Wahlkampf 2017 für Trump entschieden. Einwanderer wählen einen Kandidaten, der eine Mauer bauen will, um andere Mexikaner davon abzuhalten, in das Land zu kommen. Paradox. Dieser Trend zeigt sich auch bei uns. Etwa ein Drittel der AfD-Wähler haben einen Migrationshintergrund. Die Welt ist ziemlich komplex.

Einen der interessantesten Vorträge, die ich in den letzten Jahren zum Thema »Migration« gehört habe, stammt von Max Roser. Roser ist ein deutscher Ökonom, der an der University of Oxford lehrt. Außerdem betreibt er das Online-Portal ourworldindata.org, das mit verblüffenden Grafiken über die historischen Entwicklungen der Lebensverhältnisse unserer Weltbevölkerung informiert.

»Viele glauben, je ärmer ein Land ist, desto mehr Menschen flüchten aus diesem Land. Doch das ist nicht korrekt«, sagt Roser. »Die Wahrheit ist eine völlig andere. Der Zusammenhang von Einkommen und Migration ist direkt proportional. Wenn Menschen extrem arm sind, fehlen ihnen schlicht und einfach die finanziellen Mittel, um zu emigrieren. Erst wenn die Einkommen steigen, können es sich immer mehr Menschen leisten, ihr Heimatland zu verlassen.«

Die Datensätze sind eindeutig: Steigt das jährliche Durchschnittseinkommen in einem Land auf siebentausend bis achttausend Dollar, so steigt auch der Immigrationsanteil bis zu einem Spitzenwert von fünfzehn Prozent. Und weil die meisten Schwellenländer kontinuierlich reicher werden, müssen wir uns wohl oder übel auf eine Welt einstellen, in der sich Hunderte Millionen von Menschen auf die Reise machen. Migration wird in den nächsten Jahrzehnten weiter zunehmen.

In New York haben praktisch alle einen Migrationshintergrund. Daher bleibt es nicht aus, dass man in fast jeder Unterhaltung irgendwann mal das Thema der Einwanderung streift. Je mehr Gespräche ich dazu führte, desto weniger klar wurde meine Meinung dazu. Es gibt für ein Land gute Gründe, Zuwanderung zu fördern, genauso wie es gute Gründe gibt, sie zu begrenzen. Das Einzige, was mir klar wurde: Die Debatte über Einwanderungspolitik sollte weitestgehend rational und nüchtern geführt werden. Das fällt uns Deutschen vielleicht schwerer als den Amerikanern.

Omar fragte mich: »Wie konntet ihr nur 2015 eure Grenzen öffnen und so viele Menschen ohne eine Überprüfung ins Land lassen?«

»Ich weiß nicht recht. Vielleicht, weil wir unterschwellig immer noch ein schlechtes Gewissen wegen unserer Geschichte haben …«

»Das heißt, ihr habt fast zwei Millionen Menschen aufgenommen, um euch von eurer Schuld reinzuwaschen?«

»So krass würde ich es nicht formulieren. Aber unsere fürchterliche Vergangenheit spielt mit Sicherheit eine gewisse Rolle.«

Der deutsche Historiker Heinrich-August Winkler sieht es ganz ähnlich. Im Januar 2016 sagte er der *Frankfurter Allgemeinen Sonntagszeitung*: »Zur deutschen Verantwortung gehört, dass wir uns von der moralischen Selbstüberschätzung verabschieden. Der Glaube, wir seien berufen, gegebenenfalls auch im Alleingang, weltweit das Gute zu verwirklichen, ist ein Irrglaube. Jeder Versuch, aus dem schrecklichsten Kapitel der deutschen Geschichte eine deutsche Sondermoral abzuleiten, ist zum Scheitern verurteilt. Als könnte man damit die Schuld der Großeltern wieder tilgen. Hitler ausmerzen, indem die Deutschen endlich die Guten sind. Wir leben in der närrischen Illusion, Deutschland könnte sich von den Sünden der Vergangenheit durch einen rücksichtslosen Humanitarismus in der Gegenwart erlösen.«

Die Aufzeichnungen im History Center von Ellis Island haben gezeigt: Ich könnte tatsächlich der erste Ebert sein, der versucht, den American Dream zu leben. Doch dann besann ich mich auf die letzten zwanzig Jahre, und es wurde mir klar: Eigentlich habe ich in dieser Zeit meinen persönlichen American Dream gelebt. Nur eben in Deutschland. Für den finalen Sprung über den Teich bin ich dann doch nicht wagemutig und verrückt genug.

GLÜCKLICH SEIN
MACHT KEINEN SPASS

Uns Deutschen ist es extrem wichtig, was andere Kulturen von uns halten. Wenn meine Eltern in den Urlaub fahren, muss die Wohnung immer picobello aussehen, damit die rumänische Einbrecherbande nicht denkt, man wäre unordentlich. »Stell dir mal vor, die komme da rein, und die Küch is noch dreckich …« Sobald wir Gast in einem fremden Land sind, neigen wir dazu, uns anzubiedern. Wenn zu Hause die Deutsche Bahn zehn Minuten Verspätung hat, drehen wir durch, aber wir rollen verzückt mit den Augen, wenn in Kalkutta drei Tage der Bus nicht kommt. »Diese Inder sind ja so unglaublich locker. Da hat Zeit noch einen anderen Stellenwert.«

Als Österreicherin hat Valerie eine völlig andere Einstellung. Die sagt sich, wir Habsburger waren mal ein Weltreich, da hat sich eh alles nach uns gerichtet. Deutsche haben dagegen im Ausland immer Angst, etwas falsch zu machen.

Deswegen bezeichnen wir uns auch ungern als »Tourist«, sondern lieber als »Traveller«. Denn als Traveller erkundet man die Welt, man verschmilzt sozusagen mit der jeweiligen Kultur. Als Tourist sitzt man einfach nur blöd im

ClubMed und trinkt Asbach-Cola. Das ist uns viel zu profan. Wir wollen in die Sitten und Bräuche eines anderen Landes eintauchen. Deswegen fliegen wir nach Neuguinea und rennen nach zwei Tagen ganz traditionell mit Grasrock und Penisköcher durch die Gegend. »Hach, da drüben ist alles so herrlich ursprünglich …«

Auch ich habe mich während meines Aufenthalts in den USA bei diesem Quatsch ertappt. Ich war noch keine zwei Wochen in New York, und schon versuchte ich, mich bei einem Uber-Fahrer aus Venezuela einzuschleimen.

»Hey Dude, ich bin so wie du. Ich bin auch ein Immigrant.«

Abschätzig blickte er mich über den Rückspiegel an. »Where are you from?«

»I'm from Germany, bro«, antwortete ich kumpelhaft.

»Dann bist du definitiv kein Immigrant. Du bist ein Expat.«

»Ja und? Was ist der Unterschied?«

»Expats wollen wieder zurück nach Hause …«

Wenn man sich mit Menschen aus einem Entwicklungsland unterhält, aus Kuba, aus dem Sudan oder aus Berlin, dann erzählen die einem alle, dass die Probleme in ihren Heimatländern zwar essenziell, aber einfach sind. Carlos, mein venezolanischer Uber-Fahrer, erklärte mir: »In meiner Heimat haben wir drei Basisprobleme: Habe ich heute genug zu essen? Bin ich gesund? Habe ich ein Dach über dem Kopf? Essenzielle, aber einfache Probleme. Wenn wir abends satt und gesund in unserem eigenen Bett liegen, dann hatten wir einen guten Tag. Wir schließen die Augen und schlafen zufrieden ein. Morgen ist ein neuer Tag.«

Wir Menschen in den reichen Industrieländern zaudern immer. Weil unsere Probleme zwar minimal sind, aber dafür hochkomplex. Welcher Job ist der richtige? Sollte ich lieber regionale Produkte kaufen? Was ist besser, Amazon Prime oder Netflix? Besonders in einer Stadt wie New York wird man von dieser Komplexität überfordert. Einmal habe ich für unsere minikleine Küche einen Toaster gekauft. Mit IR-Sensor, USB-Anschluss und einem Acht-Gigabyte-Arbeitsspeicher. Die Bedienungsanleitung hatte zweihundertfünfzig Seiten. Mit Programmierfunktion, Touchscreen und vierundzwanzig einstellbaren Bräunungsstufen. Das Drecksding hat mehr Rechenpower, als die NASA damals für die Apollo-Mission zur Verfügung hatte. Inzwischen ist also das Toasten eines Brotes wissenschaftlich besser abgesichert als Neil Armstrongs Flug auf den Mond.

Dieser ganze Luxus sorgt nicht unbedingt für Entspannung. Marcus zum Beispiel hat nach zwanzig Jahren in der Stadt eine der typischen New Yorker Macken entwickelt: Er googelt mit Vorliebe Krankheitssymptome im Internet und ruft mich dann panisch an:

»Vince, ich kann heute nicht kommen, laut Google hatte ich gerade einen Schlaganfall …«

»Das kann nicht sein …«

»Warum?«

»Weil du letzte Woche schon an Milzbrand gestorben bist.«

»Echt? Das weiß ich gar nicht mehr.«

»Tja, wenn du dich daran nicht mehr erinnern kannst, ist es vermutlich eher eine Quecksilbervergiftung …«

Auf den zurückliegenden Seiten habe ich mich immer mal wieder über den Odenwald lustig gemacht. Nach einigen Monaten in New York sehnte ich mich jedoch tatsächlich ein kleines bisschen nach dem ruhigen und übersichtlichen Leben in meiner Heimatstadt. Echte New Yorker reiben einem ja immer ein wenig arrogant den Satz unter die Nase: »If I can make it there, I'll make it everywhere.« Frank Sinatra hat diese Zeilen gesungen, als wäre das eine unumstößliche wissenschaftliche Tatsache. Aber das ist natürlich Quatsch. Zum Beispiel bin ich fest davon überzeugt, dass viele New Yorker nicht die leiseste Chance hätten, es in Amorbach zu schaffen. Wenn Sie das nicht glauben, dann gehen Sie einfach mal in Berberich's Lebensmittelladen und fragen nach koscheren Vanilla-Cupcakes mit einem Häubchen veganer Mandelsahne. Viel Spaß dabei.

Vielleicht ist es ja genau umgekehrt. Vielleicht ist New York der Ort, an dem es am leichtesten ist, »es« zu schaffen. Haben Sie darüber mal nachgedacht? In New York können Sie 24 Stunden am Tag Essen und Trinken kaufen, Sie können dort sofort irgendwo als Hilfskraft, Lagerarbeiter oder Fahrradkurier arbeiten – egal, woher Sie kommen, und egal, welche Sprache Sie sprechen. Die Straßen in Manhattan sind so durchnummeriert, dass sich selbst das größte Landei schon nach fünf Minuten mühelos zurechtfindet. Und überall sind Menschen, die man in vielen Sprachen zu jeder

Tages- und Nachtzeit um Hilfe bitten kann. In Amorbach dagegen werden um sieben Uhr abends die Bürgersteige hochgeklappt, Zugezogene aus dem Nachbardorf werden selbst in der dritten Generation noch argwöhnisch beobachtet, und wenn Sie im Odenwald nur ein, zwei Straßen falsch abbiegen, versinken Sie mit Ihrem Auto in einem Moorgebiet. Nein, nein, nein. Ein echter New Yorker würde es bei uns in Amorbach NIEMALS schaffen. Damit will ich nicht sagen, dass ich mir ernsthaft vorstellen könnte, irgendwann mal wieder zurück in den Odenwald zu ziehen. Selbst wenn das ruhige Leben in der Provinz für das seelische Gleichgewicht vermutlich besser wäre.

Auch die meisten New Yorker haben eine eigenartige Hassliebe zu ihrer Stadt. Fast ausnahmslos alle klagen über die absurd hohen Lebenshaltungskosten, den Lärm und den Dreck; sie sind genervt von den vielen Freaks in der U-Bahn, den gaffenden Touristen am Times Square und den unterarmgroßen Ratten, die nachts auf den Müllsäcken Party machen.

Aber ernsthaft von New York wegziehen? Niemals! Irgendetwas Magisches hat diese Stadt. Etwas, das man keinem so recht erklären kann, der nicht selbst länger dort gelebt hat. Oder, wie es der Schriftsteller John Updike einmal formulierte: »The true New Yorker secretly believes that people living anywhere else have to be, in some sense, kidding.« Der echte New Yorker denkt im Stillen, dass Menschen, die woanders leben, es einfach nicht ernst meinen können.

Marcus käme nie auf die Idee, freiwillig aus New York wegzuziehen. Und gleichzeitig leidet er unter einer fast schon New-York-typischen Unzufriedenheit. »Eigentlich hätte ich ja allen Grund, in dieser Stadt glücklich zu sein«, meint er. »Aber glücklich sein macht irgendwie keinen Spaß.« Diese Einschätzung deckt sich mit der Statistik. New York ist die vielleicht tollste Stadt der Welt, aber dennoch ist die Psychotherapeutendichte dort so hoch wie nirgendwo sonst. Es ist ein unheilvolles Zeichen, dass die Selbstmordraten in wohlhabenden, modernen Gesellschaften deutlich höher sind als in armen, instabilen Ländern. In Peru, Guatemala oder Albanien nimmt sich etwa einer von einhunderttausend Menschen jedes Jahr das Leben. In den USA, der Schweiz, in Frankreich oder Japan begehen fünfundzwanzig von einhunderttausend Menschen Selbstmord.

Noch in der Steinzeit wusste jeder Mensch ganz genau, wie er seine Kleidung fertigt, wie gejagt wird und wie man Feuer macht. Ein Steinzeitmensch wurde wahrscheinlich nur dreißig Jahre alt, aber er verstand alles, was um ihn herum passierte. Heute werden wir achtzig Jahre alt, aber wir verstehen nichts mehr um uns herum. Es geht uns gut, aber wir haben keine Ahnung, warum. Das ist das Paradox unserer modernen Kultur.

Wir sind materiell und geistig fast gänzlich irgendwelchen Geräten ausgeliefert, deren Wirken wir unmöglich überblicken können, aber denen wir gleichzeitig vertrauen müssen. Das fällt uns extrem schwer. Jeder kennt das mulmige Gefühl, wenn der Rechner droht: »Update wird gestartet. Nicht ausschalten!« Dieses Unwissen und diese Abhängigkeiten machen uns hilflos und reizbar. Noch vor hundertfünfzig Jahren haben in der westlichen Welt nur zwei von drei Kindern das fünfte Lebensjahr erreicht. Heute beschweren wir uns schon, wenn unser Flieger ein paar Minuten Verspätung hat. »Ääh, ich hab schlechten Handyempfang ...« Hey mein Freund, das ist ein Handy. Das ist ein technisches Wunder. »Ja, aber ich habe nur 3G.« Das sind heute unsere Probleme. Noch in meiner Kindheit haben wir im Kindergarten einfach nur »Kaufladen« gespielt. Heute diskutieren die Eltern stundenlang, ob der Kaffee in der Auslage auch fair gehandelt ist. »Du, Frederic, dein Sortiment hat aber 'ne ganz, ganz schlechte CO_2-Bilanz ...«

Und während sich fünfundneunzig Prozent der Weltbevölkerung nach dem Leben, das wir führen, sehnen, klagen wir über Burn-out. In Afrika müssen dreißig Millionen Menschen mit achthundert Kalorien am Tag auskommen, und wir lassen das Bärlauchschaumsüppchen zurückgehen, wenn die Milch da drin nicht laktosefrei ist.

»Stell dir mal vor«, beschwerte sich Marcus vor einiger Zeit bei mir »gestern haben wir auf dem JFK geschlagene VIERZIG Minuten auf dem Rollfeld gestanden!«

»Okay. Aber dir ist schon klar, dass du da in einer einhundert Tonnen schweren Stahlröhre sitzt und darauf wartest, gleich in zehntausend Meter Höhe mit neunhundert Kilometer pro Stunde durch die Luft zu fliegen?«

»Ja, aber ich muss mein Sandwich selbst zahlen.«

»Aber du fliegst! IN EINEM SESSEL!«

»Ja, aber den kann man nicht nach hinten kippen. Und die Knie stoßen auch vorne an ...«

Jedes Mal, wenn ich mit Marcus eine solche Diskussion führe, stelle ich mir vor, wie es wäre, wenn *das* die Gebrüder Wright erfahren würden. Wenn wir also einhundertzwanzig Jahre in der Zeit zurückreisen könnten und ihnen erklären müssten, dass man wegen ihrer Erfindung geschlagene VIERZIG Minuten auf diesem verdammten Rollfeld warten musste. Ich kann mir gut vorstellen, dass die beiden dann gesagt hätten: »Oh Mist! Wenn das so ist, dann lassen wir die Sache mit dem Fliegen. Stimmt, *das* ist es wirklich nicht wert ...«

»Ihr reichen Menschen sehnt euch immer nach Einfachheit«, meinte mein Uber-Fahrer Carlos. »Bei uns in Venezuela träumen viele Menschen davon, ein iPhone zu besitzen. Sie träumen davon, nach Amerika zu kommen, um dort Maschinenbau oder Softwareentwicklung zu studieren. Ihr dagegen träumt von Tätigkeiten wie Ackerbau und Viehzucht.« Nachdenklich hörte ich ihm zu und dachte dabei unwillkürlich an mein letztes Treffen mit meinen Eltern. Kurz vor dem Abflug nach New York besuchte ich sie noch einmal in Amorbach. Meine Mutter machte ihren legendären Kartoffelsalat, wir setzten uns auf die Terrasse, blickten in die Gegend und aßen schweigend zu Abend.

Später erzählte mir mein Vater von einem Bauern im Nachbardorf, der seit Neuestem »Sensenmäh-Workshops« anbietet. »Stell dir vor«, sagte er kopfschüttelnd, »da komme die Frankfurter Schnösel am Wochenende angefahre un gebbe ein Heidengeld aus, nur um dem sei Wies zu mähen. Und de Bauer sitzt denebe und lacht sich dod.« Und auch wenn ich zu dem Zeitpunkt noch mitlachte, bereits nach wenigen Monaten in New York wurde mir klar, was diese »Schnösel« in Wahrheit suchten.

Ich spielte sogar kurz mit dem Gedanken, etwas Ähnliches direkt in Manhattan anzubieten: einen Housecleaning-Workshop zum Beispiel. Einmal die Woche könnten Führungskräfte und Topmanager in unser Apartment kommen und putzen. Danach gibt's einen Sitzkreis mit Feedback. Und für die Fortgeschrittenen biete ich einen Party-Cleaning-Aufbaukurs an. Nach einer exzessiven Fete müssen die Workshopteilnehmer die komplett verwüstete Wohnung wieder instand setzen. Und wenn sie dann abends todmüde in ihr Bett fallen, hatten sie einen guten Tag. Sie schließen die Augen und schlafen zufrieden ein. Morgen ist ein neuer Tag. Essenzielle, aber einfache Probleme. Carlos würde das verstehen.

FLUCHT AUS
NEW YORK

Bei jeder größeren Katastrophe, die plötzlich und unerwartet über uns hereinbricht, gibt es immer ein paar neunmalkluge Besserwisser, die im Nachhinein behaupten, das Desaster angeblich weit vor allen anderen vorausgeahnt zu haben. Ich gebe zu, ich bin einer davon. Selbstverständlich hatte ich nicht die leiseste Ahnung, welche massiven Auswirkungen das Coronavirus auf unser gesellschaftliches Leben haben würde. Trotzdem hatte ich bereits Anfang Februar ein extrem mulmiges Gefühl. Zum einen kannte ich den TED-Vortrag von Bill Gates aus dem Jahr 2015, in dem er über die sehr konkrete Gefahr einer weltweiten Pandemie referierte. Zudem war mir als Physiker die Dimension des exponentiellen Wachstums vertraut.

Dazu kommt, dass ich über Soziale Medien in einem guten Netzwerk von vielen klugen Menschen aus unterschiedlichen Wissensbereichen eingebunden bin. Die meisten von ihnen hielten sich in den letzten Jahren mit irgendwelchen Katastrophenszenarien sehr bedeckt. Es war sogar so, dass sie umso entspannter auf bestimmte Meldungen reagierten, je panischer diese Ereignisse in den Medien behandelt wurden. Beim Coronavirus war es genau umgekehrt.

Diejenigen, die in der Vergangenheit fast immer Ruhe und Besonnenheit an den Tag legten, befanden sich schon Anfang Februar im Alarmmodus. Folglich nahm ich die Sache ernst. Ich bat Valerie, in der Subway möglichst nichts anzufassen und sich doch bitte nicht mehr mit ungewaschenen Händen ins Gesicht zu greifen. Damals blickte sie mich ungläubig an und lachte mich aus.

Am 25. Februar war mein zweiwöchiges Gastspiel im SoHo Playhouse geplant. Insgesamt vierzehn Vorstellungen meiner einstündigen »Sexy Science«-Show. Sollte ich es angesichts der aufkommenden Bedrohung wirklich wagen aufzutreten? Immerhin wütete das Virus zu diesem Zeitpunkt schon in Asien und nahm auch in Europa Fahrt auf. In den USA war die Lage dagegen noch relativ entspannt. Ich wägte ab: Vielleicht übertrieb ich es ja mit meiner Corona-Panik, und das Virus würde sowieso an den bekannt harten amerikanischen Grenzkontrollen scheitern. Und selbst wenn – der Raum, in dem ich auftreten sollte, hatte ohnehin nur etwa vierzig Sitzplätze. Zum »Superspreader« konnte ich mit einer solchen Kapazität sowieso nicht werden. Außerdem hatte ich lange auf diese zwei Wochen hingearbeitet. Endlich wollte ich dem anspruchsvollen New Yorker Theaterpublikum zeigen, dass deutscher Humor kein Widerspruch und Physik tatsächlich sexy ist. Ich entschied mich zu spielen.

Die amerikanische PR-Agentur, die ich eigens dafür engagiert hatte, legte sich im Vorfeld richtig ins Zeug und bot mich allen wichtigen New Yorker Journalisten und Kritikern als »big hit in his native Germany« an, der jetzt mit seiner ersten Off-Broadway-Produktion richtig durchstarten würde. »Wir stehen in Kontakt mit der *New York Times*, mit dem Stadtmagazin *Time Out*, ja sogar mit der legendären *Late Show* mit Stephen Colbert!«, meinten sie kurz vor meiner Premiere.

Mit großen Augen und feuchten Händen hörte ich zu. Sollte mein American Dream tatsächlich wahr werden? Möglich ist in den USA bekanntlich alles. Christoph Waltz war schließlich auch schon über fünfzig, als er von Quentin Tarantino entdeckt wurde. Euphorisch fieberte ich dem ersten Abend entgegen. Die zwanzig Jahre auf deutschen Bühnen waren im Grunde nur eine kleine Fingerübung für das, was jetzt auf mich wartete. So dachte ich zumindest.

»Die *New York Times* wird leider keinen zu deiner Show schicken«, druckste meine Agentur am Tag der ersten Vorstellung herum. »Das *Time Out* hat blöderweise auch abgesagt. Und die Bookerin der Stephen-Colbert-Show ist anscheinend auch verhindert ...«

»Kommt denn überhaupt jemand von der Presse?«, meinte ich sichtlich ernüchtert.

»Aber natürlich! Ein aufstrebender Blogger aus New Jersey hat fest zugesagt. Und eine Bekannte von uns, die eventuell überlegt, mit einem anderen Bekannten einen richtig coolen Podcast aufzubauen, kommt wohl auch ...« Na toll.

Britt, der General Manager vom SoHo Playhouse, bemerkte meine Niedergeschlagenheit und redete mir ins Gewissen. »Hey, so ist das in New York. Solange du hier keinen

Namen hast, interessiert sich keiner für dich. Aber wehe, du schaffst es. Dann kleben sie plötzlich an dir wie die Schmeißfliegen. Geh einfach jeden Abend raus auf die Bühne, und hab Spaß. Das ist das Einzige, was du in dieser Stadt wirklich selbst in der Hand hast.« Und genau das tat ich. Abend für Abend versuchte ich, mich von meinem eigenen Erwartungsdruck freizumachen und stattdessen das zu tun, was mir tatsächlich am meisten Freude macht: den Menschen im Publikum meine Sicht auf die Welt zu erklären und sie dabei zum Lachen und zum Nachdenken zu bringen.

Und es funktionierte. In den ersten Minuten waren die Stand-up-verwöhnten New Yorker zwar noch etwas irritiert von meinem eher trocken-witzigen Vortragsstil, aber nach und nach tauten sie auf. »I loved it!«, schwärmten danach viele. »Bei deiner Show muss man ja wirklich mitdenken …« Mal kamen nur sieben Leute in die Show, mal spielte ich vor vierzig. Aber es war mir egal. Viel wichtiger war: Ich lebte meinen persönlichen American Dream. Und der ist eben selten so glamourös wie in Filmen und Büchern beschrieben.

Jerry Seinfeld erzählte dazu einmal eine berührende Geschichte: Anfang der Vierzigerjahre hatte das Orchester von Glenn Miller irgendwo in der Pampa einen Auftritt. Wegen eines Schneesturms konnte ihr kleines Flugzeug aber nicht den dortigen Flugplatz anfliegen. Daher entschied sich der Pilot, ein paar hundert Meter weiter auf dem freien Feld zu landen. Und so musste das gesamte Orchester von dort zu ihrem Auftritt laufen. Alle waren bereits in ihren Anzügen und schleppten ihre Instrumente mit. Sie stapften also durch den nächtlichen Schneesturm, frierend und durchnässt, die eleganten Schuhe völlig durchweicht. Und plötzlich kamen sie an einem Haus vorbei. Sie blickten durchs Fenster und sahen eine Familie beim Abendessen: ein Mann mit seiner hübschen Frau und zwei bezaubernden Kindern. Der Kamin knisterte, und alle vier lachten und aßen. Und die Musiker standen draußen im Schnee. Frierend und bis auf die Knochen durchnässt. Da drehte sich Glenn Miller zu seinen Bandkollegen um, deutete auf die Familie und sagte kopfschüttelnd: »Wie kann man nur so leben?«

Nach meiner letzten Vorstellung im SoHo Playhouse nahm mich Britt beiseite, schüttelte mir die Hand und gestand mir lächelnd: »For a German you're really funny. We'd love to have you at the Playhouse with your next show. Please come back again!«

Als ich bei ihm zwei Tage später, am 10. März, noch einmal für die Abrechnung vorbeischaute, zeichnete sich bereits ab, dass New York von der Pandemie hart getroffen werden würde. »Wahrscheinlich müssen wir das Theater schon bald bis auf unbestimmte Zeit schließen«, meinte er zerknirscht. Innerhalb von wenigen Tagen veränderte sich New York dramatisch. Als Erstes entwich das kulturelle Leben. Großveranstaltungen wie die NBA-Tour wurden abgesagt, einen Tag später beschloss man, die Broadway-Theater dichtzumachen, danach mussten die Restaurants schließen. Urplötzlich ähnelte das lebhafte Manhattan einer Geisterstadt. Als wir uns am 13. März todesmutig aus unserem

Apartment in der Lower East Side nach Midtown wagten, sah der Times Square aus wie die Fußgängerzone von Amorbach an einem verkaufsoffenen Sonntag.

Einziger Vorteil: Die grässlich aufdringlichen Typen, die einem im Washington Square Park mit ihren »Free Hugs« auf die Nerven gingen, waren schlagartig verschwunden. Social Distancing lautete das Gebot der Stunde. Damit hatte ich noch nie ein Problem. Für mich war der Wunsch nach räumlicher Distanzierung sogar ein wesentlicher Grund, weshalb ich ursprünglich Physik studiert habe.

Parallel dazu verfolgten wir die schrecklichen Meldungen aus Italien. Geschockt von den hohen Opferzahlen, ging man im Rest von Europa Schritt für Schritt in den Katastrophen- und Notfallmodus über. Krankenhäuser bereiteten sich auf das Schlimmste vor, Ausgangssperren wurden verhängt, nach und nach machten die Länder ihre Außengrenzen dicht. In den Medien waren plötzlich Virologen die neuen Influencer, und spätestens nach zwei Wochen wusste selbst der größte Mathe-Depp, was man unter einer Exponentialfunktion versteht. Auch Valerie und ich hatten in New York ein immer mulmigeres Gefühl. Als Donald Trump am Abend des 13. März in einer Rede bekannt gab, die US-Grenzen für Nicht-Amerikaner zu schließen, wurde uns schlagartig klar: Wir müssen hier raus! Hals über Kopf suchten wir im Netz nach einem Rückflug. Aber wohin genau? Unser Haus in Frankfurt hatten wir vor unserem USA-Abenteuer verkauft, fast unseren gesamten Hausstand weggegeben oder eingelagert.

Zum Glück hatten wir immer noch Valeries minikleine Einzimmerwohnung in Wien, die sie seit ewigen Zeiten gemietet hat. Dann also auf nach Wien! Auf den letzten Drücker fanden wir noch einen Flug für den 17. März. Von New York nach Frankfurt und dann weiter mit Austrian Airlines in die Kaiserstadt. Gerade noch rechtzeitig, denn schon einen Tag später stellten die Österreicher für einen Monat den innereuropäischen Flugbetrieb ein.

Überhastet packten wir unsere Siebensachen, verabschiedeten uns über WhatsApp notdürftig von Kimberly, Evan, Marcus und Mr Glickstein. Dann gingen wir gedankenverloren noch einmal am East River spazieren. Schlagartig war unser American Dream ausgeträumt. Auf der Fahrt zum Flughafen Newark dachte ich an das Gespräch mit Carlos, dem Taxifahrer aus Venezuela. »Die Menschen in den reichen Ländern sind immer unzufrieden«, erinnerte ich mich, ihn sagen zu hören. »Ständig beschweren sie sich: Wieso gibt's hier keine Papierstrohhalme? Ist der Bagel klimaneutral gebacken? Und wo zum Teufel ist die Toilette für das dritte Geschlecht? Und dabei habt ihr keine Ahnung, was echte Probleme sind ...«

Nun erkannte ich: Carlos hatte vollkommen recht. Noch vor wenigen Tagen war ich fast ausgerastet, weil es mir nicht gelang, die Online-Tickets für ein Spiel der Yankees auszudrucken, und heute sitze ich kleinlaut mit Mund-Nasen-Schutz und Desinfektionsspray im Taxi und hoffe, dass das Virus doch bitte unseren United-Flug UA 960 verschont.

Glücklicherweise ging alles glatt. Am 18. März um 9:15

Uhr landete die Maschine planmäßig auf dem ausgestorbenen Frankfurter Flughafen. Drei Stunden später saßen wir in unserem Anschlussflug nach Wien. Als um 14:15 Uhr der Flieger auf dem Flughafen Wien-Schwechat landete, hatte ich kurz die Befürchtung, von den Behörden wieder zurück nach Deutschland geschickt zu werden. Als Deutscher, der mit einer Österreicherin verheiratet ist, hätten sie dazu zwar keine rechtliche Handhabe gehabt. Andererseits weiß man nie, was der Alpenrepublik so alles einfällt, um einem Piefke ein zweites Cordoba zu bescheren.

So stand ich also nervös vor dem österreichischen Zöllner und hielt ihm leicht zitternd neben meinem Pass auch noch unsere Heiratsurkunde vor die Nase. »Passt scho«, meinte er nur und ließ uns passieren. Dann nur noch ein kurzer Fiebercheck, und wir hatten es geschafft. Schnurstracks begaben wir uns in unser schuhschachtelgroßes Apartment im 7. Bezirk. Auf engstem Raum zu leben waren wir immerhin aus New York gewohnt.

Am nächsten Tag rief ich meine Eltern in Amorbach an.

»Wie geht's euch?«, fragte ich besorgt.

»Wie soll's uns scho gehe?«, meinte mein Vater lapidar. »Hier ist eh alles wie immer …«

Und da musste ich zum ersten Mal seit Tagen lauthals lachen. Ich hatte vergessen, dass im Odenwald die Quarantäne seit Jahrzehnten der Normalzustand ist.

WHAT'S
NEXT?

Eigentlich waren bis kurz vor unserer Flucht aus New York viele Texte dieses Buches schon fix und fertig geschrieben. Mitte März lasen mein Verlag und mein Management das Manuskript, und beide waren hochzufrieden. Durch die dann folgenden Ereignisse war uns allen jedoch klar: Es musste umgeschrieben werden. Ich konnte unmöglich die Corona-Krise unter den Tisch fallen lassen oder sie nur am Rande streifen. Erst recht, weil das Virus der Grund dafür war, dass aus unserem zwölfmonatigen Abenteuer nur neun geworden waren. Es ist wie eine Ironie des Schicksals: Ich wollte den Aufbruch und nicht den Stillstand, ich wollte Beschleunigung statt Entschleunigung. Ich wollte Broadway statt Jakobsweg. Und wozu hat mich die Krise gezwungen? Zum Stillstand, zur Entschleunigung. Doch wenigstens befand ich mich dabei im wunderschönen Wien und nicht auf einem staubigen Schotterweg in der nordspanischen Einöde.

Also setzte ich mich in unserer österreichischen Quarantänezeit noch einmal hin und begann, die Texte zu überarbeiten. Aus Sicherheitsgründen arbeitete ich sogar mit doppeltem Zeilenabstand. *Safety first.* Außerdem zeigt die

Geschichte: Für Schriftsteller und Wissenschaftler kann eine Infektionskrankheit eine große Chance bedeuten. William Shakespeare und Isaac Newton schufen einige ihrer besten Werke im Homeoffice, während England von der Pest heimgesucht wurde. Allerdings hatten sie währenddessen auch keinen Stress mit der Kinderbetreuung. Wären um sie herum zehn, zwölf quengelnde Bälger gerannt, *King Lear* oder *Die Theorie der Optik* wären wahrscheinlich nie verfasst worden.

Sicherlich hätte man noch viel mehr zu dem Pandemie-Thema schreiben und ergänzen können. Andererseits sollte *Broadway statt Jakobsweg* eben *kein* Corona-Buch werden. Ich wollte unseren Erlebnissen im Big Apple vor Ausbruch der Pandemie weiterhin eine große Bedeutung schenken, denn das haben sie für mich bis heute.

Zumal es sowieso schwierig ist, in solch einer dynamischen Phase etwas Grundsätzliches über die Zeit »danach« zu schreiben. Wie wir alle wissen, überschlugen sich die Ereignisse im Frühjahr 2020, und die allgemeine Lage ändert sich täglich. Es ist zu vermuten, dass diese Unsicherheit auch noch eine Zeit lang anhalten wird.

Welche langfristigen Folgen wird die Pandemie haben? Was genau wird sie mit uns machen? Wird sie unsere Gesellschaft fundamental verändern oder doch eher nicht? Ich vermute, vieles von dem, was dazu in den letzten Monaten gesagt, geschrieben und vermutet wurde, wird sich als fehlerhaft und unkorrekt herausstellen. Aber so funktioniert nun mal die Methode der Wissenschaft. Zum ersten Mal erleben wir als Gesellschaft den wissenschaftlichen Findungsprozesse hautnah, es ist alles ein großes Experiment, die Erkenntnisse nehmen Tag für Tag zu und wir werden Vieles neu überdenken müssen.

Erlauben Sie mir dennoch eine persönliche Prognose. Nach unserer Rückkehr wurden wir oft gefragt, wie sich New York wohl durch die Krise verändern wird. Dazu gibt es selbst unter New-York-Kennern sehr gegensätzliche Ansichten. Die einen sagen: »New York wird nie mehr so sein, wie es einmal war. New York ist jetzt eine ganz gewöhnliche Stadt. Das Virus hat der Stadt die Energie genommen. Alles ist weg. Und das wird auch so schnell nicht mehr wiederkommen.«

Aber dann gibt es die andere Fraktion, die sagt: »Das ist Blödsinn! Wenn überhaupt eine Stadt die Kraft hat, aus Krisen wieder aufzustehen und weiterzumachen, dann ist es New York. Die Menschen, die dort leben, sind Stehaufmännchen. Sie lassen sich nicht in die Knie zwingen. Von nichts und niemandem.«

Ich habe New York kennenlernen dürfen und ich schließe mich dieser Auffassung an. Vielleicht möchte ich auch daran glauben. Diese Stadt hat einen enorm hohen Preis zahlen müssen, mit vielen Toten und mit hoher Arbeitslosigkeit. Noch immer spielen sich dort große Dramen ab, die ich aus der Ferne kaum zu beurteilen vermag. Aber ich räume dieser Stadt eben auch eine sehr große Katastrophen-Resilienz ein. Die New Yorker haben den Willen und die Fähigkeit, immer wieder von vorne anzufangen. So war es schon oft in der Geschichte dieser Stadt, nach dem 11. September 2001, das war so nach der Finanzkrise 2008, und das war so nach dem Wirbelsturm Sandy 2012.

New York wird wieder zu Kräften kommen und vielleicht sogar zu alter Stärke zurückfinden und etwas Neues, etwas noch Energiegeladeneres aus sich machen. Das wünsche ich ihr. Meiner Meinung nach hat diese symbolträchtige Metropole sogar die Chance, noch stärker aus dieser Krise hervorzugehen. Ich glaube fest daran. Ich glaube an New York!

Was die Gesamtsituation in den USA angeht, bin ich allerdings etwas skeptischer gestimmt. Die Anti-Rassismus-Demonstrationen, die landesweiten Unruhen und Plünderungen, die im Anschluss an die Pandemie das Land in Atem hielten und fortwährend halten, machen mir weit größere Sorgen. Das Land ist zerrissen, gespalten zwischen schwarz und weiß, gespalten zwischen Republikanern und Demokraten, zwischen reich und arm, gespalten zwischen Coke und Pepsi – aber immer in SuperXXL.

Wie es scheint, hat Covid-19 das Fass zum Überlaufen gebracht und gleich auch einen fundamentalen Kulturkampf ausgelöst, bei dem es um nichts Geringeres geht, als den American Way of Life infrage zu stellen. Kein Wunder, denn die Krise legt eben auch auf brutale Art und Weise die immensen sozialen, politischen und gesellschaftlichen Gräben und Verwerfungen offen. Plötzlich tritt eine zornige junge Akademikerklasse zutage, die sich im Mutterland des Kapitalismus offen für sozialistische Ideen begeistert. Dem gegenüber stehen ratlose Konservative, die von einer lange zurückliegenden Zeit träumen, in der es angeblich jeder, der es wirklich wollte, ganz nach oben schaffen konnte. Und dazwischen sitzt in dieser Krisenzeit mit Donald Trump ein Präsident, der offensichtlich kein Interesse hat, diese zwei Extrempositionen miteinander zu versöhnen oder wenigstens anzunähern. Ganz im Gegenteil. Mit seiner Hau-Drauf-Rhetorik trägt er eher noch mehr zur Spaltung seines Landes bei.

Es besteht kein Zweifel, die USA sind in einer großen Identitätskrise. Vielleicht sogar in der größten ihrer Geschichte. Für mich jedenfalls ist es ein beunruhigendes Zeichen, wenn ein Land die Denkmäler seiner Gründungsväter zerstört, wenn Teile der Bevölkerung die Abschaffung der Polizei fordern oder wenn in großem Stil historische Plätze, Straßen oder öffentliche Gebäude umbenannt werden sollen, mit dem Ziel, die eigene Geschichte umzudeuten oder sie gar auszulöschen.

Ich kann nur inständig hoffen, dass es dieses Land, dem ich so nahe war, dem ich mich verbunden fühle und das ich so sehr liebe, schafft, seine großen inneren Konflikte und Differenzen beizulegen.

»I have a dream« sagte Martin Luther King in der wohl berühmtesten Rede dieser Nation. »I have dream that one day this nation will rise up ...« Genau das wünsche ich »meinem« Amerika von ganzem Herzen. Amerika will hopefully rise up again. This is my dream!

Die zweite große Frage, die man uns nach unserer abrupten Rückkehr stellte, lautete: »Hat sich denn dieser ganze Stress und Aufwand gelohnt?« »War es das wert?« »Würdet ihr es wieder tun?« Und vor allem: »Was genau hat euch die Zeit in New York gebracht?« Es stimmt, die persönlichen Opfer, die wir mit dieser Reise eingingen, waren zweifellos hoch: der Verkauf unseres Hauses in Frankfurt, der Abschied von unserer Familie und unseren Freunden, der Verzicht auf Komfort und finanzielle Sicherheit. Und nicht zu vergessen: der tägliche Kampf, in einem Irrenhaus wie New York zurechtzukommen.

Im Nachhinein hat mich das so gerne zitierte »Verlassen der eigenen Komfortzone« viel stärker und länger belastet, als ich mir das selbst zugestehen wollte. Tatsächlich dauerte es sechs, sieben Monate, bis ich einigermaßen das Gefühl hatte, in New York ein Stück weit angekommen zu sein. Irgendwann im Januar sagte ich zu Valerie: »Eigentlich müssten wir jetzt noch ein weiteres Jahr dranhängen, um wirklich beurteilen zu können, was es bedeutet, fernab der eigenen Heimat zu leben.« Sehnsucht nach der Heimat hatte ich hin und wieder. Unter echtem Heimweh habe ich jedoch nie gelitten. Denn der Genuss von Freiheit und Selbstbestimmung war stets stärker.

Vor einigen Jahren las ich eine Umfrage, nach der achtundsechzig Prozent der Deutschen der Meinung sind, ihr Schicksal hänge von Faktoren ab, über die sie keine Kontrolle haben. Ich fand diese Zahl schon damals schockierend. Hätte man diese Umfrage während der Sklaverei in Amerika gemacht, wäre wahrscheinlich ein ähnliches Ergebnis zustande gekommen. Historisch gesehen ist die Idee, dass der Mensch frei sein kann, relativ neu. In den altorientalischen Sprachen gibt es nicht mal ein Wort dafür. Lange Zeit waren die Menschen entweder Leibeigene, die vom Wohle ihres Herrn abhingen, oder sie waren Mitglied einer höheren Schicht, in der jedoch ebenso feste und starre Regeln galten. Persönliche Entfaltung und Selbstbestimmung waren auch dort nahezu unbekannt. Selbst so etwas Selbstverständliches wie Privatheit gab es nicht. Wenn der König essen wollte, stand sein Hofstaat die ganze Zeit nebendran. Im Schlafzimmer war ständig ein Diener anwesend. Sogar auf dem Klo. Und als Königin musste man die Kinder in Anwesenheit des Hofes zur Welt bringen. Muss man mögen.

Auch wenn uns Corona in Zukunft zwingt, unsere Lebensweise zu überdenken, so haben wir trotzdem immer noch eine Menge Freiheiten, die vor wenigen Jahrzehnten undenkbar waren: Mit wem möchte ich leben? Wo möchte ich leben? Und was möchte ich dort tun? Die meiste Zeit in der Geschichte waren solche Gedanken völlig absurd. Heute haben wir große Teile unseres eigenen Glücks in der Hand. Wir haben Entscheidungsfreiheit. Und obwohl ich mir dieser Entscheidungsfreiheit schon vorher bewusst war, erfuhr ich in Amerika eine neue Dimension davon.

Als Deutscher neigt man gerne dazu, zu zaudern und zu zweifeln. »Ihr Deutschen redet immer so lange um den heißen Brei herum«, gestanden mir die Start-up-Unternehmer bei meinem Vortrag im Silicon Valley. »Wir Amerikaner handeln viel schneller.« Da ist eindeutig was dran. Die deutsche Mentalität, geprägt vom Hang zum Perfektionismus, macht bei Duscharmaturen, Zylinderkopfdichtungen und Flachspülern durchaus Sinn. Doch unser Perfektionsdrang gilt eben auch für komplette Gesellschaftsentwürfe. Im Gegensatz zur amerikanischen Verfassung geht unser Grundgesetz von einem idealen Menschenbild aus. Wir glauben an die Existenz einer perfekten Gesellschaft, in der das vollkommene Glück existiert. Amerikaner dagegen glauben, dass es allenfalls das Streben nach Glück (*pursuit of happiness*) geben kann. Dieser Perfektionismus könnte übrigens auch der Grund sein, weshalb wir Deutschen immer wieder zu Utopien und Extremen neigen: Weltfrieden, Klimagerechtigkeit, das Ende von Gier, der Mensch im perfekten Gleichgewicht mit der Natur.

Utopische Projekte sind dadurch charakterisiert, dass sie perfekte, aber unerreichbare Ziele haben, an die wir dennoch gerne glauben möchten. Doch die große Gefahr von Utopien liegt darin, dass sie leicht ins Totalitäre abgleiten können. Weil fast alle Utopien grundsätzliche menschliche Verhaltensweisen und meist sogar fundamentale physikalische oder ökonomische Gesetze ignorieren. Der Schriftsteller Jean-François Revel schrieb: »Die wichtigste Funktion von Utopien besteht darin, ihren Anhängern einen Vorwand für Zwangsmaßnahmen und Verbote zu liefern, ohne einen Nachweis ihrer Wirkung.«

Amerikaner können mit Utopien wenig anfangen. Sie sind eher getrieben von Visionen. Das ist ein großer Unterschied. Visionen sind Ideen, die vielleicht nicht ganz perfekt sind, aber die man mit etwas Anstrengung realisieren kann: »Innerhalb dieser Dekade fliegen wir auf den Mond!«, »Schwarze sollen die gleichen Rechte haben wie Weiße!«, »Let's agree to disagree!«

Genau diese Herangehensweise hat mir in den USA sehr gut gefallen. Amerikaner gehen mit unerschütterlichem Optimismus durch das Leben. Sie gehen Risiken ein und nehmen Herausforderungen an, springen ins kalte Wasser, obwohl sie sich nie ganz sicher sein können, wie die Sache ausgeht. Doch das stört sie nicht. Wenn etwas nicht funktioniert, probieren sie eben etwas anderes aus.

Ich hatte den Luxus, ein Dreivierteljahr in diese Welt hineinzuschnuppern. In dieser Zeit trat ich ohne Gage in schmuddeligen New Yorker Comedy-Clubs auf, aber eben auch im Kennedy Center in Washington, D.C. Ich sprach vor Mathematikern in San Diego und vor Dotcom-Millionären im Silicon Valley. Auch mein zweiwöchiges Off-Broadway-Gastspiel im SoHo Playhouse war toll, obwohl kein renommierter Kritiker davon Notiz nahm und das Ganze eine Menge Geld gekostet hatte.

War es das alles wert? Würde ich es wieder machen? Auf jeden Fall! Durch die Zeit in New York habe ich ein neues Leben kennengelernt. In den vergangenen zwanzig Jahren war mein Alltag durchgetaktet wie ein Uhrwerk. Mein Leben in Deutschland war perfekt organisiert. Das war einerseits beruhigend, andererseits spürte ich mit zunehmender Routine und Perfektion auch eine immer stärker werdende Unruhe in mir. Vielleicht auch, weil ich intuitiv wusste, dass die Kontrolle, die wir glauben, über unser Leben zu haben, eine Illusion darstellt. Spätestens seit der Corona-Krise wurde uns das allen bewusst.

Der amerikanische Rennfahrer Mario Andretti sagte: »If everything seems under control, you're just not going fast enough.« Mein Entschluss, nach New York zu gehen, entsprang aus genau dieser Idee. Ich wollte meine eigenen Routinen durchbrechen, unnötigen Ballast abwerfen und mich ganz bewusst auf eine neue, unbekannte Rennstrecke begeben. Nicht weil ich ein Hasardeur bin, der sich naiv und leichtsinnig in Gefahr begibt, sondern weil ich Spaß an Herausforderungen habe. Und weil ich glaube, dass wir nur an unseren eigenen Herausforderungen wachsen.

Für mich jedenfalls gibt es nur wenige Ort auf der Welt, die einen mehr herausfordern als New York. Natürlich können Sie jetzt einwenden: Okay, wenn die Idee, sich selbst in Schwierigkeiten zu begeben, der Schlüssel zur Weisheit ist, warum dann nicht gleich nach Somalia ziehen? Guter Punkt! Andererseits ist die Chance, ein wirklich gutes Pastrami-Sandwich in Mogadischu zu finden, extrem gering. Im Gegensatz zu der Chance, auf dem Weg dorthin getötet zu werden.

New York hat mich vieles neu gelehrt: Mut, Geduld, Offenheit gegenüber anderen Kulturen, Selbstbewusstsein, Bescheidenheit, Demut, Pragmatismus sowie die Kunst, in der größten Not über das Leben zu scherzen.

Und nicht zuletzt haben Valerie und ich uns noch einmal ganz neu kennen- und lieben gelernt. Neun Monate fast nonstop auf engstem Raum zusammenzuleben – das hätte auch kräftig in die Hose gehen können. Im Nachhinein hat mir mein Vater jedenfalls anvertraut: »Ich war mir sicher, ihr kommt als gschiedene Leut widder zurück …«

Nun leben wir in Wien. In einer fast so kleinen Wohnung wie die auf der Lower East Side. Ohne großen Komfort, ohne Ballast, reduziert auf das Wesentliche. Und trotzdem – oder vielleicht gerade deswegen – fühlen wir uns frei.

Vielleicht ziehen wir ja nächstes Jahr für ein paar Monate in eine ebenso kleine Wohnung nach Amsterdam. Oder nach Lissabon. Oder nach Amorb … Okay, das war ein Scherz. Wobei: So übel ist das Städtchen wirklich nicht. Ganz im Gegenteil. Die Ehrenbürgerschaft werde ich aufgrund meiner kleinen Lästereien in diesem Buch wohl trotzdem nie bekommen. Wenn die dort mal eine Straße nach mir benennen, ist es höchstens eine Sackgasse.

New York war eine der besten Zeiten unseres Lebens. Ob wir uns tatsächlich vorstellen könnten, irgendwann mal komplett in die USA zu ziehen? Ich denke, eher nicht. Dazu sind wir doch zu sehr in Europa verwurzelt. Aber die Sehnsucht, woanders zu leben – und sei es nur für ein paar Monate –, ist durch unsere Zeit im Big Apple definitiv gewachsen. Falls es wieder so weit ist, lasse ich es Sie auf jeden Fall wissen.

Bis dahin: Leben Sie ein herausforderndes Leben, und bleiben Sie gesund!

VINCE EBERT, Jahrgang 1968, wuchs im Odenwald auf und studierte Physik an der Julius-Maximilians-Universität Würzburg. 1998 startete er seine Karriere als Kabarettist, bekannt wurde er spätestens mit seinen Bühnenprogrammen *Physik ist sexy* (2004) und *Denken lohnt sich* (2007). Seine Bücher *Denken Sie selbst! Sonst tun es andere für Sie*, *Machen Sie sich frei! Sonst tut es keiner für Sie*, *Bleiben Sie neugierig!* und *Unberechenbar: Warum das Leben zu komplex ist, um es perfekt zu planen* waren allesamt *Spiegel*-Bestseller. In der ARD moderiert Vince Ebert regelmäßig die Sendung *Wissen vor acht – Werkstatt*. Mitte 2019 zog Vince Ebert für neun Monate nach New York City, seit seiner Rückkehr lebt er in Wien.

Eine Liebeserklärung an die Welt der Narren

ALLE LIEFERBAREN TITEL, INFORMATIONEN UND SPECIALS
FINDEN SIE ONLINE

Auch als **eBook**   **www.dtv.de**

Ausführliche Informationen über
unsere Autorinnen und Autoren und ihre Bücher
finden Sie unter www.dtv.de

Dieses Buch ist auch als eBook erhältlich.

Originalausgabe 2020
© 2020 dtv Verlagsgesellschaft mbH & Co. KG, München
© 2020 Vince Ebert
Agentur: Susanne Herbert, HERBERT Management
Fotos im Buch: © Vince Ebert
Das Werk ist urheberrechtlich geschützt. Jede Verwertung ist nur
mit Zustimmung des Verlags zulässig. Das gilt insbesondere für
Vervielfältigungen, Übersetzungen und die Einspeicherung und Verarbeitung
in elektronischen Systemen. Für Inhalte von Webseiten Dritter, auf die in
diesem Werk verwiesen wird, ist stets der jeweilige Anbieter oder Betreiber
verantwortlich, wir übernehmen dafür keine Gewähr. Rechtswidrige
Inhalte waren zum Zeitpunkt der Verlinkungen nicht erkennbar.
Lektorat: Andy Hartard, HERBERT Management
Umschlaggestaltung: Dani Muno & Dirk von Manteuffel
unter Verwendung eines Fotos von Frank Eidel
Gestaltung: Dani Muno & Dirk von Manteuffel
Satz: Nadine Clemens, München
Gesetzt aus der Adobe Garamond
Druck und Bindung: Livonia Print, Riga
Printed in Latvia · ISBN 978-3-423-34990-1